Gesundheitscheck für Führungskräfte

Dr. med. Gunter Frank, Facharzt für Allgemeinmedizin und Naturheilkunde, ist Mitgründer und Ärztlicher Leiter der *Health Service Group* (Heidelberg), ein Beratungsunternehmen, das sich auf medizinische Dienstleistungen für Führungskräfte spezialisiert hat, die ihre Gesundheit und Leistungsfähigkeit nachhaltig und langfristig sichern wollen. Neben medizinischen Check-ups und Gesundheitsberatungen hält er regelmäßig Vorträge und leitet Seminare rund ums Thema Gesundheit für Manager.

Gunter Frank

Gesundheitscheck für Führungskräfte

Ihr persönlicher Weg zu mehr Leistungsfähigkeit jenseits aller Moden

Campus Verlag
Frankfurt/New York

Die Deutsche Bibliothek – CIP-Einheitsaufnahme

Ein Titeldatensatz für diese Publikation ist bei
der Deutschen Bibliothek erhältlich
ISBN 3-593-36682-7

Umschlaggestaltung: Guido Klütsch, Köln
Umschlagmotiv: © The Image Bank
Satz: TypoForum GmbH, Nassau
Druck und Bindung: Media-Print, Paderborn
Gedruckt auf säurefreiem und chlorfrei gebleichtem Papier.
Printed in Germany

Für meine Eltern

Inhalt

Nicht mit vollem Magen in ein Bad steigen.
Sich nicht zum Mahle niederlassen, wenn man zürnt.
Im Zustand der Gesundheit keine Arznei zu sich nehmen.

Drei arabische Regeln zur Gesundheitsvorsorge
aus dem Damen-Barakat

Vorwort

Aus Erfahrung weiß ich, dass Führungskräfte in besonderem Maße an dem Erhalt ihrer Gesundheit und Leistungsfähigkeit interessiert sind und deshalb gerne dem Rat von Gesundheitsexperten vertrauen. Deshalb sollten sie davon ausgehen können, dass Empfehlungen eines Ratgebers vom Autor auf ihre Richtigkeit zumindest ansatzweise überprüft wurden.

Der Grundlagenteil in diesem Buch ist deshalb so umfangreich, weil viele Gesundheitsratgeber, auch aus offiziellen Institutionen, diese Anforderung nicht erfüllen. Wenn nun aber viele Ratschläge, an die man sich teilweise unter großem Aufwand gehalten hat, in diesem Buch als grandioser Irrtum entlarvt werden, darunter auch heilige Kühe wie zum Beispiel die Cholesterinhysterie oder der Vitaminkult, dann haben Leserinnen und Leser Anspruch auf Gründlichkeit und aussagekräftige Argumente.

Neben diesen zum Teil aberwitzigen Missverständnissen gibt es viele gesicherte und nützliche Maßnahmen, die Gesundheit, Lebensqualität und dauerhafte Leistungsfähigkeit fördern können. Dass dabei die Zusammenhänge etwas weiter zu fassen sind, vermittelt am Ende ein spielerischer Test, mit dem Sie die Stellschrauben identifizieren können, mit denen Sie Ihr eigenes Gesundheitsmanagement steuern können.

Ich wünsche Ihnen viel Spaß bei der Lektüre, an deren Ende der wahre Experte für Ihre persönliche Gesundheit stehen wird, Sie selbst.

Dr. med. Gunter Frank

Teil I

Grundlagen: Gesundheitswissen für Manager

Kapitel 1

Gesundheitliche Ausgangslage: kein Grund zur Panik

Wie sieht für Sie als Führungskraft der perfekte gesunde Alltag aus? Hält man sich an die Empfehlungen, die man in Gesundheitsblättern vom AOK-Magazin bis *men's health* liest, dann in etwa so: Morgens noch vor dem Aufstehen Dehnungsübungen im Bett, unter der Dusche tasten Männer ihre Hoden, Frauen ihre Brüste nach Knoten ab, dann Vitamintabletten schlucken und eine Stunde joggen oder Übungen im Fitnessstudio, morgens Obst und abends ein Vollkornsalat, zwischendurch probiotische Joghurts und Fruchtsäfte, kein Alkohol, dafür Margarine und Light-Produkte, cholesterinfrei.

Wenn Sie den Tag begrüßen, denken Sie also als Erstes an Muskeldehnung, Krebs und drohenden Herzinfarkt.

Oder Sie folgen den Empfehlungen eines derzeit sehr erfolgreichen ärztlichen Gesundheitstrainers[1]: morgens vor dem Zähneputzen eine Stunde laufen, natürlich mit einem Lächeln auf den Lippen, fünfmal am Tag Obst und Gemüse essen, die Hälfte davon roh. Kein Fett, Fettränder vom Fleisch wegschneiden, nur Magerprodukte; eine Extraportion Vitalstoffe aus der Apotheke, am besten ein Kombipräparat; 60-mal kräftig ein- und ausatmen, denn so produziert der Körper das »schnelle Stresssalz Calcium und polstert das Nervenkostüm«; die Hauptstressoren definieren und jeweils ein Kärtchen »Ausatmen« daneben stellen, zur gezielten Stressprophylaxe.

Ein anderer ärztlicher Fitness-Wellness-Guru[2] empfiehlt: drei Gramm Vitamin C (Biopower) täglich, 500 Milligramm Vitamin E (das Naturwunder), ein bis zwei Beutel Magnesium (das Salz der inneren Ruhe), dreimal täglich frisches Obst und Gemüse in »rohen Mengen«, dazu der ultimative Tipp: »Wenn Sie einen eigenen Garten haben, ziehen Sie eine Mohrrübe aus dem Boden und essen Sie diese ungewaschen – das impft das Immunsystem.« Na dann, guten Appetit!

Durchaus möglich, dass zu alldem Ihr Arzt Ihnen noch wegen Ihres Cholesterinspiegels die Einnahme eines Lipidsenkers und gegen die Knieschmerzen ein Vitamin-E-Präparat verschrieben hat.

Ein Manager, der solchen Gesundheitsempfehlungen folgt, obwohl er am Morgen gerne 20 Minuten länger liegen bleiben und zum Frühstück lieber Rührei mit Speck essen würde, leistet seiner Gesundheit einen Bärendienst. Die angeblichen positiven Auswirkungen vieler gängiger Empfehlungen sind wissenschaftlich nicht belegt. Ihre Befolgung ist oft reine Zeitverschwendung und hat zum Teil sogar gesundheitsschädliche Folgen.

Die Liste der Gesundheitsirrtümer ist lang. Die folgenden Aussagen halten zum Beispiel einer wissenschaftlichen Überprüfung nicht stand:

- Die Senkung des Cholesterinspiegels führt zu einer Lebensverlängerung.
- Margarine ist gesünder als Butter.
- Diäten oder Süßstoffe machen schlank.
- Dünn macht gesund, dick macht krank.
- Nahrungsmittelergänzung und Vitamine sind gesund.
- Vollwerternährung ist gesund.
- Alkohol ist ungesund.
- Salz fördert Bluthochdruck.
- Alltagsstress macht krank.
- Fitnesssport ist gesünder als Spazierengehen.
- Wer möglichst viele Risikofaktoren meidet, nützt seiner Gesundheit.

Viele dieser Irrtümer, auf die ich in den folgenden Kapiteln noch näher eingehen werde, sind inzwischen allgemein verbreitet, und täglich werden diese Glaubenssätze mit teilweise großem Aufwand beherzigt. Eine Bedrohung der Gesundheit geht in erster Linie nicht von den vielen Dingen aus, die für unsere Gesundheit gefährlich sein sollen – den so genannten »Risikofaktoren«, von denen jeden Tag neue benannt werden. Viel schädlicher ist der ständige Versuch, die Risikofaktoren zu vermeiden. Bevor ich im Detail auf die Empfehlungen für Führungskräfte zurückkomme, seien in den folgenden Abschnitten einige grundsätzliche Überlegungen vorangestellt. Es geht darum, weit verbreitete Missverständnisse zurechtzurücken, die zu falschen Rückschlüssen und Gesundheitsempfehlungen führen.

Die Problematik der Gesundheitsziele

Schon bei sehr alten Medizinkulturen hatte Prävention einen hohen Stellenwert. So lautet etwa ein chinesisches Sprichwort:

> »Überragende Ärzte verhindern Krankheiten.
> Mittelmäßige Ärzte heilen noch nicht ausgebrochene Krankheiten.
> Unbedeutende Ärzte behandeln bestehende Krankheiten.«
>
> *Chinesisches Sprichwort, ca. 2000 v. Chr.*

Die Erfolge moderner Therapien sind nun nicht gerade unbedeutend, dennoch bleibt die Vorbeugung ein wichtiges Ziel moderner Medizin. Doch welche Gesundheitsziele sollte eine fortschrittliche Prävention anstreben? Die erste Definition betrifft vor allem die »Verlängerung der Lebenszeit«. Sie war und ist das erklärte Ziel eines medizinischen Verständnisses von Prävention. Ein zweites, weiter gefasstes Ziel ist die »Sicherung der Leistungsfähigkeit und Lebensqualität«. Nicht nur Krankheiten, die das Leben verkürzen, sollten demnach durch Prävention verhindert werden, sondern auch Krankheiten, die mit einer Einbuße von Lebensqualität einhergehen. Prävention als Sicherung von Gesundheit bekommt durch die Definition der Weltgesundheitsorganisation (WHO) eine ziemlich umfassende Bedeutung: »Gesundheit ist ein Zustand vollständigen physischen, psychischen und sozialen Wohlbefindens und nicht nur des Fehlens von Krankheit und Schwäche.«

Diese zweite Definition, die das Ziel von Gesundheit umfassender und sicher auch treffender beschreibt, spielt in hoch technisierten Ländern eine immer größere Rolle. Das Problem dieser Definition liegt darin, dass »Gesundheit« im Vergleich zur reinen Lebenszeit weniger leicht messbar ist. Gängige Krankheitsstatistiken stützen sich

– der ersten Definition folgend – auf die Sterblichkeit (Mortalität). Dabei wird außer Acht gelassen, dass die Verlängerung des Lebens oft mit Krankheiten einhergeht. Weder die Betrachtung der in guter Gesundheit verbrachten Lebensjahre spielt in diesen Statistiken eine Rolle noch das Siechtum vor dem Tode. Auch Krankheiten wie beispielsweise Rheuma, die nicht tödlich enden, aber stark die Lebensqualität einschränken, werden hier nicht erfasst. Krankheiten mit hohem Sterberisiko dominieren deshalb das Diagnosespektrum. Folge: Die Messung der reinen Lebenserwartung greift zu kurz bei der Beurteilung, ob Präventionsmaßnahmen wirklich erfolgreich sind.

Populäre Fehleinschätzungen

Die Zunahme der allgemeinen Lebenserwartung in den Industrienationen ist – neben einer verbesserten Hygiene und Nahrungsmittelversorgung – auch den Leistungen der modernen Medizin zu verdanken. Stichworte sind die Bekämpfung der Infektionskrankheiten in der ersten Jahrhunderthälfte (Hygiene, Antibiotika) und das Senken der Säuglingssterblichkeit in den sechziger Jahren. Seit 1900 stieg die durchschnittliche Lebenserwartung bei Frauen von 48 auf momentan 80 Jahre, bei Männern von 45 auf 73 Jahre. Behält man diesen Anstieg der Lebenserwartung im Auge, erweisen sich gängige »Wahrheiten«, die das Gesundheitsverhalten vieler Menschen beeinflussen, schlichtweg als falsch.

Irrtum 1: Das Leben in der Zivilisation führt trotz moderner Medizin immer öfter zu Herzinfarkt und Krebs.

Richtig ist: An erster Stelle der Todesursachen steht in Deutschland der Krankheitskomplex der Herz-Kreislauf-Erkrankungen mit circa 47 Prozent, gefolgt von Krebs mit circa 25 Prozent.

Hauptschuldige hierfür seien der technische Fortschritt, Umweltbelastung, Stress, moderner Lebensstil, lauten die gängigen Erklärungen. Die moderne Medizin versage und habe durch Nebenwirkungen einen gehörigen Anteil an dieser Entwicklung.

Dass der medizinische Fortschritt Hauptverursacher der hohen Herz-Kreislauf- und Krebserkrankungen ist, stimmt – aber nicht weil er versagt, sondern weil er so erfolgreich ist. Anfang des letzten Jahrhunderts starb eine große Zahl junger Menschen an Seuchen, verursacht durch fehlende Hygiene oder Mangelernährung. Je mehr sich Lebensstandard, hygienische Verhältnisse, Ernährung und Wohnsituation verbesserten, desto mehr tödliche Krankheiten verschwanden. Durch die medizinischen Fortschritte in der Bakteriologie, Entwicklung von Antibiotika und Impfungen gelang es, Haupttodesursachen wie Tuberkulose, Diphterie oder Wundbrand teilweise auszurotten. Die große Wahrscheinlichkeit, ein hohes Alter zu erreichen, ist diesen Entwicklungen zu verdanken.

Die logische Folge des höheren Lebensalters ist es, dass nun die typischen Alterserkrankungen, eben Herzinfarkt und Krebs, sehr viel häufiger auftreten können. Mit einem Lebensalter von 50 Jahren nimmt die Wahrscheinlichkeit, an Krebs zu sterben, deutlich zu, um dann ab 70 steil anzusteigen (siehe Abb. 1). Somit lässt sich sogar behaupten: Je mehr Herz- und Krebstote in einem Land gezählt werden, desto höher ist dort die Lebenserwartung und damit die Leistungsfähigkeit der Medizin (Hygiene und Ernährung eingeschlossen).

So steigerte sich in Westdeutschland die Wahrscheinlichkeit, an Krebs zu sterben, von 1960 bis 1990 um circa 30 %, während die Lebenserwartung von circa 70 auf 75 Jahre zunahm. Belegen lässt sich dies auch durch einen Vergleich mit Entwicklungsländern. Die Wahrscheinlichkeit, in Deutschland an Krebs zu erkranken, lag 1980 beispielsweise um das Hundertfache höher als in Papua Neuguinea, wo die Lebenserwartung aber nur bei circa 50 Jahren lag. Im Vergleich zu Ägypten war die Krebswahrscheinlichkeit 1990 mehr als zehnfach erhöht, die Lebenserwartung betrug dort aber nur circa 63 Jahre.[3]

Nicht haltbar ist somit beispielsweise die weit verbreitete Meinung, die – im Vergleich zu weniger industrialisierten Ländern – hohe Darmkrebsrate bei Männern in Deutschland sei durch Überernährung und Stress verursacht. Vielmehr sorgt der hohe hygienische und medizinische Standard hierzulande dafür, dass diese Männer nicht

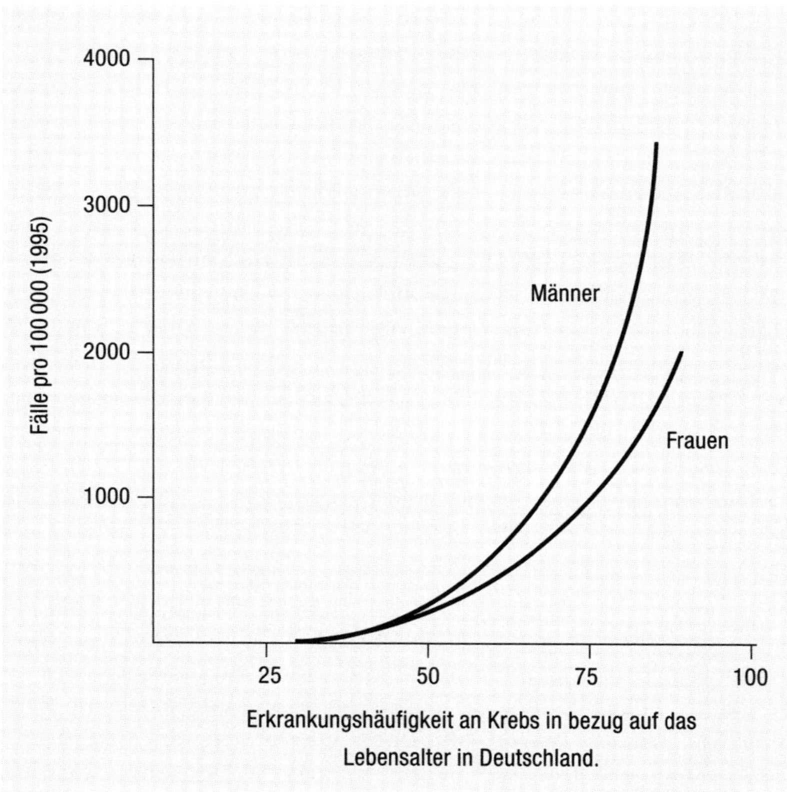

Abbildung 1: Krebs und Lebensalter. *Quelle:* Der deutsche Krebsatlas, Deutsches Krebsforschungszentrum 6.3.2000 (www.dkfz.de)

schon in jüngeren Jahren an anderen Krankheiten gestorben sind. Der Vergleich der Krebsraten liefert also keinen stichhaltigen Beweis für die angebliche krebsverhindernde Wirkung der »natürlicheren« Ernährungsweise in Entwicklungsländern.

Hinsichtlich der Wahrscheinlichkeit, an Krebs zu sterben, scheint sich eine Wende anzudeuten. Seit 1995 ist die Sterblichkeit unter Berücksichtigung der höheren Lebenserwartung (altersbereinigte Mortalität) offenbar rückläufig, was einem sinkenden Nikotinverbrauch und verbesserter Früherkennung zugerechnet wird. Wenn es auch gelänge, die absolute Zahl durch die Heilungsmöglichkeit von Krebs stark zu senken, dürfte die statistische Lebenserwartung um weitere zwei bis drei Jahre zunehmen. Dabei sollte man sich auch vergegenwärtigen, dass sich in der reichen Welt die Lebenserwartung von Neugeborenen der biologischen Lebensspanne immer weiter annähert. Früher waren die Auswirkungen großer medizinischer Entdeckungen auf die Lebenserwartung größer. Auch für Herzinfarkt und koronare Herzerkrankungen gibt es heute neue Behandlungsmethoden, die die Lebenserwartung ebenfalls weiter ansteigen lassen. Mit Sicherheit wird dann aber an die Stelle des Todes durch Krebs und Herzerkrankungen eine andere typische Greisenkrankheit in den Vordergrund rücken, beispielsweise Alterszucker oder vielleicht die Alzheimersche Erkrankung, die bald die Mortalitätstatistiken anführen werden. Vermutlich wird man dann nicht die bessere Therapie bei Krebs und Herzinfarkt hierfür als Ursache sehen, sondern wiederum Umweltverschmutzung, Stress oder gestiegenen Kaffeekonsum.

Irrtum 2: Medizinischer Fortschritt führt zu einer Verbesserung der durchschnittlichen Gesundheit.

Könnten wir die heutigen Erkrankungsraten vieler Krankheiten (Morbidität) mit denen vor 100 oder 200 Jahren vergleichen, wäre das Ergebnis auf den ersten Blick überraschend: Die Zahl der Kranken, so würde sich zeigen, ist heute – auch im Verhältnis zur Gesamtpopulation – um ein Vielfaches höher, die durchschnittliche Gesundheit somit wesentlich schlechter als früher. Auch darin kommt allerdings nicht ein Versagen des medizinischen Fortschritts zum Ausdruck, sondern vielmehr seine Leistungsfähigkeit: Die heutige Medizin kann auch bei Schwerkranken die organischen Lebensfunktionen lange aufrechterhalten, teilweise jahrzehntelang. Die Zahl der zu einem Zeitpunkt erfassten Erkrankten ist damit heute zwangsläufig höher als in früheren Zeiten, als ein Erkrankter oft kurz nach Feststellung der Erkrankung starb.

Die rund zwei Millionen Herzkranken in Deutschland können heute auch nach Diagnose ihrer Erkrankung noch mit einem langen

Leben rechnen, weil wirksame Medikamente und moderne Operationsverfahren zur Verfügung stehen. Bei Krebs kann trotz großer Anstrengungen ein Erkrankter bisher im Schnitt mit eher geringeren Überlebenszeiten rechnen – deshalb ist die Zahl der insgesamt an Krebs Erkrankten im Vergleich zu den Herzkranken niedrig. Da in Deutschland Nierenkranke in Dialysezentren eine gute Infrastruktur vorfinden und hier – anders als etwa in Großbritannien – keine Altersgrenze die Therapie beschränkt, können sie mit ihrer Krankheit vergleichsweise lange leben. Die Folge: Es gibt in Deutschland mehr Nierenkranke, ohne dass hier ein erhöhtes Risiko besteht, diese Erkrankung zu bekommen. »Je kürzer die Überlebenszeit, desto freundlicher die Morbiditätsstatistik«, schlussfolgert Walter Krämer, Professor für Wirtschafts- und Sozialstatistik, in seinem Buch *Wir kurieren uns zu Tode*.[4]

Nach den großen Heilerfolgen bis in die sechziger Jahre – man denke an die Infektionskrankheiten und die massiv verbesserten Operationstechniken – führt der medizinische Fortschritt heute nur noch im Ausnahmefall zu zusätzlichen Heilungsmöglichkeiten. In erster Linie verlängert er die Lebenserwartung bereits Erkrankter. Dadurch erhöht sich der Anteil der Kranken in der Bevölkerung, die durchschnittliche Gesundheit verschlechtert sich – meist mit der Folge einer verminderten Lebensqualität und einer Verlängerung von Siechtum.

Irrtum 3: Das Leben in einer modernen Gesellschaft führt zu immer mehr Krankheiten.

Diese Aussage, so richtig sie in einzelnen Punkten auch sein kann, ist im Ganzen gesehen falsch. In 300 Jahre alten Sterbeverzeichnissen finden sich zwar relativ wenige Diagnosen als Todesursache. Hitziges Fieber, Durchfall und Auszehrung nennt beispielsweise das Totenbuch von 1719 der evangelischen Gemeinde Dorotheenstadt zu Berlin.[4] Jeder der drei Begriffe fasst jedoch ein ganzes Bündel an verschiedenen Diagnosen zusammen, die man heute, mit modernen diagnostischen Möglichkeiten, stellen kann.

Hinzu kommt, dass es vor 100 Jahren noch die »Diagnose« Altersschwäche für einen Gestorbenen gab, was heute nicht mehr möglich ist. Inzwischen muss der Arzt eine medizinische Krankheitsdiagnose in den Todesschein eintragen, sonst erfolgt unter Umständen eine gerichtsmedizinische Untersuchung und Obduktion mit allen unangenehmen Begleiterscheinungen für die Hinterbliebenen. Deshalb wird in der Regel eine gängige Diagnose wie Herzversagen oder Krebs angegeben, weil im Verlauf des Alterungsprozesses bei fast allen Menschen irgendwann Herzinsuffizienz, hoher Blutdruck, koronare Herzerkrankung oder Krebs diagnostiziert wird. Tatsache dürfte jedoch sein, dass alte Menschen meist mit und nicht an einer Erkrankung sterben.

Zu der mit der höheren Lebenserwartung gestiegenen Wahrscheinlichkeit, an nicht tödlichen Krankheiten zu leiden, treten weitere Aspekte hinzu. So bestehen oft handfeste Interessen, bestimmte Erkrankungen in der öffentlichen Wahrnehmung breitzutreten, um dann die Wichtigkeit einer Behandlung über die Medien herauszustellen. Dies führt teilweise dazu, dass die Spanne der dazugehörigen Symptome weiter gefasst wird, als es vielleicht Sinn macht; je weniger die Ursache bestimmter Symptome bekannt ist, desto mehr versucht man dann eine solche Erkrankung dafür verantwortlich zu machen. Beispiele sind die Fibromyalgie, eine relativ neue und kaum erforschte Muskelerkrankung, bei der ich die Zahl der Erkrankten sehr schnell erhöhen kann, wenn ich jeden Wadenschmerz als Fibromyalgie bezeichne, oder die Candidapilzinfektion des Darms, eine sehr unklare Diagnose, die, wenn man unzulässigerweise Symptome wie Müdigkeit oder Völlegefühl darauf zurückführt, natürlich Volksseuchencharakter hat, oder ganz aktuell die Wechseljahre des Mannes. Rückenschmerzen und körperliche Müdigkeit, die eine Bauersfrau vor 100 Jahren noch als normale Beschwernisse des Lebens eingestuft hätte, gelten nun plötzlich als ernsthafte Erkrankung, gerade auch in der Einstellung des Patienten. Kommen dann noch Blähungen und Kopfschmerzen dazu, handelt es sich fast schon um einen Notfall.

Darüber hinaus sind viele Abrechnungsmöglichkeiten für Ärzte und Krankenhäuser an das Vorliegen bestimmter Diagnosen geknüpft. Die Zunahme von psychiatrischen Erkrankungen mag etwas damit zu tun haben, dass diese Diagnose die Abrechnung von lukrativen Gesprächshonoraren ermöglicht. Der Patient kommt wegen Schnupfen in die Sprechstunde und geht sozusagen mit einer Depression, von der er aber gar nichts weiß. Erkrankungsstatistiken auf diesen Grundlagen führen zwangsläufig zu falschen Ergebnissen.[6]

Als Fazit lässt sich festhalten: Die Lebensweisen in einer modernen Gesellschaft sind – entgegen landläufiger Meinungen – nicht Ursache hoher Krankheitsraten. Auch sind Herzerkrankungen und Krebs keineswegs die Geißel der Zivilisation, als die sie gerne dargestellt werden. Eine reflektiertere Betrachtung der Statistik legt somit den Schluss nahe, dass wir den allgegenwärtigen Warnungen vor gesundheitsschädlichem Verhalten und den damit verbundenen Ratschlägen mit mehr Gelassenheit begegnen sollten.

Unklare Befindungsstörungen, die das Wohlbefinden beeinflussen, werden oft zu Krankheiten stilisiert. Ein modernes Präventionsverständnis im Sinne der WHO-Definition sollte jegliche Beeinträchtigung des Wohlbefindens jedoch als eigenständigen Bereich integrieren. Ein effektives Gesundheitsmanagement sollte genau hier, also beim Erhalt von Leistungsfähigkeit und Lebensqualität, ansetzen und nicht bei dem Versuch, die unterschiedlichsten Alterskrankheiten durch oft zweifelhafte Maßnahmen vermeiden zu wollen.

Risikogruppe Führungskräfte?

Sind Führungskräfte kränker als der Durchschnitt der Bevölkerung? Ist eine hohe berufliche Belastung für sie ein Erkrankungsrisiko? Das Klischee ist bekannt: der Manager, der von Termin zu Termin hetzt, seine Familie vernachlässigt, womöglich Angst um seinen Arbeitsplatz hat – und dem ständig ein Herzinfarkt droht.

Schon seit 25 Jahren sagen Berater und Wissenschaftler voraus, dass die Anforderungen an eine Führungskraft überdurchschnittlich ansteigen werden.[7] Tatsächlich nahm durch den Abbau von Hierarchiestufen, Globalisierung und neue Kommunikationsmöglichkeiten die Arbeitsdichte deutlich zu. Als kürzlich in einem Führungskräfteseminar zum Thema Gesundheit ein Teilnehmer von früheren Zeiten erzählte, in denen sich die Führungsmannschaft nach Feierabend noch gerne gemütlich im Kasino traf, löste er damit allgemeine Erheiterung aus. Einen Überblick über die berufliche Belastung zeigt eine Erhebung der Kienbaum-Unternehmensberatung (vgl. auch Tabelle 1).

Tabelle 1: Arbeitsbelastung von Managern (Deutschland)

Arbeitsbelastung
- 60 % der Führungskräfte arbeiten 60 bis 80 Stunden pro Woche
- 54 % arbeiten jedes Wochenende, 80 % an mindestens jedem 2. Wochenende
- Die meiste Zeit benötigen deutsche Manager für Reisen

Regenerationsphasen
- 41 % machen dreimal im Jahr Ferien, 32 % zweimal
- 50 % haben mehr als 25 Urlaubstage, 34 % 20 bis 25 Urlaubstage
- 97 % sind rund um die Uhr erreichbar (IT-victims)

Freizeit
- Die meiste Zeit wird mit der Familie verbracht
- 50 % hätten gern mehr Zeit für Sport, Hobbys, Kultur

Gesundheit
- 38 % achten auf ihre Gesundheit
- 53 % beschäftigen sich zeitweise damit

Quelle: Kienbaum Consultants International GmbH, September 1996: Wie setzen Europas Top-Manager ihre Zeit ein? (Ergebnis einer internationalen Befragung)

Trotz aller Belastungen deutet die – allerdings spärliche – medizinische Literatur darauf hin, dass für Führungskräfte kein höheres Risiko für eine organische Erkrankung besteht als bei anderen Bevölkerungsgruppen. Insbesondere die »typische Managererkrankung Herzinfarkt« ist eines der vielen Klischees, für die es keine Belege gibt.[8] Viele Autoren beschreiben bei Führungskräften ein überdurchschnittliches Vorhandensein von Risikofaktoren – etwa erhöhte Blutfette, erhöhter

Tabelle 2: Zur Gesundheitssituation von Führungskräften

Umfrage im Juni 2000 der Health Service Group an die Personalleiter von 120 großen deutschen Unternehmen. Geantwortet haben 60 (Fehlende Stimmen waren Enthaltungen). Das Ergebnis:

Fragen:	Antworten: Ja	Nein	Kommentare (Auswahl):
1. Sind Ihrer Meinung nach Führungskräfte gesundheitlich gefährdeter als andere Mitarbeiter?	**40**	**20**	• »Bild von Manager« fordert 60-Stunden-Wochen • FK im mittleren Management • Höhere Belastung, weniger Freizeit • Wenig Schlaf • Stress und Abbau von Führungskräften • Grundsätzlich nein, jedoch ist individuell ausschlaggebend, ob Führung beherrscht wird oder Führungsaufgaben den Einzelnen beherrschen • Wenig Freizeit für Bewegung und Familie
2. Finden Sie, dass Führungskräfte mehr als andere Mitarbeiter an folgenden gesundheitlichen Problemen leiden?	**33**	**26**	• Jedenfalls nicht sichtbar/statistisch nachvollziehbar • Weiß ich nicht, weil man nicht darüber redet • Ursache: nach innen verdrängen, eigenes Problem- und Zeitmanagement unvollkommen • Eher Stresssymptome, Schlafstörungen, Blutdruck etc. • Je nach Beanspruchung und eigener grundsätzlicher Konstitution
3. Haben Führungskräfte weniger krankheitsbedingte Fehlzeiten als andere Mitarbeiter?	**51**	**1**	• Halten sich für unentbehrlich und glauben, man erwarte von ihnen, dass sie sich ins Büro schleppen, egal wie • Man will keine Schwächen zeigen • Aber wenn, dann lange • Vorbild Arbeitsplatz • Praxis täuscht, Identifikation mit dem Unternehmen ist nicht alleine ursächlich. Auch Angst, Konkurrenzempfinden, Nicht-Nein-Sagen-Können sind negative Urheber • Es wird sich oftmals durchgebissen, bis hin zur Erschöpfung
4. Gehen Führungskräfte oft auch dann zur Arbeit, wenn sie eigentlich eine Krankheit auskurieren müssten?	**58**	**1**	• Verdrängung der Krankheiten • Zum Bild einer Führungskraft gehört oft die eigene Resistenz, die eigene Stärke, aber auch das Gefühl, unentbehrlich zu sein • Termine, Zeitdruck, laufende Projekte • Erhöhtes Verantwortungsbewusstsein • Übergehen der Krankheit aus Zeit- und Leistungsdruck

Fragen:	Antworten: Ja	Nein	Kommentare (Auswahl):
5. Besteht bei Führungskräften vermehrt die Gefahr, dass sie bei gesundheitlichen Problemen nur sehr spät einen Arzt aufsuchen?	**49**	**9**	• „Wird schon wieder" als Motto • Verdrängung der Krankheiten • Arbeitsdruck, Selbsttäuschung, Gefühl, wichtig zu sein; Fehleinschätzung von Warnsignalen, falscher Umgang mit sich selbst • Oft durch das Zeitproblem verursacht, man nimmt sich die Zeit dafür nicht
6. Stehen Führungskräfte unter einem wesentlich höheren Leistungsdruck als andere Mitarbeiter?	**52**	**8**	• Druck ist höher, Leistungsdruck nicht unbedingt • Objektiv sicher, aber subjektive Wahrnehmung habe ich höher bewertet • Aufgabenstellung ist komplexer • Grundsätzlich dann nicht, wenn Führung beherrscht wird, wenn der richtige Mann oder Frau am richtigen Platz ist. Die subjektive Antwort, das subjektive Empfinden lautet jedoch überwiegend: ja
7. Haben Sie den Eindruck, dass Globalisierung (häufiger Ortswechsel, Aufhebung Zeitzonen, schnellere Reaktionszyklen) und schnellere, ständige Erreichbarkeit (Handy, E-Mail) eine zusätzliche Belastung für Führungskräfte darstellen?	**47**	**12**	• Unterschiedliche Feiertagsregelungen, Urlaubsansprüche fordern erhöhte Ansprechbarkeit • Es kommt auf die Person an. Für mich ist ständige Veränderung und schnelle Reaktion angenehm • Verfügbarkeit 24 h an 7 Tagen • Die biologisch erforderliche Regenerationsspanne wird verkürzt • V. a. das Thema ständige Erreichbarkeit. Die eigenen Freiräume werden deutlich kleiner, Abschalten und Entspannung immer seltener • Gibt es auch bei Nicht-Führungskräften
8. Haben Sie den Eindruck, dass Führungskräfte oft überfordert sind? Wenn ja, wird diese Überforderung: eher verdrängt (39) oder eher thematisiert (2)?	**37**	**20**	• »Oft« geht zu weit. Überforderung wird – wenn zutreffend – eher verdrängt • Führungskräfte sind »lonesome cowboys« • Wer gibt schon zu, überfordert zu sein? Bei allen Fragen stellt sich die gleiche Frage: Wer führt die betreffende Führungskraft? • Aber heutzutage leiden auch normale Mitarbeiter unter Stress und Druck • Das Rollenverständnis bringt es eher mit sich
9. Vermuten Sie im Vergleich zu anderen Mitarbeitern auch Suchtproblematiken?	Weniger **8** Gleich **48** Mehr **3**		• Mehr Alkohol • Wenn Sucht auch die Flucht in Medikamentenmissbrauch, also vor der Öffentlichkeit »untertauchen« bedeutet, dann zumindest gleich

Blutdruck, Bewegungsmangel – und leiten daraus Gesundheitsgefahren ab. »Jeder vierte Manager ist gesundheitlich gefährdet«, heißt es beispielsweise in einer Pressemitteilung des Instituts für Arbeits- und Sozialhygiene.[9] Präventionsangebote für Führungskräfte, die dieser Argumentation folgen, stützen sich vor allem auf die Angst vor Krankheit.

Eine Beobachtung, die in der Literatur immer wieder beschrieben wird, ist allerdings ein auffällig häufiges Auftreten »funktioneller Beschwerden« bei Führungskräften.[10] Bezeichnet werden damit Symptome wie Verdauungsbeschwerden, Kopf- und Rückenschmerzen, Schlafstörungen, Herzrhythmusstörungen oder auch psychische Verstimmungen, bei denen keine organische Ursache feststellbar ist. Erfahrungen in meiner eigenen ärztlichen Praxis bestätigen diese Aussagen: Während organische Krankheiten bei Führungskräften relativ selten vorkommen, klagen viele Klienten über Befindungsstörungen wie Kopfschmerzen, Verdauungsprobleme oder Stimmungsschwankungen – und dies bereits ab Mitte 30.

Um ein genaueres Bild über die gesundheitliche Verfassung von Führungskräften zu erhalten, führten wir eine Befragung bei Personalleitern durch. Von den 120 angeschriebenen großen Unternehmen in Deutschland schickten 60 die Fragebögen zurück, wobei auch die Möglichkeit ergänzender Kommentare ausgiebig genutzt wurde. Tabelle 2 fasst die Ergebnisse der Befragung zusammen, die vor allem deutlich machen: Führungskräfte stehen unter einem höheren Leistungsdruck als andere Mitarbeiter, unterliegen einer immer stärkeren Arbeitsverdichtung und sind bereit, auch krank zur Arbeit zu gehen.

Arbeitsbelastung und knappe Freizeit, in der auch noch die Bedürfnisse der Familie berücksichtigt werden müssen, können durchaus zu Leidensdruck und Unzufriedenheit führen. Auch unsere Check-up-Untersuchungen bestätigen dies: Oft können wir einer Führungskraft eine gute körperliche Gesundheit attestieren, stoßen aber auf einen großen ärztlichen Beratungsbedarf. In vielen Fällen dauert das der medizinischen Untersuchung folgende Abschlussgespräch mehrere Stunden, in denen wir gemeinsam nach Strategien suchen, um gesundheitliche Maßnahmen mit den Zwängen des beruflichen und privaten Alltags in Einklang zu bringen.

Fazit

Es gibt keine Anzeichen dafür, dass Führungskräfte einem höheren Krankheitsrisiko ausgesetzt sind als andere Bevölkerungsgruppen. Die Frage, ob ein Manager gesundheitlich gefährdeter ist, lässt sich höchstens aus einem Grund mit »Ja« beantworten: Er ist gefährdeter, weil er mehr als andere dazu neigt, sich an zweifelhafte Gesundheitsratschläge zu halten – aus Angst davor, krank zu werden und im unternehmerischen Alltag nicht mehr mithalten zu können. Dennoch ist es gerechtfertigt, von einem besonderen »Gesundheitsbedarf« bei Führungskräften zu sprechen. Dies wird deutlich, wenn man das Augenmerk auf Lebensqualität und Wohlbefinden richtet statt auf Risikovermeidung und Krankheitsvorbeugung.

Ziel dieses Buches ist es, Ihnen Wege vorzustellen, wie Sie diesen Gesundheitsbedarf erkennen und decken können. Dies geschieht durch ein individuelles Gesundheitsmanagement, das sich an Ihrer persönlichen Situation orientiert und darauf ausgerichtet ist, Ihre Leistungsfähigkeit dauerhaft zu erhalten. Die Grundlage hierfür legen die folgenden Kapitel, die auf die wichtigsten Bausteine eines Gesundheitsmanagements – Ernährung, Bewegung, Stressmanagement, Schulmedizin, Naturheilkunde – im Detail eingehen. Am Ende steht die Vision, wie das Thema Gesundheit in Zukunft im Unternehmen gewertet und im globalen Kontext auch mithilfe neuer technischer Möglichkeiten umgesetzt werden kann.

Kapitel 2

Ernährung: Wege aus dem Expertendschungel

Ihr Terminkalender lässt Ihnen manchmal keine andere Wahl – Sie müssen das Mittagessen ausfallen lassen. Gesundheitsbewusst wie Sie sind, nehmen Sie dann wenigstens über entsprechende Präparate Ihre Mindestmengen an Vitaminen und Spurenelementen zu sich. Und wenn Sie am Abend nach Hause kommen, essen Sie noch schnell einen Vollwertsalat mit Körnern, auch wenn Sie eigentlich Lust auf eine Bockwurst hätten.

Wenn Sie so verfahren, handeln Sie nach gängigen Empfehlungen – und machen es doch falsch. Wie ich in diesem Kapitel ausführen werde, basieren zahlreiche Ratschläge für eine gesunde Ernährung entweder überhaupt nicht auf wissenschaftlich untersuchten Zusammenhängen, oder neuere Studien belegen eindeutig, dass sie falsch sind. Ein krasses Beispiel sind die Vitaminpräparate. Tatsächlich ist gesunde Ernährung viel einfacher, als Sie denken! Vergessen Sie das Gros der Empfehlungen und lernen Sie, wieder auf Ihren »gesunden Appetit« zu hören.

Ernährung und Nahrungsmittel sind nicht dasselbe

Die Behandlungen ernährungsbedingter Krankheiten kosten in Deutschland angeblich jedes Jahr 100 bis 200 Milliarden Mark. Da ist es kein Wunder, dass die Ernährung zum Lieblingskind der Prävention geworden ist. Aus medizinischer Sicht unverständlich ist allerdings, dass die Ernährungswissenschaft ihr Augenmerk ausschließlich auf das Nahrungsmittel richtet; denn Ernährung ist nicht allein die

Nahrung, die man zu sich nimmt, sondern vor allem auch das, was von dieser Nahrung in der Körperzelle ankommt. Hierbei spielt die Verdauung eine ganz entscheidende Rolle – und die ist bei jedem Menschen unterschiedlich. Allein diese Tatsache macht schon deutlich, dass es keine allgemein gültigen Regeln für eine gesunde Ernährung geben kann.

Ein Buch über Ernährung sollte sich daher nicht nur mit Nahrungsmitteln, sondern immer auch mit der individuellen Verdauungsfähigkeit befassen. Dies ist jedoch so gut wie nie der Fall. Auch Diäten und Ernährungsideologien haben immer nur im Visier, was auf dem Teller ist – genauso wichtig ist aber das, was für die individuelle Verdauung letztlich verwertbar ist. Da die Funktion der Verdauung ein zentrales Thema der Naturheilkunde ist und die Steuerungseinrichtung der Verdauung – das vegetative Nervensystem – eng mit der Stressreaktion zusammenhängt, werde ich auf die Zusammenhänge mit der Verdauung in den entsprechenden Kapiteln näher eingehen. Widmen wir uns also zunächst einmal den Nahrungsmitteln.

Zwischen nutzlos und schädlich: fragwürdige Ratschläge

Empfehlungen über gesunde Nahrungsmittel orientieren sich meist an quantitativ messbaren Inhaltsstoffen wie Fetten, Kohlehydraten, Eiweiß, Vitaminen und Spurenelementen. In der Regel werden aus labortechnischen Beobachtungen (in vitro) Schlüsse auf eine gesunde Ernährung im Leben (in vivo) gezogen. Hieraus entstehen sogenannte Zufuhrempfehlungen verschiedener Nährstoffe, von denen man annimmt, dass sie zur Erhaltung der Gesundheit notwendig sind. Werden diese Mindestmengen unterschritten, sollen Mangelerkrankungen ausgelöst werden.

Am Beispiel Milch und Osteoporose möchte ich verdeutlichen, wie man sich das Zustandekommen vieler Ernährungsratschläge vorstellen muss.

Milch und Osteoporose

Eine übermäßige Knochenentkalkung nennt man Osteoporose; ihre Folge ist, dass die Dichte und damit die Stabilität der Knochen abnimmt. Da Knochen unter anderem aus Calcium besteht, nahm man an, dass Calciumzufuhr über die Nahrung gegen Osteoporose hilft. Milch enthält viel Calcium, scheint also das ideale Nahrungsmittel gegen Osteoporose zu sein.

Statt diese Hypothese zunächst in einer aussagekräftigen Studie zu verifizieren, verbreitete man nun über alle möglichen Gesundheitssendungen, Arztpraxen und Magazine die Empfehlung, viel Milch zu trinken, um der Osteoporose vorzubeugen. Die Kampagne lief bereits auf vollen Touren, als man dann Frauen mit einer Oberschenkelfraktur fragte, wie viel Milch sie in den zurückliegenden Jahren getrunken hätten. Die Befragten wussten aus den Medien, durch Mundpropaganda ebenso wie vom Arzt, dass Osteoporose durch zu wenig Milch ausgelöst wird. Sie waren auf die Verknüpfung »Fraktur – weicher Knochen – Osteoporose – zu wenig Milch« konditioniert und schätzten ihren zurückliegenden Milchkonsum daher geringer ein, als er tatsächlich war.

Dieser Mechanismus lässt sich belegen. In Skandinavien[11] befragte man Frauen prospektiv – also bevor die Krankheit auftrat – über längere Zeit, wie viel Milch und welche Milchprodukte sie jeden Tag zu sich nahmen. Dann erfasste man, wie viele dieser Frauen im Laufe von zehn bis 20 Jahren Osteoporose mit Oberschenkelhalsbrüchen bekommen hatten, und bat sie, ihren Milchkonsum der vergangenen 20 Jahre noch einmal retrospektiv anzugeben. Diese Angaben lagen nun deutlich unter den Werten, die sie selbst vor ihrer Erkrankung genannt hatten! Der Vergleich der beiden Gruppen – erkrankte und nicht erkrankte Frauen – widerlegte außerdem eindeutig die Behauptung, dass Milch der Osteoporose vorbeugt. Verschiedene Studien zu diesem Thema ergaben, dass die Krankheit bei starken Milchtrinkern sogar etwas öfter vorkommt. Dieses Ergebnis ist allerdings lediglich eine Korrelation, die noch lange keinen Zusammenhang belegt. Eindeutig bewiesen ist damit aber, dass die Empfehlung, Milch zur Vorbeugung vor Osteoporose zu trinken, falsch ist. Wie fragwürdig die

Kampagne »Milch gegen Osteoporose« ist, zeigt auch die Tatsache, dass Deutschland bei einer sehr hohen Osteoporoserate gleichzeitig – zusammen mit den USA – pro Kopf den höchsten Milchverbrauch hat.

All das ist jedoch kein Argument gegen den Konsum von Milch. Nur die etwa 10 Prozent der in Mitteleuropa lebenden Menschen, die eine angeborene Laktoseintoleranz haben, sollten keine Milch zu sich nehmen. Sie mögen Milch aber auch instinktiv nicht und trinken sie daher nur, wenn der Arzt es ihnen gegen Osteoporose empfohlen hat.

Das Beispiel zeigt: Bevor irgendwelche Empfehlungen über derart komplexe Zusammenhänge wie Ernährung und Gesundheit an die breite Öffentlichkeit gelangen, sollten sie durch prospektive Studien abgesichert sein. Eine prospektive Studie hat den Vorteil, dass sich die Wissenschaftler im Vorfeld auf eine Hypothese festlegen – beispielsweise »Milch schützt vor Osteoporose« – und diese dann anhand der Daten, die sie über einen langen Zeitraum von zehn bis 20 Jahren erheben, überprüfen müssen. Sie können die erhobenen Zahlen weder nachträglich durch neue Daten ersetzen, noch können sie sich im Nachhinein eine andere Theorie überlegen.

Prospektive Studien sind daher von ihrer Anlage her ein fundiertes, aussagekräftiges Instrument. Ganz anders die weit verbreitete retrospektive Vorgehensweise: Hier will man im Nachhinein, wenn eine Krankheit aufgetreten ist, mithilfe von Fragebögen bestimmte Zusammenhänge belegen – beispielsweise herausfinden, ob der Verzehr verschiedener Gemüsearten mit bestimmten Krebsarten zusammenhängt. Irgendwelche Korrelationen ergeben sich dann zwangsläufig; wer 100-mal würfelt, bekommt immer eine bestimmte Anzahl von Sechsen.

Leider wird in der Präventivmedizin meist nach dem Muster im Beispiel »Milch und Osteoporose« verfahren. Einige weitere Beispiele sind in den folgenden Abschnitten beschrieben. Es handelt sich dabei um gängige Ernährungsempfehlungen, die gerade gesundheitsbewusste Fühungskräfte befolgen – ohne zu ahnen, dass die angeblich positive Wirkung der empfohlenen Nahrungsmittel inzwischen widerlegt ist.

Ballaststoffe: kein Darmschutz

Sie gelten als vorbeugend gegen Darmkrebs und verdauungsunterstützend: die Ballaststoffe, wie zum Beispiel die Weizenkleie, die deshalb zum täglichen Verzehr empfohlen werden. Hinzu kommt das Argument, viele Ballaststoffe lieferten keine Kalorien, da der Darm sie ja unverdaut als Ballast wieder ausscheide. Inzwischen weiß man, dass diese Annahme falsch ist: Zwar können unsere Verdauungsenzyme Ballaststoffe, wie pflanzliche Zellulose, nicht verdauen, aber unsere Darmbakterien können dies sehr wohl. Der Irrtum in Sachen Kalorienzufuhr wäre ja auch nicht tragisch, würden die Ballaststoffe tatsächlich vor Krebs schützen. Doch auch diese Behauptung ist falsch. Wie die Auswertung vieler kontrollierter Studien[12] zeigte, bewirkt der Verzehr von Weizenkleie keinen Schutz vor Krebs, dafür aber Blähungen, Übelkeit und Durchfälle. Diese Leiden traten im Vergleich mit den Gruppen, die keine Ballaststoffe einnahmen, deutlich öfter auf. Nicht signifikant war dagegen der Unterschied bei der Darmkrebsrate, die bei der Gruppe der Ballaststoffesser sogar leicht erhöht war.

Also: Quälen Sie sich beim Frühstücksbüfett nicht mit Kernen und Kleie herum, wenn Sie einen Joghurt essen wollen. Wenn Ihnen das morgendliche Müsli gut tut, geniessen Sie es. Falls es Ihnen nicht schmeckt, lassen Sie es ruhig stehen. Eine allgemein positive Wirkung auf die Gesundheit hat es nicht.

Margarine: nichts für die Gesundheit

Tierische Fette, so hieß es in den 70er Jahren, fördern die Ablagerungen in den Gefäßwänden und begünstigen damit den Herzinfarkt. Empfohlen wurde deshalb, Butter und Schmalz durch Margarine, künstlich verfestigte Pflanzenöle, zu ersetzen, ohne dass für diese Empfehlung jemals ein stichhaltiger Beweis vorgelegt wurde. Heute weiß man, dass Butter keineswegs ein Herzrisiko darstellt[13], während sich Hinweise mehren, dass Margarine gar nicht so harmlos ist.[14] Das eigentlich Schlimme an der Geschichte ist das Eingeständnis der Ernährungswissenschaft, dass bei der als herzschützend angepriesenen Margarine beim Herstellungsprozess Fettsäuren entstehen, die sogenannten Transfettsäuren, die ihrerseits nun nachweislich zu Herzschäden führen können. Offiziell eingeräumt wurde dieser Zusammenhang erst kürzlich, als neue Herstellungsverfahren in der Lage waren, die Transfettsäuren auf ein Minimum zu reduzieren. Die Glaubwürdigkeit fördert diese späte Einsichtigkeit jedoch nicht. Die ersten Hinweise auf die Gefährlichkeit der Transfettsäuren wurden schon 1963 veröffentlicht.[15] Spätenstens Ende der 70er Jahre war dieser Zusammenhang wissenschaftlich erwiesen.[16]

Der neuesten Margarinegeneration werden so genannte Phytosterine beigemischt, die das LDL-Cholesterin – das so genannte »schlechte Cholesterin« – senken sollen und damit die Herzinfarktrate. Ganz davon abgesehen, dass wir uns damit meiner Meinung nach kein Nahrungsmittel, sondern ein Medikament mit Nebenwirkungen aufs Brot streichen, fehlt nach wie vor der entscheidende Nachweis, dass dadurch die Lebenserwartung erhöht wird (s. u. Cholesterin S. 127).

Als ich in einem badischen Lokalsender auf diese Zusammenhänge hinwies, meldete sich in meiner Praxis noch am selben Tag der Leiter des wissenschaftlichen Referats eines der größten Margarineproduzenten aus Hamburg. Im darauf folgenden Briefwechsel, wo ich den fehlenden Beweis der prospektiven Studie ansprach, wurde allen Ernstes damit argumentiert, »dass aber ein signifikanter Nachweis der Senkung der Gesamtmortalität die finanziellen Möglichkeiten der Ernährungsindustrie überfordert«[17].

Vitamine: im Übermaß schädlich

Was sind Vitamine? Im medizinischen Lehrbuch werden sie definiert als lebensnotwendige Substanzen, die der Körper nicht selbst herstellen kann und die deshalb zugeführt werden müssen. Da sie nicht der Energiegewinnung dienen, sondern als Wirkstoffe den Stoffwechsel unterstützen, benötigen wir nur geringste Mengen. Man unterscheidet wasserlösliche (C, B) und fettlösliche (A, D, E, K) Vitamine. Vitaminmangel tritt hierzulande nur bei schweren Lebererkrankungen (K), nach Magenoperationen oder bei Säuglingen von Müttern, die sich vegan[18] ernähren (B12), oder bei extremer Mangelernährung auf. Nur in diesen Fällen ist eine zusätzliche Vitaminsubstitution medizinisch sinnvoll.

Der Beri-Beri-Irrtum: Der Siegeszug der Vitamine als Gesundheitsgarant Nummer eins begann mit einem Irrtum. Als im 19. Jahrhundert japanische Marinesoldaten in großer Zahl an Beri-Beri erkrankten, entdeckte man nach einiger Zeit einen Zusammenhang mit der ausschließlichen Ernährung durch Reis auf hoher See. Wurde die Ernährung variiert, verschwand die Krankheit. Ähnliche Beobachtungen machte man in Armeegefängnissen: Dort erkrankten ebenfalls Gefangene, die Reis zu essen bekamen.

Zur gleichen Zeit beobachtete der holländische Arzt Christiaan Eijkman bei Hühnern, die er ausschließlich mit den Abfällen eines Militärhospitals fütterte, Symptome, die er als Beri-Beri interpretierte. Die Abfälle bestanden hauptsächlich aus weißen, also geschälten Reiskörnern. Es gelang ihm, aus Reiskleie, also den Reisschalen, einen Stoff zu isolieren, der den Namen Vitamin B1 erhielt und mit dem sich die Krankheit der Hühner heilen ließ. Daraufhin wurde Beri-Beri zur Vitamin-B1-Mangelerkrankung erklärt und die Empfehlung abgeleitet, Vollkornreis zu essen. Dass Hühner durch Kropf und Muskelmagen auf Körnerpicken spezialisiert sind und sich dadurch von uns Allesfressern unterscheiden, fiel dabei unter den Tisch.

Schließlich stellte sich heraus, dass der eigentliche Grund für die Erkrankung durch falsche Lagerung verursachte Schimmelbildungen an dem Reis waren. Ein Indiz hierfür war der schnelle Krankheitsausbruch nur vier Tage nach Verzehr von verschimmeltem Reis. Der Ausbruch einer Vitaminmangelerkrankung dauert viel länger.

Hoch dosiertes Vitamin B1 erwies sich bei späteren Untersuchungen als Antidot gegen Schimmelpilzerkrankungen. Fälschlicherweise wurde nun aber das Vollkorn im Allgemeinen als gesunde Ernährung propagiert – und wenn unsere Verdauung sich heute mit Vollkornreis, Vollkornnudeln oder Vollkornbrötchen herumärgern muss, so ist dies unter anderem eine Folge dieser Geschichte.[19]

Vitamine kommen in Mode: Im Laufe der Zeit wurden viele weitere Stoffe entdeckt, die man als Vitamine bezeichnete. Seit es dann gelang, einen Großteil dieser Stoffe industriell und damit sehr preisgünstig herzustellen, wurden Vitamine zur Wunderheildroge Nummer eins. Gleichzeitig wurde eine Abnahme der in Nahrungsmitteln enthaltenen Vitamine gemessen, woraus man folgerte, Vitamine müssten zum Erhalt der Gesundheit zusätzlich zur Nahrung zugeführt werden.

Der nächste Schritt war die halb offizielle und staatlich unterstützte Festlegung auf Zufuhrempfehlungen, die angeblich notwendig sind, um Krankheiten vorzubeugen. Entsprechende Tabellen gibt zum Beispiel die Deutsche Gesellschaft für Ernährung (DGE) regelmäßig heraus, ohne jemals plausibel begründet zu haben, auf welchen Untersuchungen diese Zahlen beruhen. Wie beliebig diese Empfehlungen sind, zeigt ein Vergleich mit anderen Ländern. Demnach kommen etwa Engländer beim Vitamin C mit nur einem Siebtel der für Deutsche empfohlenen Tagesmenge aus! Leider bilden diese unsinnigen Tabellen immer noch die Grundlage für die individuelle Ernährungsberatung.

Selbst ernannte Gesundheitsexperten haben die Vitaminstory nur zu gerne aufgegriffen. Fast in jedem Dorf stößt man heute auf Opfer des »Multi-Level-Marketings«, die als Nebenerwerb die tollsten Wunderpräparate anbieten. Die Stiftung Warentest warnt inzwischen vor den Geschäftspraktiken solcher Firmen wie Herbalife und Amway, die in ihren Methoden fatal an Psychosekten erinnern.[20] Aber auch unter Führungskräften, besonders in den USA, sind die Döschen bekannt, die man im Anschluss an den Business-Lunch hervorholt, um besonderes Gesundheitsbewusstsein zu demonstrieren. Einigen dieser Präparate – die man manchmal nur über besondere Bezugsquellen auf Empfehlung erhält, dementsprechend teuer, versteht sich – haftet geradezu etwas Magisches an.

Zugleich führt der Vitamintrend dazu, dass wir kaum noch einen Apfelsaft bekommen, der nicht »mit zusätzlichen lebenswichtigen Vitaminen« versetzt ist. Trinken wir gar eine Flasche Multivitaminsaft, überschreiten wir die empfohlene Tagesdosis an Vitaminen um das Vielfache.

Nun könnte man meinen, das alles sei nicht weiter schlimm, lieber zu viel als zu wenig Vitamine. Leider ist das ein Trugschluss. Der Vitaminkult erlebte eine böse Überraschung, als man, längst überfällig, den Nutzen der Vitamineinnahme durch aussagekräftige Studien belegen wollte. Dass beispielsweise Beta-Carotin, eine Vorstufe von Vitamin A, insbesondere Raucher vor Krebs schützt, galt schon als allgemein gültiges Wissen. In zwei großen Studien, in einem Fall[21] an 30000, im anderen[22] an 18000 männlichen Rauchern wurde der Zusammenhang zwischen Vitaminen und Krebs untersucht – mit katastrophalem Ergebnis: Beta-Carotin und Vitamin A führten zu einer Zunahme der Krebserkrankung. Die zweite Studie musste aus ethischen Gründen vorzeitig abgebrochen werden, weil die Lungenkrebsrate sogar 28 Prozent höher lag als bei der Vergleichsgruppe. Vitamin E zeigte in diesem Zusammenhang insgesamt weder eine positive noch eine negative Wirkung.

Antioxidantien: Antioxidantien sind Wirkstoffe, die so genannte freie Radikale im Körper abfangen und neutralisieren können. Sie werden deshalb auch Radikalfänger genannt. Sind zu viele dieser freien Radikalen vorhanden, sollen krankhafte Prozesse, vor allem Krebs, ausgelöst werden. Röntgenstrahlen, Transatlantikflüge, Stress, Bewegungsmangel und eine falsche Ernährung sollen die Radikalbildung fördern. Deshalb gelten Antioxidantien als neue Heilsbringer, die man natürlich in rauen Mengen zu sich nehmen soll. Zu ihnen zählen die Vitamine C und E, Beta-Carotin, Selen, Q10 und vieles mehr. Interessanterweise sollen besonders Phenole stark antioxidativ, in dieser Logik somit positiv wirken. Wo aber finden wir die größte Anreicherung an Phenolen? Ausgerechnet in den verteufelten Genussmitteln wie Schokolade, Kaffee und Tee!

Die Dinge werden zu sehr vereinfacht. Man sollte bedenken, dass es sich bei den oxidativen Prozessen im Körper um ein äußerst kompliziertes System handelt, bei dem sich prooxidative (radikalbildende) und antioxidative (radikalfangende) Substanzen gegenseitig beeinflussen und in einem gewissen Gleichgewicht zueinander stehen. »Wenn man nun in dieses komplizierte System eine Substanz hoch proportional dosiert eingibt, dann sinken andere Stoffe ab, und dieses biologische Konzert, das sich in Jahrmillionen entwickelt hat, kommt stark durcheinander«, warnt Professor Malte Bühring, Lehrstuhlinhaber für Naturheilkunde an der Freien Universität Berlin,[23] und weist zugleich auf Untersuchungen hin, die belegen, dass solche Eingriffe schädlich sein können.

Vitamin C (Ascorbinsäure): Jeder hat davon gehört: Vitamin C soll Grippe abwehren und gegen Müdigkeit und Energielosigkeit helfen können. Entsprechende Empfehlungen sind auch in Ratgebern enthalten, die sich speziell an Führungskräfte richten. Ich möchte hier auf zwei neuere Beispiele eingehen. In beiden Fällen sind die Autoren Ärzte, man sollte also eigentlich erwarten können, halbwegs seriöse Ratschläge zu bekommen.

Vitamin C, »the Queen of Vitamins«, verleihe uns »Bio-Power«, schreibt der erste Autor.[24] »Glückshormone wie der Happy-Macher Noradrenalin oder das Kreativitätshormon ACTH hätten ohne den Biostoff keine Chance auf Geburt. Ohne Vitamin C werden wir vergesslich, müde, schlapp, verlieren jegliches Charisma.« Der Autor rät dazu, die von der DGE empfohlene Tagesmenge um das dreißigfache zu überschreiten, denn »das empfiehlt sogar der Vitaminpapst Linus Pauling« – und deshalb bleibe »nur der Weg in die Apotheke«. Genauso der zweite Autor[25]: »Die deutsche Gesellschaft für Ernährung empfiehlt 150 Milligramm Vitamin C pro Tag. Diese bewahren Sie vielleicht vor Skorbut – aber jeder Schnupfenvirus lacht Sie aus. ... Gönnen Sie sich künftig 1–3 Gramm von diesem gesunden Gegengift.«

Bei fast jedem meiner Vorträge werde ich auf die Forschungen des zweimaligen Nobelpreisträgers Linus Pauling – Nobelpreis für Chemie 1954, Friedensnobelpreis 1962 – angesprochen, der immer wieder behauptete, durch die hoch dosierte Einnahme von Vitamin C ein hohes Alter erreicht zu haben. In jüngerer Zeit landeten in vielen Briefkästen die Broschüren eines Dr. Rath, der sich selbst als Schüler Paulings bezeichnet und in pseudowissenschaftlicher Manier behauptet, dass Vitamin C Arteriosklerose rückgängig machen kann und somit Herzinfarkt als eine Vitamin-C-Mangelerkrankung anzusehen sei (Bestellschein beiliegend!). In Wirklichkeit geht die Vitamin-C-Geschichte des Physikers Linus Pauling auf eine Marotte des Wissenschaftlers zurück. Pauling behauptete, er habe den Nutzen von Vitamin C durch Studien bewiesen. Die Wiederholung dieser Studien durch andere Wissenschaftler – die im Gegensatz zu Pauling ihre Versuchsgruppen randomisierten, also zufällig zuordneten – ergaben dagegen, dass die Gruppe mit Vitamin C, wenn auch nicht signifikant, im Schnitt früher starb.[26]

Tatsächlich existiert keine einzige Studie, die den Nutzen einer zusätzlichen Einnahme von Vitamin C in irgendeiner Hinsicht belegt. Die Ergebnisse deuten sogar das Gegenteil an. Bei Säuglingen von Müttern, die während der Schwangerschaft Vitamin-C-Tabletten zu sich genommen hatten, traten nach der Geburt Zeichen von Skorbut – also echter Vitamin-C-Mangel – auf, weil der Organismus sich im Mutterleib an die Megadosen gewöhnt hatte und jetzt nicht mehr mit Normalernährung zurechtkam.[27] Ein ähnlich gefährlicher Gewöhnungseffekt kann auch bei Erwachsenen auftreten.[28] Und das übermäßige Trinken von Zitrussäften, das uns wegen ihres hohen Gehalts an Vitamin C ständig empfohlen wird, kann sogar zu Knochenschäden führen.[29]

Vitamin E (Tocopherol): Vitamin E wird gerne »zur Therapie chronischer Mangelzustände« oder gegen Rheuma verordnet. Außerdem soll es vor Herzinfarkt schützen. Unser erster Experte[30] schreibt: »Die Wissenschaft weiß heute: 76 Prozent aller Herzinfarkte könnten durch Vitamin E (das Naturwunder) verhindert werden. ... Risiken bei Vitamin E-Überdosierung sind nicht bekannt.«

In Wirklichkeit gibt es keine gesicherten Erkenntnisse über Folgeerscheinungen eines durch die Ernährungsweise bedingten Mangels an Vitamin E. Streng genommen ist dieser Stoff damit überhaupt kein Vitamin, sodass es auch keine gesicherten Empfehlungen über Tagesmindestmengen geben kann. In Bezug auf Rheuma und Herzkrankheiten fällt bei Studien lediglich die völlige Wirkungslosigkeit auf.[31] Trotzdem wird aus unterschiedlichsten Gründen die Einnahme von bis zu einem Gramm täglich empfohlen. Dabei sind die Nebenwirkungen derartiger Dosierungen ausreichend beschrieben. Dazu zählen zum Beispiel Blutungen, Hormonstörungen und Übelkeit. Das Bundesinstitut für Arzneimittel und Medizinprodukte rät deshalb auch Rheumatikern von einer Einnahme von Vitamin E ab. Experte

Zwei rät trotzdem zu Vitamin E bei Gelenkschmerzen: »Mit einem Gramm Vitamin E täglich können Sie die Entzündung stoppen. Das tut man übrigens heute bei jedem Rheumakranken…«

Selen: Selen gilt als Krebsschutz und Stimulans für die körpereigene Abwehr. Als ich bei Fortbildungen, neugierig geworden durch die angeblich sagenhafte Wirkung von Selenbehandlungen, mehrfach den Hersteller bat, mir Literatur zuzustellen, die diese Wunderwirkung belegt, erhielt ich nie eine brauchbare Antwort. Heute weiß ich warum: Es gibt keine.

Bekannt sind dagegen bei zusätzlicher Seleneinnahme Schilddrüsenprobleme[32] und eine eher krebsfördernde Wirkung.[33] Experte Zwei[34] meint dennoch: »Selen (für die Leichtigkeit des Seins)… Meine Empfehlung: Nehmen Sie ein Selenpräparat mit täglich 100–200 Mikrogramm.«

Neue Entwicklungen in der Vitaminhysterie: Die Liste der Gegenüberstellungen von Schein und Wirklichkeit ließe sich fortsetzen. Dass zu viel Vitamin A gesundheitsschädlich ist, hat sich mittlerweile herumgesprochen. Nur unser Ratgeber Eins[35] empfiehlt noch Vitamin A (die Abwehrwaffe): »Bei starker Belastung zusätzlich Nahrungsergänzung«. Tatsache ist, dass der Unfug mit den Vitaminen in unzähligen Seminaren und Vorträgen verbreitet wird; und wenn die Referenten dann auch noch Ärzte sind, vertrauen die Teilnehmer leider auf deren Seriosität.

Immerhin vermerkt heute mancher Hersteller von Multivitaminpillen auf seiner Verpackung »ohne Beta-Carotin« und hofft, damit sein Produkt zu retten. Man darf gespannt sein, was nach Durchführung der nächsten prospektiven Studien von dem Präparat noch übrig bleiben wird – wahrscheinlich nur noch die Trägersubstanz.

Wenn Vitamine als isoliert hergestellte Substanz keine positive Wirkung haben, so wird inzwischen auch argumentiert, liegt das wohl daran, dass die vielen unbekannten sekundären Pflanzenstoffe, die beispielsweise in Obst enthalten sind, bei der Einnahme von Vitamintabletten nicht in den Körper gelangen. Daher lautet die neue Empfehlung, Obst und Gemüse regelmäßig in Form von Saftkonzentraten oder Trocken-Presstabletten zu sich zu nehmen. Natürlich stehen die Wirksamkeitsnachweise dieser Produkte – es ist fast müßig, das zu erwähnen – noch aus. Abgesehen davon, dass es sich meist um teure Produkte mit fragwürdiger Seriosität handelt – ein bekannter Hersteller benutzt beispielsweise die gleichen Gemüsekrümel wie in Tütensuppen –, wird die Schlussfolgerung hinsichtlich der Wirkung höchstwahrscheinlich wieder voreilig sein. Denn das Zusammenspiel von frischen Nahrungsmitteln, Kochkunst und Verdauung lässt sich nicht so einfach ersetzen. Dass in diesem Konzert ausgerechnet Vitamine oder Antioxidantien den Ton angeben sollen, ist angesichts der vielen anderen Mitspieler nach heutigem Wissen reine Spekulation.

Alkohol: ein Gesundheitsrisiko?

Alkohol ist das einzige bekannte Nahrungsmittel, das die Lebenszeit tatsächlich verlängert. Nachweislich erhöht täglicher mäßiger Alkoholkonsum die Lebenserwartung,[36] die allerdings bei übermäßigem Genuss wieder sinkt. Unter anderem hemmt Alkohol, wie übrigens auch Acetyl-Salicylsäure (ASS), die Verklumpung der Blutplättchen (Thrombocyten) und schützt so vor Blutgerinnselbildung (Thrombosen), die einen Herzinfarkt oder Schlaganfall auslösen kann. Wenn man die Nebenwirkungen von ASS[37] bedenkt, sollte der Arzt zur Thromboseprophylaxe vielleicht eher ein gutes Glas Wein verschreiben, statt immer auf das Medikament (zum Beispiel Aspirin 100) zurückzugreifen.

Erklärbar wird damit das so genannte »French Paradox«, nämlich die Feststellung, dass Franzosen trotz hohem Verbrauch an tierischen Fetten weniger Herzinfarkte bekommen – sie trinken eben regelmäßig Wein. Mit anderen Worten: Franzosen halten sich weniger an die Ratschläge von Ernährungsexperten. In einigen Studien wird Wein als besonders förderlich für die Gesundheit beurteilt, in neueren Publikationen scheint die Art des Alkohols eher zweitrangig.

Es wäre nun wiederum falsch, jemanden zu Alkohol zu nötigen, der keinen mag. Auch diese Abneigung hat vermutlich biologisch sinnvolle Gründe. Aber wer gerne Alkohol trinkt, kann ruhig täglich

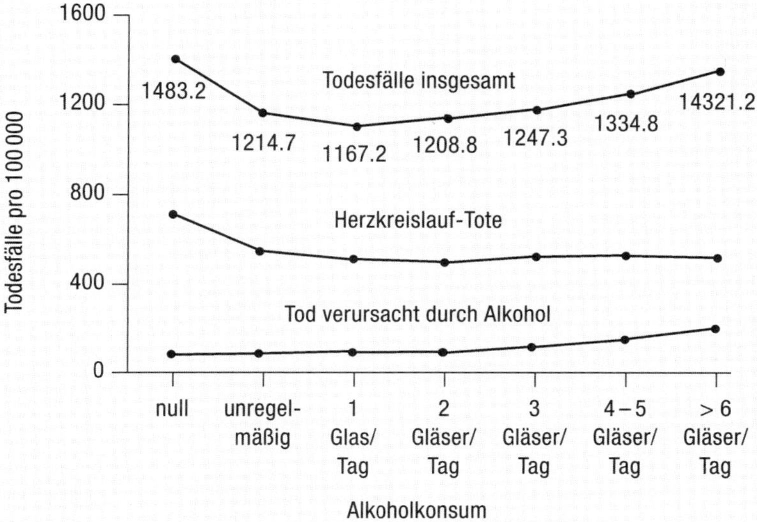

Abbildung 2: Alkohol und Lebenserwartung. 490 000 Teilnehmer wurden in dieser Studie 9 Jahre lang beobachtet. Man verglich die Menge des täglich konsumierten Alkohols mit der Häufigkeit von Todesfällen in der jeweiligen Gruppe. Die obere Kurve zeigt die Anzahl der Todesfälle insgesamt (jeweils hochgerechnet auf 100 000 Personenjahre). Die mittlere Kurve zeigt die Anzahl der Todesfälle aufgrund einer Herz-Kreislauferkrankung. Die untere Kurve zeigt die Anzahl der Todesfälle im ursächlichen Zusammenhang mit Alkohol. Diese Kurve gilt für die männlichen Studienteilnehmer, das Ergebnis bei den Frauen ist vergleichbar.

ein bis zwei Gläser genießen. Wie in Abb 2. zu erkennen ist, liegt die Lebenserwartung einer Person, die täglich 6 Gläser (!) Alkohol trinkt, immer noch über der von Abstinenzlern. Bei dieser Menge ist zwar schon die Grenze zur Alkoholabhängigkeit überschritten, und psychische Probleme und Wesensveränderungen führen zu katastrophalen sozialen Auswirkungen, die Lebenserwartung beeinflusst dies jedoch erstaunlich wenig.

Meine Empfehlung: Legen Sie jede Woche einen bis zwei alkoholfreie Tage ein, einfach um sicher zu sein, dass es auch ohne geht.

Salz: verrufene Kostbarkeit

Kennen Sie das? Das Essen schmeckt, aber eine Prise Salz täte dem Ganzen doch noch gut. Trotzdem verkneifen Sie sich das Nachsalzen, es ist ja ungesund. Und beim Geschäftsessen möchte man nicht als Gesundheitsmuffel enttarnt werden.

Das »weiße Gold« war im Mittelalter so wertvoll, dass man es sogar als Zahlungsmittel akzeptierte. Da Pflanzen eher natriumarm sind, hatten vor allem Völker mit einem hohen pflanzlichen Anteil in der Ernährung ein unwiderstehliches Verlangen danach. In Verruf geriet das Salz in den siebziger Jahren, als in Laborversuchen eine extrem hohe Salzzufuhr bei Ratten erhöhten Blutdruck auslöste. Man schloss daraus, dass eine Salzrestriktion beim Menschen eine blutdrucksenkende Wirkung haben würde. Die daraus entstandene Meinung, eine salzarme Ernährung sei gesund, galt als eine der gesichertsten in der Präventivmedizin. Doch auch im Falle des Salzes wurden Empfehlungen verbreitet, ohne dass die Zusammenhänge durch eine einzige kontrollierte Studie bewiesen worden wären.

Ein großer Versuch sollte schließlich den fehlenden Nachweis erbringen. Die »Intersaltstudie« untersuchte rund 10 000 Menschen in 52 Zentren auf der ganzen Welt hinsichtlich des Zusammenhangs zwischen Kochsalzzufuhr und Blutdruck. Ergebnis: Würde man die Salzeinnahme von täglich 10 Gramm auf 4 Gramm reduzieren, wäre eine Senkung des Blutdrucks um 2,2 beziehungsweise 0,1 mmHg zu erwarten, sprich: Ein Blutdruck mit den Werten 155/90 würde auf 152,8/89,9 sinken![38] Dieses nicht gerade überwältigende Ergebnis diente dennoch künftig als wissenschaftliche Grundlage für große Kampagnen gegen Salz.

Schaut man die Ergebnisse genauer an und rückt Statistiken zurecht, indem man etwa Amazonaspopulationen mit für uns fremden Ernährungs- und Lebensgewohnheiten nicht mit in Chicago lebenden Afroamerikanern in einen Topf wirft, erweist sich sogar das Gegenteil: In industrialisierten Gesellschaften sinkt der Blutdruck bei höherem Salzkonsum. Die Empfehlung, nun besonders viel Salz zu essen, wäre sicher genauso kurzsichtig wie bisherige Warnungen davor. Deutlich wird aber, wie in der Praxis mit den Ergebnissen großer epidemiologischer Studien umgegangen wird, wenn die gemessenen Parameter nicht eindeutig die erwünschten Schlussfolgerungen zulassen. In der deutschen medizinischen Wochenschrift wurde ein solches Vorgehen völlig zu Recht als »Datenmassage« bezeichnet.[39]

Zwei Metaanalysen, die 50 aussagekräftige Studien zum Thema Salz auswerteten, kamen zu folgendem Ergebnis: Allerhöchstens bei schwer Hochdruckkranken kann eine Salzrestriktion zu einem leichten Absenken führen, und auch da nur bei alten Patienten. Daneben ergab sich – ein interessanter Aspekt am Rande! – bei geringer Salzeinnahme ein Anstieg des LDL-Cholesterins.[40] Und das, wo Ernährungsratgeber neben einer salzarmen Diät meistens eine cholesterinarme Ernährung empfehlen!

Welche Folgen die voreilige Empfehlung einer salzarmen Ernährung haben kann, zeigt folgende Tatsache: Ein Oberschenkelhalsbruch hängt bei älteren Frauen oft mit einer Hyponatriämie zusammen, mit einer durch Salzmangel hervorgerufenen Ohnmacht, die zu dem Sturz führte.[41]

Vollkorn: gesund?

Niemals in ihrer Geschichte aßen Menschen die Schalen von Getreide. Die Schalen verfütterte man immer nur ans Vieh, schließlich versteht es ein Wiederkäuer ja auch, richtig damit umzugehen. Wie viele andere Pflanzen wehrt sich auch das Getreide gegen das Gefressenwerden und hat entsprechende Abwehrstoffe entwickelt. Erst mithilfe verschiedener Verarbeitungsverfahren gelang es dem Menschen, das Getreide als Nahrungsmittel zu nutzen.

Verzehren wir Vollkorn, müssen wir davon ausgehen, dass viele, besonders in den Getreideschalen enthaltene Abwehrstoffe noch aktiv sind. Es handelt sich deshalb um eine schwer verdauliche Kost, die zusätzlich bei vielen Menschen zur Produktion von Gärungsgiften im Darm führt.[42] Bei Vollkornbroten ist daher darauf zu achten, dass durch traditionelle Verarbeitungsverfahren, wie zum Beispiel die Sauerteigherstellung bei Roggenbrot, die schädlichen Stoffe des Vollkorns eliminiert werden. Ist das nicht der Fall, stellen sich die Anhänger von Vollkornbrot gesundheitlich schlechter als die Weißbrotesser. Wir wissen nicht, ob Menschen, die täglich einen Hamburger verzehren, ungesünder leben als andere. Aber wir wissen, dass Körner schwer verträglich sind.[43]

Probiotische Joghurts: abwehrschwächend

Die Idee ist eigentlich bestechend: Wie ich im Kapitel über die Naturheilverfahren noch ausführen werde, bevölkern den Darm eine große Anzahl an Bakterien, die so genannte physiologische Darmflora, von

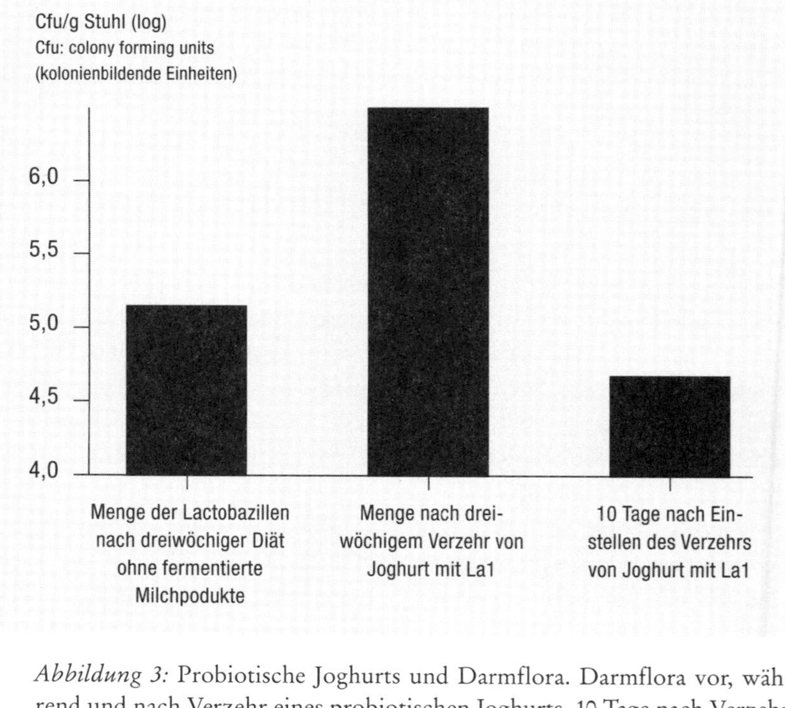

Abbildung 3: Probiotische Joghurts und Darmflora. Darmflora vor, während und nach Verzehr eines probiotischen Joghurts. 10 Tage nach Verzehr eines probiotischen Joghurts ist die Darmflora deutlich reduziert gegenüber dem ursprünglichen Zustand.

denen wir heute wissen, dass sie unsere Körperabwehr entscheidend stärken. Deshalb hat man versucht, diese Bakterien zu züchten und in Form eines probiotischen Joghurts in den Darm zu bringen. Die Auswirkungen waren jedoch anders als erwartet, wie in Abb. 3 zu sehen ist. Die zugeführten Bakterien, die ja aggressiv sind, bekämpfen nicht nur die Krankheitserreger, sondern auch die gesunde Darmflora. Offensichtlich konkurrieren sie mit den anderen Darmbakterien. Hört man dann auf, probiotische Joghurts zu verspeisen, hat man daher plötzlich ein Abwehrproblem. Interessanterweise kann man diesen Zusammenhang sogar einer Informationsschrift entnehmen, mit der ein Hersteller direkt für sein Produkt wirbt.[44] Anscheinend fiel dieses Ergebnis jedoch nicht weiter auf.

Rapsöl: kein Wundermittel

Da die Bio-Dieselprogramme der EU zu teuer waren,[45] muss das übermäßig produzierte Rapsöl offenbar andere Abnehmer finden – und prompt gilt Rapsöl neuerdings als besonders gesund. Angeblich schützt es vor Thrombosen, besser noch als Olivenöl – eine Studie belegt inzwischen genau das Gegenteil[46] –, und beugt in besonderem Maße dem Herzinfarkt vor, wofür es aber keinen Nachweis gibt. Wäre Rapsöl wirklich gesünder als das traditionelle Olivenöl oder auch Schmalz, hätten unsere Vorfahren sicher auch schon vermehrt damit gekocht. Rapsöl mag zum Kochen geeignet sein, eine besondere Bedeutung für die Gesundheit hat es nicht. Trotzdem stürzen sich Universitäten und Naturheilvertriebe gleichermaßen auf das neue Wundermittel.

Fleischlos gleich gesünder?

Fleischlose Ernährung gilt als gesund. Eine Metaanalyse[47] anhand der Daten von 76 000 Menschen aus fünf Studien – zwei Studien mit kalifornischen Sieben-Tage-Adventisten, zwei britische Studien: Health-Food-Shoppers- und Oxford-Vegetarian-Study und die deutsche Heidelberg-Studie – zeigte tatsächlich ein um 24 Prozent niedrigeres

Herzinfarktrisiko bei Vegetariern. Die Gesamtsterblichkeit war jedoch gleich. Mit anderen Worten: Vegetarier leben nicht länger, sie sterben nur an anderen Todesursachen. Damit kann das Argument, fleischlos sei gesünder ad acta gelegt werden. Leider wähnen sich Vegetarier auch in falscher Sicherheit vor den Nebenwirkungen einer rücksichtslosen Massentierhaltung, gegen die sie durch ihre Ernährungsweise häufig Stellung beziehen wollen. Die Abbauprodukte von Futterzusätzen und Medikamenten konzentrieren sich vor allem in der Gülle, mit der Gemüsefelder oft gedüngt werden.

Übergewicht: schlank oder krank?

Wann Fettleibigkeit noch als normal oder schon als krankhaft angesehen werden soll, ist schwer zu definieren. Der Konsensausschuss des amerikanischen »National Institute of Health« ist zu dem Schluss gekommen, dass Übergewicht potenziell das Leben verkürzt, man hierfür jedoch keine Gewichtsschwelle festlegen könne. Deshalb könne jedes Übergewicht, auch schon 5 Kilogramm, gesundheitsschädlich sein.[48] Tatsächlich belegt ist diese Aussage jedoch nicht – im Gegenteil: Die Hinweise mehren sich, dass Mollige sogar etwas länger leben als Magere. Wieder einmal, so scheint es, wurde eine bestimmte Bevölkerungsgruppe ohne Beleg kollektiv zu Kranken erklärt – mit allen psychischen Nachteilen. So werden zwei Drittel der amerikanischen Männer als übergewichtig eingestuft – Kriterium: ab 20 Prozent über Idealgewicht. Mehrere Studien zeigten jedoch, dass Männer mit einem Gewicht von 15 bis 20 Pfund über ihrem »Idealgewicht« länger leben als eine leichtgewichtigere Vergleichsgruppe.[49] Statistisch relevante Nachteile sind erst bei massiver Fettleibigkeit zu erwarten.

Diäten: riskante Strategie

Patienten mit Gewichtsproblemen erzählen mir oft, dass die Probleme eigentlich erst richtig losgegangen seien, als sie damit begonnen hätten, sich mit gesunder Ernährung zu befassen und regelmäßig Diäten einzuhalten. Der tägliche Kampf mit Waage und Body Mass Index (BMI)[50] ist aber von vornherein vergeblich. Tatsächlich belegt ist nämlich, dass man nach Diäten zunimmt.[51] Besonders problematisch sind die Fälle junger Frauen, die aufgrund ästhetischer Ideale abnehmen und sich gesund ernähren wollen.

Weil der Körper Fett und für die Stimmung oft auch Zucker benötigt, führen Diäten zu unkontrollierten Fressattacken, bei denen wahllos fett- und zuckerhaltige Nahrungsmittel verschlungen werden. Da der Körper ein Defizit hat, wird er sich durchsetzen – und wenn der Kopf noch so sehr bremsen will. Das Problem ist, dass die Betroffenen dann das Gefühl haben, fürchterlich schlimme Dinge zu tun, die sie mit der nächsten Diät wieder in den Griff bekommen wollen. Falls nun noch Fitnesssport hinzukommt, besteht aufgrund der ständigen inneren Zwiespälte eine sehr große Gefahr, Neurosen und Essstörungen bis hin zur Bulimie (Ess-Brechsucht) zu entwickeln.

Bedenklich stimmt eine Befragung an Frankfurter Schulen: 42 Prozent der Mädchen und jungen Frauen und 30 Prozent der Jungen und jungen Männer zwischen 11 und 19 Jahren, die normal- oder untergewichtig sind, halten sich für zu dick. Unter den Elf- bis Dreizehnjährigen haben die Hälfte der Mädchen und 20 Prozent der Jungen bereits eine Diät absolviert. Man schätzt, dass 25 Prozent der weiblichen Bevölkerung essgestört sind; davon leiden 13 Prozent an Esssucht mit Fettleibigkeit, sieben Prozent an Bulimie und fünf Prozent an der lebensgefährlichen Magersucht.[52]

Süßstoffe und Light-Produkte: Schuss nach hinten

Süßstoffe werden in der Schweinemast eingesetzt – aus gutem Grund: Sie verursachen Heißhunger. Der Körper reagiert auf die Süßstoffe, als würde ihm tatsächlich Zucker zugeführt. Es kommt zu einer Insulinausschüttung, die dazu dienen soll, Zucker in die Zellen aufzunehmen und den erhöhten Blutzucker abzusenken. Weil aber in Wirklichkeit kein Zucker aufgenommen wurde, wird aufgrund des nun erhöhten Insulinspiegels der Zucker abgebaut, der den Blutspiegel im Normbereich hält. Die fatale Folge ist Unterzucker und daraus resultierend

Heißhunger, damit durch Nahrungsaufnahme der Blutzuckerspiegel wieder in den Sollbereich angehoben wird.

In ähnlicher Weise wirken kalorienreduzierte Light-Produkte. Anstelle von Fett – sprich: Energie – enthalten sie Kunststoffprodukte. Hierauf reagiert der Körper besonders empfindlich, da er darauf aus ist, seinen Energiebedarf zu decken. Er verlangt deshalb nach zusätzlichem Essen. In Versuchen mit Hunden konnten diese Zusammenhänge aufgezeigt werden – die Gruppe mit Light-Ernährung nahm am meisten an Gewicht zu.[53]

Seit Jahren werden Kalorien als Maß für den Brennwert eines Nahrungsmittels verwendet, der beim Verzehr in unserem Körper erzielt wird. Auf meine Frage, wie man sich eine Kalorienmessung in der Praxis vorzustellen habe, gab mir der Lebensmittelchemiker Udo Pollmer folgende Antwort, die zugleich die Grenzen der Methode drastisch vor Augen führt:

»Man packt das Würstchen mit Senf in einen Kalorienmeter, eine Metallhülse mit einem Glühdraht drin, macht das Ding zu und verschmurgelt es mit elektrischer Energie. Das Ganze liegt im Wasserbad, aus dessen Erwärmung man dann die Kalorien ausrechnen kann. Das Problem dabei ist: In Ihrem Verdauungstrakt haben Sie keinen Glühdraht, der Ihr Essen verbrennt. Bis vor wenigen Jahren haben die Ernährungsberater nicht einmal gemerkt, dass Menschen zur Toilette gehen und dass der Körper nur die Nahrungsmittel abzüglich der Ausscheidungen aufgenommen hat.«[54]

Kalorienangaben von Nahrungsmitteln haben demnach nichts mit der wirklichen Verdauungssituation zu tun. Die Ergebnisse, die sich in einer solchen Metallhülse feststellen lassen, sind nicht übertragbar auf den menschlichen Organismus. Hier können bei reduzierter Kalorienzufuhr völlig andere Folgen auftreten als eine Gewichtsreduktion. Dass dabei in Kalorientabellen lange Zeit Ausscheidungen unberücksichtigt blieben, spricht sowieso für sich.

Der Unsinn geht weiter

Mit Kalorienzählen, Vitaminpräparaten und fettarmer Ernährung haben Ernährungsexperten wirklich nicht den Stein des Weisen gefunden. Doch anstatt die Menschen mit Tabellen und Zufuhrempfehlungen nun in Ruhe zu lassen, werden ständig neue Glaubensregeln aufgestellt. Zum Beispiel die ausgewogene Säure-Basen-Ernährung: Anstelle der Kalorien wird nun der Säure- und Basenanteil eines Nahrungsmittels im Labor gemessen. Und der Anteil der Nahrung soll dann ein Drittel säurebildende und zwei Drittel basische Lebensmittel enthalten – so, als hätte das irgendetwas mit der wirklichen Verdauung zu tun.

Das neueste Ideal der Ernährungsexperten schießt den Vogel ab: die Mittelmeerdiät. Sie gilt als das Non-plus-Ultra, weil die Menschen der mediterranen Länder statistisch gesehen weniger krank sind. Aber die angepriesene fettarme, fast vegetarische Mittelmeerdiät hat mit der üblichen mediterranen Kost nicht viel gemeinsam. Dort wird täglich Fleisch, Gemüse nur eingelegt oder zerkocht, Weißbrot, Alkohol und Fett in rauen Mengen reuelos genossen – also genau das, was uns als gesundheitsschädlich und verwerflich gepredigt wird. Versuchen Sie mal umgekehrt, einem Italiener Vollkornnudeln mit Magermilchsoße und rohen Sellerieraspeln zu servieren!

Maßstäbe für gutes Essen

Angenommen, Sie werden für eine Ernährungsstudie danach gefragt, was Sie heute Nachmittag gegessen haben. Vielleicht fällt Ihnen ein: Quarktasche. Nun wissen Sie leider überhaupt nicht, was Sie da wirklich gegessen haben (selbst wenn in einer Tabelle steht, die Quarktasche enthält soundsoviel Eiweiß, Vitamine, Kalorien und Kohlenhydrate). Sie kennen weder das Rezept noch wissen Sie, welche chemischen Prozesse beim Backvorgang stattgefunden haben. Und erst recht wissen Sie nicht, welche Stoffwechselprozesse die Quarktasche während des Verdauungsvorgangs durchläuft und welche Folgen das für Sie hat – und welche Teile der Quarktasche Sie am Ende wieder ausscheiden. Wir nähern uns damit den wirklich wichtigen Fragen:

- Wie wirkt ein Nahrungsmittel als Ganzes auf einen individuellen Organismus?
- Wie kann man Nahrungsmittelqualität beurteilen?
- Wie sollen Nahrungsmittel zubereitet sein, damit sie uns bekommen und gut tun?

Trotz der vielfältigen Möglichkeiten der chemischen Analyse von Nahrungsmitteln gibt es nach wie vor kein Messverfahren, das die tatsächlichen Auswirkungen eines Nahrungsmittels auf den menschlichen Organismus erfasst. Von den Messungen einzelner Bestandteile kann nicht auf die Gesamtwirkung geschlossen werden.

Deutlich wird das, wenn man sich beispielsweise die Funktion der Polymorphismen vor Augen führt. Bezeichnet werden damit individuelle Enzymausstattungen, die in der Leber angesiedelt sind und uns helfen, Schadstoffe aus der Nahrung zu neutralisieren. Hätten wir diese Abwehr nicht, wären die allermeisten Pflanzen für uns ungenießbar. Eine Eigenschaft von Pflanzen ist es nämlich, dass sie sich gegen das Gefressenwerden wehren. Hierfür setzen sie vielerlei Gifte ein, so blockieren etwa manche Pflanzen die Verdauung ihrer Fraßfeinde. Auch das ist übrigens ein Grund, weswegen es nur eingeschränkt Sinn macht, die Nährstoffe vor dem Verzehr zu messen, da in solchen Fällen die Nährstoffe der Pflanze bei der Verdauung gar nicht aufgenommen werden können.

Die Zahl der Polymorphismen ist unglaublich groß. Deshalb verfügt unser Stoffwechsel über unglaublich viele Möglichkeiten, sich in adäquater Weise zu versorgen, wenn er eine gewisse Nahrungsauswahl hat. Dementsprechend sind auf der Erde die Ernährungsweisen der Menschen extrem unterschiedlich. Die einen nehmen äußerst aufwändig verarbeitete Kartoffeln zu sich. Andere ernähren sich von Käfern und Maden, wieder andere braten Hunde, essen Robbenspeck oder rohen Fisch und kommen ein halbes Jahr ohne Salat oder Gemüse aus. Auch gibt es Ethnien wie die Massai in Afrika, die sich fast ausschließlich von Milch, Fleisch und Blut ernähren.

Kurz: Die Unterschiede menschlicher Ernährung sind extrem! Das sollte uns zu denken geben und zeigen, dass pauschale Qualitätsdefinitionen nicht möglich sind. Hinzu kommt, dass der Mensch ein

»Allesfresser« ist, sich also nicht auf ein Nahrungsmittel spezialisiert hat. Der Koalabär beispielsweise kann aus einem einzigen Nahrungsmittel, dem Eukalyptusblatt, alle Nährstoffe zum Lebenserhalt herausziehen; deshalb ist er extrem von dieser Nahrungsquelle abhängig. Eine solche Abhängigkeit besteht beim Menschen nicht, dafür ist er aber nicht so gut an ein bestimmtes Nahrungsmittel angepasst. Deshalb muss er die Gifte vieler Nahrungsmittel vor dem Verzehr ausschalten, bevor er von ihren jeweiligen Nährstoffen profitieren kann.

Dieser Zusammenhang sollte auch bei der Auswertung von Tierversuchen beachtet werden. Werden eher Tiere mit hoch spezialisiertem Ernährungsbedarf für Forschungszwecke genutzt, wie zum Beispiel das Kaninchen, findet man wesentlich mehr essenzielle Stoffe, die das Tier unbedingt braucht und die deshalb in den wenigen Nahrungsmitteln, die auf seinem Speiseplan stehen, auch vorhanden sein müssen. Ein Allesfresser dagegen findet bei einem solchen Mangel doch meistens Wege, um sich mit anderen Stoffen adäquat zu ernähren.

Auf den Appetit hören!

Langfristig spürt unser Bauch sehr wohl, was ihm gut tut. Das Problem ist nur, dass ihm die Experten für gesunde Ernährung ständig widersprechen!

Der Appetit ist ein autonomes Programm. Er ist nicht dauerhaft durch den Willen zu steuern. Der Appetit ist ein Trieb, älter als die Sexualität. Aus meiner Beratung kenne ich Führungskräfte, die abends um zehn Uhr, wenn sie von der Arbeit nach Hause kommen, als Allererstes zur Schokolade greifen. Hat die Ehefrau vorsorglich die Süßigkeiten im Haus gut versteckt, setzen sie sich nochmals ins Auto, um an der Tankstelle Nachschub zu holen. Rational wird dieses Verhalten verurteilt, aber das Verlangen nach Süßem ist nicht kontrollierbar.

Beim Appetit spielen übergeordnete biologische Mechanismen eine wichtige Rolle. Betrachtet man zum Beispiel die Verteilung des Schokoladenkonsums in Europa, so fällt auf, dass im Norden ebenso wie in schattigen Alpentälern der Verbrauch am höchsten, in den sonnigen Mittelmeerländern am niedrigsten ist. Ein ähnliches Bild ergibt sich bei Kaffee und Tee, wie in Abb. 4 und 5 dargestellt. Tatsächlich ist belegt, dass Licht den Serotoninspiegel erhöht und somit die Stimmung hebt. Ähnliche Effekte haben der opiatähnliche Hopfen im Bier, Koffein, Teein, Muskat und Zucker. Offensichtlich trachtet der Mensch danach, fehlendes Licht durch Genussmittel zu ersetzen. Hierin liegt auch der tiefere Sinn von Weihnachtsgebäck und Lichterbaum.

Da jeder Mensch sich in seinen Polymorphismen unterscheidet, also einen anderen Stoffwechsel und damit andere Bedürfnisse hat, leitet uns der Appetit zu individuell unterschiedlichen Nahrungsmitteln, die dem Einzelnen nicht schaden. Deswegen auch die unterschiedlichsten Vorlieben. Der Appetit verweist aber auch auf den aktuellen Bedarf des Körpers. Eine Schwangere, die Appetit auf Gurken hat und im nächsten Moment auf Kuchen, braucht die Inhaltsstoffe dieser Nahrungsmittel nun einmal für die jeweilige Wachstumsphase des Kindes. Wenn Sie schnell Energie benötigen, etwa in Stresssituationen, bekommen Sie vielleicht Appetit auf Cola und Pizza. Müssen Sie mit fehlendem Licht, Frustration und Ärger fertig werden und haben keine Möglichkeit, Ihre Stimmung durch Bewegung, Sonne, Konsum oder Erfolgserlebnisse zu heben, wird der Appetit auf Genussmittel in die Bresche springen. Und das ist auch gut so, denn er verhindert Schlimmeres, beispielsweise depressive Gefühle. Es wäre falsch, sich die »ungesunden« Stimmungsmacher zu verbieten (was Gott sei Dank auch meistens nicht gelingen wird). Die Gefahr wäre dann außerordentlich groß, mit einem wirklichen Suchtmittel wie zum Beispiel Alkohol das Stimmungstief zu überwinden.

Zwanghafte Verbote sind also keine geeigneten Maßnahmen gegen Zucker, Kaffee und andere Genussmittel. Notwendig ist vielmehr eine Strategie, die bei der Lebenssituation ansetzt und vermeidet, dass der Appetit ständig Feuerwehr spielen muss. Der Appetit sollte stattdessen in der Lage sein, sich langfristigeren Aufgaben wie dem Aufbau von Energiereserven zu widmen. Der »gesunde Appetit« ist damit in erster Linie eine Frage von gutem Stressmanagement und regelmäßigen Aktivitäten im Freien.

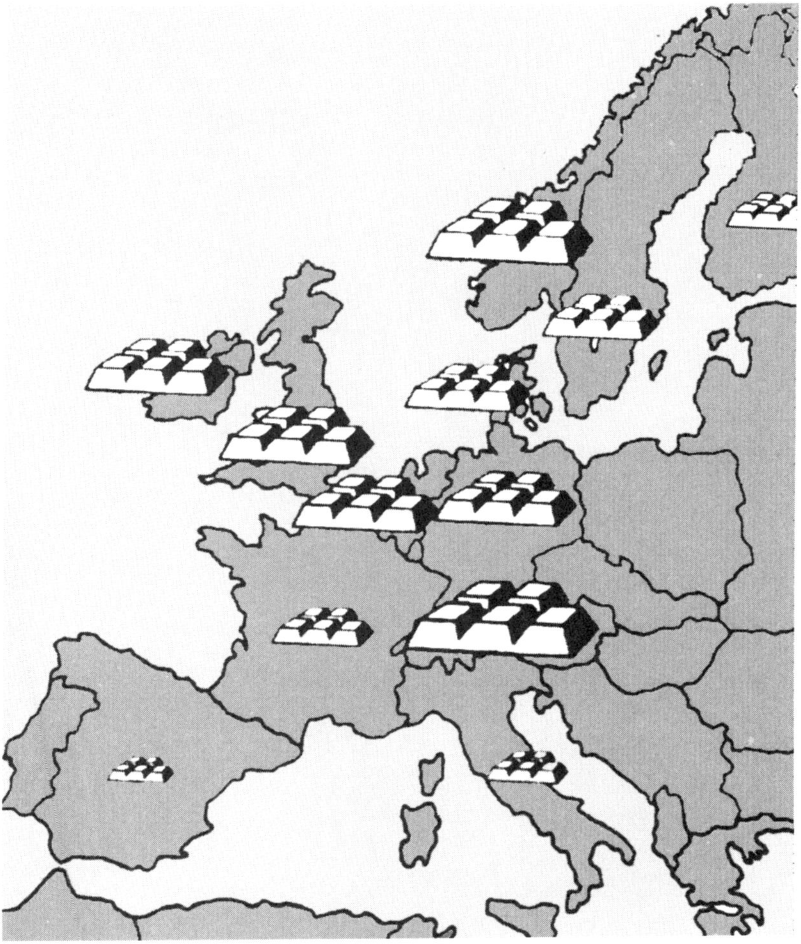

Abbildung 4: Schokoladenkonsum im europäischen Vergleich. Alpenstaaten (in der Schweiz 10 Kilo Prokopfverbrauch/Jahr) und Skandinavien liegen deutlich an der Spitze (in Finnland ist der Kaffee- und Alkoholkonsum stark erhöht). *Aus: Pollmer u. a., »Prost Mahlzeit! Krank durch gesunde Ernährung«, Köln, 1994, S. 233.*

Abbildung 5: Kaffee- und Teekonsum im europäischen Vergleich. Beim Kaffee- und Teekonsum wird der Zusammenhang zur Sonneneinstrahlung besonders deutlich. *Aus: Pollmer u. a., »Prost Mahlzeit! Krank durch gesunde Ernährung«, Köln, 1994, S. 213.*

Der Wert der Kochtraditionen

Erst die Erfindung der Kochkunst hat dem Menschen einen umfangreichen Speisezettel beschert. Die erhitzte Nahrung ist leichter verdaulich, und so musste er nun nicht mehr ständig nach etwas roh Genießbarem Ausschau halten. Erst durch diese Zeitersparnis wurde er in die Lage versetzt, höhere Zivilisationsformen zu entwickeln.

Ein Allesfresser kann, wie ausgeführt, ein Lebensmittel nur zu einem gewissen Teil auswerten. Je weiter jedoch die Küchentechnik sich entwickelte, desto größer wurde die Verwertbarkeit der verzehrten Nahrung. Mit dem Feuer konnte der Mensch bereits viele Pflanzenabwehrstoffe ausschalten. Die Küchentechnik dient nicht nur der Hygiene, sondern hat vor allem die Aufgabe, Nahrungsmittel genießbar zu machen. Wenn dabei beim Erhitzen ein paar Vitamine verloren gehen, spielt das in der Gesamtrechnung überhaupt keine Rolle.

Das Wissen um die Küchentechnik sammelte sich über viele Generationen an. Es manifestiert sich heute aber nicht in Form von Expertenratschlägen, sondern in der jeweiligen landestypischen Küche, die den besten Kompromiss darstellt, zwischen Bekömmlichkeit einerseits und den vorhandenen Ressourcen und technischen Möglichkeiten andererseits. Mit ihr etablierten sich Gerichte, die millionenfach gegessen und verdaut wurden und sich dabei für einen Großteil der jeweiligen Bevölkerungsgruppe als bekömmlich erwiesen.

Viele traditionelle Rezepte erweisen sich bei ihrer wissenschaftlichen Untersuchung als äußerst raffiniert. Jahrelang wurde zum Beispiel vor dem Verzehr von Gegrilltem gewarnt, weil in der Kruste krebserregende Benzpyrene enthalten sind. Was aber hebt die negative Wirkung von Benzpyren auf? Ein Klacks Senf! Wahrscheinlich werden Ernährungswissenschaftler bald jenen Menschen, die keinen Senf mögen, vor dem Verzehr einer Grillwurst die Einnahme von geschmacksneutralen Senftabletten empfehlen. Damit würden sie die unglaubliche Komplexität und Intelligenz unseres Organismus jedoch erneut negieren. Denn wer keinen Senf mag, braucht vielleicht keinen, weil sein Körper über einen anderen Polymorphismus längst einen Weg gefunden hat, mit Benzpyrenen fertig zu werden – zum Beispiel durch Appetit auf eine Gurke.

Traditionell oder industriell – was ist besser?

Wussten Sie schon? Der Himbeerjoghurt mit natürlichen Aromastoffen schmeckt himmlisch nach Himbeer, obwohl er gar keine Himbeeren enthält. Es handelt sich um ein natürliches Aroma aus Zedernholzöl, das verblüffend echt nach Himbeer schmeckt. Auch sind die Zeiten vorbei, in denen ein Stück Schweinefleisch in der Pfanne auf die Hälfte zusammenschrumpfte, nachdem es mit großen Mengen an Tiermehl, Hormonen und Antibiotika produziert worden war. Selbst Klärschlamm wurde schon ins Tierfutter gemischt. Die moderne Tierproduktion macht es heute möglich, dass sich ein solches Stück Fleisch weder im Bratverhalten noch im Geschmack von traditionell produziertem unterscheidet.

Jahrtausendelang produzierten die Menschen ihre Nahrung auf recht aufwändige Weise. Lange Herstellungs- und Reifezeiten waren ebenso die Regel wie ein hoher Ausschuss zum Beispiel bei Brot oder Bier. Die Tradition ist aber für sich allein gesehen kein Grund, auch heute noch derart teure Verfahren beizubehalten, schließlich hatten unsere Vorfahren technisch keine effizienteren Möglichkeiten. Ökonomisch ist es sicher sinnvoll, Nahrungsmittel aus möglichst wenigen und möglichst billigen Rohstoffen herzustellen.

Zwar gibt es Studien, die Einzelkomponenten von Fertignahrung auf toxikologische Rückstände hin untersucht haben. Doch solche Untersuchungen sind wertlos, da der jeweils untersuchte Stoff beim Erhitzen oft in Sekundenschnelle in Hunderte Metabolite mit völlig eigenen Wirkungen zerfällt. Außerdem wurde nicht die Auswirkung dieser Nahrung auf den Organismus untersucht, obgleich dies im Prinzip einfach zu machen wäre. Solche Studien gab es nur dann, wenn man überzeugt war, etwas besonders Gesundes produziert zu haben – bei Light-Produkten und Vitaminpräparaten, wie beschrieben, mit jeweils negativem Ergebnis. Für Fertignahrung dagegen, die nicht speziell der Gesundheit dient, liegen solche Untersuchungen nicht vor. Es ist deshalb auch nicht angebracht, sie per se als gesundheitsschädlich, aber auch als generell unbedenklich anzusehen.

Zunächst kann man also die Kirche im Dorf beziehungsweise die Tiefkühlpizza auf dem Speiseplan lassen. Ab und zu Fertiggerichte stellen keine Gefährdung dar. Gäbe es ernsthafte gesundheitliche Gefährdungen, wären die Zusammenhänge offensichtlich. Nach heutigem medizinischem Wissensstand wäre es sicher übertrieben, die Verwendung moderner Techniken in der Nahrungsmittelproduktion komplett abzulehnen. Eine ganz andere Frage ist, ob eine Technik ökologische Grundlagen gefährdet oder, wie etwa Massentierhaltung, sich der Mensch dafür schämen muss.

Einige Beobachtungen, die die Kundentreue betreffen, sind allerdings bemerkenswert. Wenn beispielsweise ein Bäcker ein Natursauerteigbrot neu in sein Sortiment aufnimmt, steigt der Absatz der neuen Sorte im ersten Halbjahr stark an und bleibt dann ziemlich konstant. Das Brot hat seine Liebhaber gefunden. Bietet er dagegen ein Kunstsauerteigbrot an, bei dem durch Backtriebmittel die Gärzeit von 24 auf zwei Stunden verkürzt wurde, steigt der Absatz zunächst ebenso stark an, geht dann aber nach sechs Monaten zurück.

Dieses Phänomen lässt sich bei Fertigprodukten sehr häufig beobachten, wenn ein teurer Rohstoff durch ein Imitat ersetzt wird.[55] Die Hersteller reagieren auf das Phänomen, indem sie die Rezeptur in regelmäßigen Abständen verändern. Auf diese Weise wirken sie dem drohenden Absatzrückgang entgegen. Anscheinend kann unser Appetit zunächst industriell gefertigte Nahrung von traditionell gefertigten Produkten nicht unterscheiden; nach einer Weile reagiert der Körper aber mit Ablehnung. Eine sinnvolle Aufgabe der Ernährungswissenschaft wäre es, herauszufinden, welche modernen Verfahrensschritte zu einer Abnahme der Kundentreue führen, sodass der Hersteller auf diese gezielt verzichten, beziehungsweise hier auf traditionellere Verfahren umstellen könnte. Die Produktion wäre dann etwas teurer, die Kundentreue, und damit die Bekömmlichkeit, dafür größer. Die Notwendigkeit, alle paar Monate eine neue Variante auf den Markt zu werfen, entfiele.

Aus ernährungsphysiologischer Sicht kann man sich auch fragen, ob es ratsam ist, die Geschmackswahrnehmung irrezuführen. Auge, Nase und später Geschmackssinn melden sofort an den Verdauungstrakt weiter, was sie wahrgenommen haben. Eine Beeinflussung der Verdauungsleistung durch kognitive Wahrnehmung ist sehr wahrscheinlich. Erhält der Verdauungstrakt – wie im Falle des künstlichen Himbeerjoghurts – die Nachricht »Himbeeren«, mixt er vielleicht bereits im Vorfeld den Enzymcocktail für Himbeeren. Stattdessen bekommt er dann Holzprodukte serviert.

Sinnvoller Verbraucherschutz

Unabhängig kontrollierte Prüfsiegel: Für den Verbraucher wäre es nützlich, wenn er erkennen könnte, ob ein Nahrungsmittel traditionell oder mit Hilfe moderner Verfahrenstechniken produziert wurde. Diverse staatliche Güte- oder Prüfsiegel beziehen sich bislang jedoch lediglich auf Kriterien wie Hygiene oder toxische Rückstände. Wirklich aussagekräftige Kontrollen werden bisher meist durch ein unglückseliges Zusammenspiel von Interessenverbänden und Politik verhindert. Wenn dann entsprechende Katastrophen sich nicht mehr verschleiern lassen ist die Hysterie groß – jüngstes Beispiel die BSE-Krise. Obwohl hier die Gesundheit durch andere Interessen wissentlich gefährdet wird, soll aber an dieser Stelle nicht verschwiegen werden, dass durch eine fehlende Hepatitis-B-Impfung (vgl. S. 123) oder besonders durch Rauchen (vgl. S. 130) wahrscheinlich ein größeres gesundheitliches Risiko besteht. Man darf jedoch gespannt sein, was als nächstes kommt, viel Phantasie muß man dabei gar nicht haben. Eins ist jedenfalls sicher: die Panik wird wieder groß und die Unschuldsbeteuerung umso beeindruckender sein.

Die Siegel privater Verbände versprechen da schon wesentlich mehr, wie zum Beispiel ökologischer Landbau oder artgerechte Tierhaltung. Da die Kontrollen nicht unabhängig sind, fehlt jedoch die Glaubwürdigkeit, was sich auch daran zeigte, dass die deutschen Bioverbände gegen die Einführung einer einheitlichen unabhängig kontrollierten EG-Bioverordnung opponierten. Die EG-Verordnung wendet sich nämlich auch gegen den Hauptbetrug bei Biowaren. Sie kontrolliert, ob die gelieferte Menge tatsächlich auf der vorhandenen Anbaufläche produziert werden kann.

Ökologische Landwirtschaft
gemäß EG-Bio-Verordnung
DE-05-Öko-Kontrollstelle

Dieses Siegel befindet sich auf dem Verpackungsetikett der Lebensmittel, die den Kriterien der EG-Bioverordnung entsprechen.

Es wäre sicher möglich, ein neutral kontrolliertes Instrument zu schaffen, das dem Verbraucher mehr Sicherheit gibt. Viel wichtiger als weltanschauliche oder ideologische Kriterien sind dabei ehrliche Informationen, wie beispielsweise ein Brot hergestellt wurde. Ein Allergiker oder Allergologe sollte sich bei einem so ausgezeichneten Produkt an die Firma wenden können, um eine Liste der eingesetzten Rohstoffe zu erhalten.

Überprüfbare Information: Da Politik und Hersteller offensichtlich Schwierigkeiten haben Lebensmittelsicherheit und Verbraucherschutz auf dem Boden der aktuellen wissenschaftlichen Datenlage zu garantieren und somit drohenden Katastrophen z.B. dem Rinderwahn vorzubeugen, sollte dem Verbraucher selbst ein Medium zur Verfügung stehen, in dem er sich unabhängig und überprüfbar informieren kann. Wie eine solche Informationsquelle aufgebaut sein sollte wird im Kapitel Telemedizin (vgl. S. 218) besprochen.

Gutes Kantinenessen: gesunde Mischung aus Wirtschaftlichkeit und Bekömmlichkeit

Ein gutes Essen im Betriebsrestaurant oder in der Kantine wäre für die meisten Führungskräfte sicher die einfachste Möglichkeit, eine gesunde Ernährung sicherzustellen. Welche Voraussetzungen sind hierfür notwendig? Die unter einigem Aufwand zusätzlich aufgestellte Vollwerttheke ist es definitiv nicht.

Eine Möglichkeit der Betriebsverpflegung ist die Belieferung der Kantinen mit Fertiggerichten. Dieses vorproduzierte Essen wird in der Regel nur noch regeneriert. »Damit es am Zielort seinen Geschmack behält, wird es anders zubereitet als ein frisches Essen«, erklärt Udo Pollmer. »So müssen die Waren auch für Mikrowelle geeignet sein, was oftmals ein völlig anderes Zubereitungsverfahren bedingt. Wenn nun diese Fertiggerichte in der Kantine eingeführt werden, passiert Folgendes: Die Mitarbeiter finden das Essen zunächst toll. Nach 14 Tagen schmeckt es den ersten nicht mehr so richtig, nach vier Wochen bringen einige Mitarbeiter bereits ihre Pausenbrote mit, und nach sechs Wochen erwärmt sich keiner mehr so recht für das Kantinenessen.« Dies sei ein häufiges Problem, beobachtet Pollmer, das sich aber durch die Physiologie des Appetits erkläre, der sich auf Dauer nicht täuschen lasse.

Ein komplett zentral erstelltes und später fertig gestelltes Essen entfaltet offensichtlich eine physiologisch andere Wirkung als frisch zubereitete Speisen und wird vom Verbraucher nach einiger Zeit oft abgelehnt.

Wer jetzt aber prinzipiell die Vorfertigung von Gerichten, so genanntes Convenience Food, ablehnt, verschließt die Augen vor betriebswirtschaftlichen Realitäten. Ohne Convenience ist heute eine Küche kaum rentabel zu bewirtschaften. Auch Spitzenrestaurants kommen ohne einen Anteil an Convenience-Produkten wirtschaftlich kaum noch aus. Convenience ist aber nicht gleich Convenience. Wenn die Pilze vorgesäubert und geschnitten angeliefert werden, ist dies nicht dasselbe, wie wenn die komplette Kartoffelsuppe aus dem Beutel kommt. Es gilt, die Herstellungsschritte wissenschaftlich zu definieren, die, wenn sie im Vorfeld schon durchgeführt wurden, den Verdauungstrakt nicht irritieren. Vorgelagerte Herstellungsschritte, die zu einer späteren Ablehnung führen, sollten eher vermieden werden. Nur sollten die Köche sowohl mit der modernen Technik umgehen können, als auch die traditionelle Zubereitungsweise beherrschen, dann sollte es möglich sein, ein betriebswirtschaftlich günstiges, aber auch hochwertiges Gericht zu servieren, auf das man sich auch noch nach einem halben Jahr freut.

Viele Unternehmen vergeben mittlerweile die Betriebsverpflegung an externe Cateringunternehmen, die mit eigenem Personal vor Ort kochen. Der in Deutschland zweitgrößte Caterer, ARAMARK, mit täglich mehr als 160 000 Mittagessen, sieht einen engen Zusammenhang von Zubereitungstechnik und dauerhafter Kundenzufriedenheit. »Unsere Gästeumfragen belegen: Frische, vor den Augen der Gäste zubereitete Gerichte sind gefragt. Überall, wo wir Frontline-Cooking einsetzen, also vor den Augen der Gäste grillen, Gerichte im Wok oder in der Pfanne zubereiten, erreichen wir die höchste und vor allem dauerhafteste Kundenzufriedenheit«, erklärt Udo Luerssen, Vorsitzender der Geschäftsführung der ARAMARK GmbH. »Der Trend geht außerdem schon lange weg von den Komplett-Menüs hin zu einzelnen Menükomponenten, die der Gast nach Appetit und Bekömmlichkeit selbst zusammenstellen kann. Auffällig dabei ist jedoch, dass bei den Gästebefragungen meist Menüs gewünscht werden, die aus Gesundheitsgründen besonders fettarm sind, später aber im Betriebsrestaurant hauptsächlich klassische Gerichte ausgewählt werden.«[56]

Pollmer plädiert für ein »vernünftig zubereitetes« Essen, bei dem die Lebensmittel nach traditionellen Kriterien hergestellt wurden, und man »nicht versucht, möglichst viele Dinge besser machen zu wollen, indem man die Soße besonders fettarm bereitet, Sojabohnen statt Fleisch verwendet oder Salz durch Kräuter zu ersetzen sucht«. Vor allem aber solle eine Küche »die Essentials selber zubereiten«. Um den 5 Prozent »Gesundheitsexperten« die Möglichkeit zu geben, ihre Marotten auszuleben, sollten auch »spezielle fettarme Salate« angeboten werden. Jeder darf schließlich auf seine Kosten kommen, ohne eine Umerziehung fürchten zu müssen. Immer jedoch sollte es mindestens ein traditionelles Gericht geben. »Das müssen nicht die großen Mengen Fleisch sein, aber es darf auch nicht darum gehen, mit Gewalt die vegetarische Küche zu etablieren.«

Eine gute bekömmliche Küche im Betriebsrestaurant sollte also den gesunden Kompromiss zwischen Convenience-Produkten und Fertigstellung vor Ort finden. Dabei hilft es den Betreibern, wenn sie nicht ständig den Erkenntnissen von Gesundheitsexperten und Ernährungsmoden nachgeben müssen, sondern wieder mehr die »Wünsche und Bedürfnisse des Verdauungsapparates« der Kunden berücksichtigen.

Schwer wie Blei: das Geschäftsessen

Ein einfaches Mittagessen, in Ruhe verspeist, steht einem arbeitsreichen Nachmittag nicht im Wege, bestätigen mir Führungskräfte immer wieder. Nach einem mehrgängigen Geschäftsessen im Restaurant hänge man dagegen noch stundenlang durch.

Die Erklärung ist relativ einfach. Ein Geschäftsessen ist im Allgemeinen eine Stresssituation. Wie ich später noch ausführen werde, sind in solchen Situationen die Nerven, die den Verdauungsapparat koordinieren sollen, nur zum Teil aktiv, während andere Bereiche wie Muskeln und Herzschlag umso angespannter sind. Ein opulentes Mahl liegt infolgedessen wie Blei im ausgeschalteten Verdauungstrakt. Hier hilft es, bei einem Geschäftsessen wenigstens einfache Gerichte auszuwählen – also Suppen oder gekochte, gedünstete und eingelegte Speisen, nicht jedoch Körnersalat oder andere schwer verdauliche Vollwertkost.

Natürlich hängt – auch darauf werde ich später noch eingehen – die Verträglichkeit eines Essens von der individuellen Konstitution ab. Ein interessanter Aspekt ist hierbei die »thermische Wirkung« von Nahrungsmitteln. Damit ist nicht eine messbare Temperatur gemeint, sondern eine kalte oder warme Wirkung eines Nahrungsmittels auf den Organismus. Die Sichtweise entstammt der Diätetik der Naturheilkunde und ist besonders in der fernöstlichen Küche auch im Alltag weit verbreitet. Wenn auch die Zusammenhänge wissenschaftlich nicht nachgewiesen sind, leuchten sie doch ein und werden von der Ernährungswissenschaft zu Unrecht ignoriert. Die hieraus resultierenden Ratschläge orientieren sich an der Vitalität des Einzelnen:

- Ein schlanker Mensch, der oft friert, benötigt »warme« Nahrung, also Brühen, Langgekochtes, Fleisch oder Rotwein.
- Ein übergewichtiger, rotköpfiger, zum Schwitzen neigender Mensch braucht eher »kühle« Nahrung wie Rohkost, Mineralwasser oder kurz Gegartes.

Die genaueren Zusammenhänge werde ich im Kapitel »Naturheilkunde« ausführen.

Fazit

Nahrung ist mehr als die Summe der Inhaltstoffe. Qualität, Erlebnis und Wirkung einer Symphonie erklärt sich auch nicht durch die Ansammlung einzelner Töne, sondern durch die gesamte Komposition. Genauso sollten wir Nahrung verstehen. »Ein Training gustatorischer und olfaktorischer Wahrnehmungsfähigkeit befähigt dazu, Qualität und Bekömmlichkeit von Nahrungsmitteln zu erleben«, sagt Professor Malte Bühring. »Ein solchermaßen intensiviertes Erleben kann zur Grundlage einer Ästhetik der Nahrungsaufnahme und einer Esskultur werden, die für die Gesundheit wahrhaft förderlich ist.«[57] Man kann deshalb den Versuch als gescheitert betrachten, mit isolierten Wirkstoffen – wie beispielsweise der Einnahme von Vitaminen – eine gesundheitsfördernde Wirkung zu erzielen. Die Einnahme solcher Wirkstoffe sollte für wirkliche Mangelerkrankungen reserviert bleiben. Beim Gesunden hat sie, wenn überhaupt, nur negative Auswirkungen.

Eine Ernährungsberatung sollte sich somit nicht auf zweifelhafte Empfehlungen kaprizieren, sondern auf folgende Aufgaben konzentrieren:

- Aufklärung über die belegten Zusammenhänge und Abbau von Ängsten.

  Dies ist oft nicht leicht, waren wir doch in den letzten Jahren massiven Beeinflussungen ausgesetzt, die in ihrem Ausmaß an Gehirnwäsche grenzen. Nicht wenige Menschen haben seit 20 Jahren beim Essen ein schlechtes Gewissen und denken an nichts anderes mehr als an Gesundheitsgefährdung und Übergewicht.
- Vertrauen auf die eigenen Körpersignale wieder herstellen.
- Eine Analyse der Appetitregulation und gegebenenfalls eine Beratung über Strategien, die Appetitregulation günstig zu beeinflussen.
- Und am wichtigsten: die Lust auf Kochkultur und Genuss wieder erwecken.

Checkliste 1: Ernährung – Gesund ist, was bekommt

Positiv	Ungünstig
• Entspanntes Essen mit ausreichend Zeit	• Essen ständig aus einer Stresssituation heraus
• Typ- und situationsangepasste Ernährung	• Unangepasste Ernährung, z. B. Vollwertmenü während einer Geschäftsverhandlung
• Gutes Kauen mit Sättigungsgefühl	• Hastiges Schlingen
• Regelmäßiger Rhythmus	• Unregelmäßige Essenszeiten, Essen vergessen
• Esskultur	• Ständiges Essen aus dem Pappkarton
• Zwischen den Mahlzeiten öfters ein Glas Wasser	• Trinken vergessen oder auch zu den Mahlzeiten eine Flasche Mineralwasser
• Auch mal über die Stränge schlagen	• Schlechtes Gewissen nach einer »Sünde«
• Lieber das Geld für einen anständigen Rotwein oder Antipasti vom Italiener ausgeben. Oder für ein schönes Schweinesteak aus artgerechter Haltung.	• Nahrungsergänzung, Vitamintabletten, functional food bringen nichts und sind teilweise sogar gesundheitsschädlich!
• Alltagsernährung eher nach traditionellem Herstellungsverfahren	• Ausschließlich Fastfood oder Fertignahrung
• Voraussetzungen schaffen für gesunde Appetitregulation. Z. B. gutes Stressmanagement, ausreichend Licht im Freien, Bewegung	• Falls zu viele Stimmungsmacher, wie Kaffee, Schokolade, Cola etc. nach den Ursachen der »Ersatzbefriedigung« fahnden Verbote bringen nur die Gefahr, dass auf eine Sucht ausgewichen wird, z. B. Alkohol
• Eigene Körpersignale richtig deuten	• Körpersignale ständig überhören
• Offizielle Ernährungsregeln ignorieren	• Ernährungsexperten vertrauen

Fragen an Udo Pollmer

Udo Pollmer ist Lebensmittelchemiker, Wissenschaftlicher Leiter des Europäischen Instituts für Lebensmittel- und Ernährungswissenschaften (EU.L.E.) in Hochheim und renommierter Autor kritischer Ernährungsbücher.

Ernährungsexperten kommen und gehen, jedes Gesundheitsmagazin propagiert seine eigene Diät – heute gilt dies, morgen das. Warum ist es so schwierig, gesunde Ernährung langfristig zu definieren?

Pollmer: Das hat zwei Gründe. Zum einen sind die Menschen sehr unterschiedlich. Das gilt zwischen den Kulturen, aber auch von Mensch zu Mensch – etwa hinsichtlich der Größe der Verdauungsorgane und der Ausstattung mit den entsprechenden Enzymen. Diese ungeheure Vielfalt ist für die Biologie eine wichtige Versicherung gegenüber unbekannten Gefahren. Aus dieser Unterschiedlichkeit der Menschen folgt aber auch, dass wir keine pauschalen Ernährungsregeln geben können. Eine allgemeine gesunde Ernährung ist deshalb ungefähr so plausibel wie eine gesunde Schuhgröße für alle. Aber nach eben diesem Prinzip funktioniert die Ernährungsberatung.

Und der andere Grund?

Pollmer: Der zweite Punkt ist, dass man Empfehlungen abgibt, ohne wirklich zu wissen, ob sie nützen. Nahezu alle Ernährungsempfehlungen entspringen theoretischen Erwägungen, die keine solide wissenschaftlich-experimentelle Grundlage haben. Erst vor etwa zehn bis 15 Jahren hat man angefangen, bestimmte Empfehlungen, bei denen man sich besonders sicher war, durch so genannte prospektive Studien zu belegen. Praktisch ausnahmsloses Ergebnis: Gruppen, die sich an Ernährungsempfehlungen hielten, haten keine Vorteile gegenüber den Gruppen, die sie nicht befolgten. Man kann nun in aller Deutlichkeit sagen, dass die Empfehlungen – abgesehen von wenigen Zufallstreffern – falsch sind. Der Ernährungswissenschaft steht ein bitterböses Erwachen bevor.

Gibt es wirklich keine gesicherten Aussagen über positive Auswirkungen gesunder Ernährung?

Pollmer: Bisher kenne ich keine aussagekräftigen Studien, die zeigen, dass das, was als gesunde Ernährung gilt, definitive Vorteile hat – was natürlich nicht heißt, dass es keine Regeln und Maßnahmen gibt ...

... beispielsweise die Berücksichtigung der individuellen Konstitution. Müssen Empfehlungen nicht vor allem berücksichtigen, was der Einzelne vertragen kann?

Pollmer: Diese Überlegung ist so augenfällig, dass sie einem Ernährungswissenschaftler noch gar nicht in den Sinn kam – der macht lieber ein paar Stoffwechselversuche mit Ratten und folgert daraus etwas für die Menschheit. Die moderne Ernährungswissenschaft kennt diese Erwägung eigentlich nur im Kontext mit Kranken – zum Beispiel, dass man einem Diabetiker individuelle Ernährungsempfehlungen gibt. Die Idee, diese differenzierte Betrachtung auch auf Gesunde anzuwenden, hat man nicht weiterverfolgt, obwohl sie sich in älteren Ernährungslehrbüchern durchaus findet.

Eine weitere wesentliche Regel liegt darin, dass man auf den Appetit hören soll, weil er uns automatisch zur gesunden Ernährung führt?

Pollmer: Richtig. Letztendlich nimmt sich der Körper das, was er braucht. Der Appetit ist ein autonomer menschlicher Trieb. Entscheide ich mich gegen ihn, wird er Mittel und Wege finden, mich von meinen Ideen wieder abzubringen. Wer den Verstand sinnvoll einsetzt und seinen Appetit behutsam steuert, kann ihn zu seinem Freund machen. Wer sich dagegen den Appetit zum Feind macht, ist verloren, gerät in die Abhängigkeit irgendwelcher Diäten und leidet letztlich an Essstörungen. Der Appetit ist der Bote des Körpers an die Vernunft. Auf ihn sollte man mehr hören als auf die Ratschläge der Experten.

Wenn ich also zum Beispiel Appetit auf Eier habe ...

Pollmer: … dann sind Eier für Sie das Richtige. Sie denken an den Cholesterinspiegel? Die Nahrungsaufnahme von Eiern hat damit nichts zu tun. Es gibt zwischen dem Glauben, dass Hexen auf Besenstielen reiten, und der Vorstellung, dass Eier den Cholesterinspiegel erhöhen, kaum einen Unterschied. Eins ist so irrational wie das andere.

Warum empfehlen dann viele Ärzte und Wissenschaftler, dass man auf sein Ei verzichten soll?

Pollmer: Was macht man bei einer Gesellschaft, die relativ gesund alt wird? Man muss ihr mindestens ein Problem anhängen, das man dann therapieren kann. Das heisst: Ich therapiere einen hohen Cholesterinspiegel durch Diät, was ja an sich nicht funktioniert, weil sich Cholesterin durch die Homöostase regelt. Es steht schließlich in jedem besseren Lehrbuch, dass der Körper Cholesterin selbst produziert und den Blutspiegel konstant halten möchte. Aber wenn ich den normalen Cholesterinspiegel mit einem Mittelwert von 240 bis 260 plötzlich auf 200 herunterdefiniere, mache ich aus gesunden Menschen Kranke und habe auf einen Schlag meine Patientenzahl verdoppelt. Daraufhin kann ich diesen Patienten gesunde Ernährung beibringen, ihnen das Frühstücksei verbieten und eine Diät verschreiben – worauf der Körper nach einer Weile reagiert, indem er die Cholesterinproduktion auf Touren bringt. Bei der nächsten Messung heisst es dann, die Diät hat nichts genutzt, jetzt kommen die Lipid-Senker. Dann kann ich die Patienten alle drei Monate zur Kontrolle einbestellen.

Man sollte also besser Signale seines Körpers wie Appetit oder individuelle Bekömmlichkeit ernst nehmen, auch wenn Ernährungsexperten anderes raten?

Pollmer: Ja, denn viele Körperfunktionen laufen von sich aus korrekt, wenn wir sie nicht stören. Man kann sogar noch einen Schritt weiter denken: Möglicherweise steuert der Körper den Organismus zum Beispiel auf einen Herzinfarkt zu – und zwar deswegen, weil er auf diese Weise aus dem gegebenen System die längste Lebenserwartung herausholen kann. Jeder Organismus hat schließlich seine Macken und Ecken, und es kann sein, dass unsinnig erscheinende Ernährungsweisen unter diesem Gesichtspunkt Sinn machen. Kinder mit einer Salzverlust-Niere futtern beispielsweise große Mengen Salz. Es gab schon Todesfälle, weil besorgte Eltern auf den Ratschlag von Ärzten das Salz weggesperrt haben. Es ist durchaus denkbar, dass der Körper scheinbar Unsinniges macht, aber in Wirklichkeit damit ein Problem kompensiert.

Sind industriell produzierte Nahrungsmittel, die traditionelle Herstellverfahren außer Acht lassen, gesundheitsschädlich?

Pollmer: Ich habe schon meine Zweifel, ob das so gut ist, wenn man bei Nahrungsmitteln alle möglichen Inhaltsstoffe imitiert. Für eine gesundheitsschädliche Wirkung gibt es allerdings keine Belege. Man weiß nur, dass der Appetit auf solche Produkte nach einiger Zeit deutlich abnimmt. Wer ein Produkt nach traditionellen Verfahren herstellt, erhöht nachweislich die Kundentreue.

Lebensmittelchemiker prüfen neue Produkte auf toxikologische Rückstände. Genügt das, um es gesundheitlich als unbedenklich einzustufen?

Pollmer: Die Crux liegt darin, dass man die Wirkung eines Nahrungsmittels insgesamt nicht überprüft. Ein neuer Zusatzstoff wird beispielsweise zunächst an Ratten verfüttert. Erscheint er unbedenklich, kommt er dann in ein Backmittel. Dieser Mix wird später bei 250 Grad gebacken. Eigentlich müsste man nun die fertigen Brötchen den Ratten zu fressen geben, um eine Aussage über die Wirkungen des Zusatzstoffs treffen zu können.

Das passiert nicht?

Pollmer: Nein, es werden nur Einzelbestandteile getestet, die dann als unbedenklich überall eingesetzt werden dürfen. Damit werden Wechselwirkungen ebenso außer Acht gelassen wie Folgen der Verarbeitungstechnik. Dabei ist es völlig unzureichend, die einzelnen Inhaltsstoffe zu kennen. Kein Mensch weiß, was beim Herstellungsprozess alles passiert. Hinzu kommt, dass Lebensmittel im menschlichen Körper völlig anders wirken als in einer wissenschaftlichen Analyse.

Können Sie ein Beispiel nennen?

Pollmer: Wenn ich ein Getreide fermentiere, zum Beispiel im Sauerteig, erschließe ich dadurch zusätzliche Mineralien und Spurenelemente und stelle sie dem Körper zur Verfügung. Diese Stoffe kann der Körper aus Vollkorn nicht aufnehmen. Der Analytiker hingegen nimmt das Getreide und verascht es bei 400 Grad. Anschließend misst er die Mineralstoffe. Mit der menschlichen Verdauung hat diese Vorgehensweise überhaupt nichts zu tun. Was der Organismus aus dem Getreide herausholt, ist etwas völlig anderes als das, was der Chemiker extrahiert. Dennoch arbeitet die Ernährungswissenschaft mit diesen Zahlen. Man kann mit ihnen eben gut rechnen, und alles erscheint schön objektiv.

Kann man also sagen, dass man mit traditionellen Nahrungsmitteln auf der sicheren Seite steht?

Pollmer: Ja, man kann das so formulieren. Um auf der sicheren Seite zu stehen, sollte man zweierlei beachten: Erstens sollte man nichts essen, was einem nicht bekommt – auch wenn es angeblich noch so gesund ist. Zweitens sollte man nichts essen, was es vorher nicht gab und nun ganz besonders gesund sein soll. Produkte, die für die Menschheit neuartig sind, sollten nicht sofort zu Grundnahrungsmitteln werden.

Kapitel 3

Bewegung: Auf den Spaß kommt es an

»Als ich heute Morgen durch den Park joggte, rief mich ein junger Unternehmer aus Singapur an ...« Mit diesen Worten begann kürzlich ein Bankmanager seinen Vortrag vor großem Publikum. Klar – als erfolgreiche Führungskraft mit dynamischer Ausstrahlung erwähnt man gerne seine körperliche Fitness. Wir haben auch keinen Grund anzunehmen, dass der Anruf nicht tatsächlich während des morgendlichen Laufs erfolgte. Aber hätte der Manager seine Tätigkeit während des Anrufs auch erwähnt, wenn er bei einem Stück Sachertorte gesessen hätte, etwa um seine Genussfähigkeit zu demonstrieren? Bei genauer Betrachtung konnte man ein ziemliches Übergewicht des Mannes feststellen, gegen das wahrscheinlich schon etliche Maßnahmen mehr oder weniger erfolgreich durchgeführt wurden. Nicht zuletzt dürfte hierzu auch ein ausgefeiltes Fitnessprogramm zählen – zumal dieses ja auch vor Herzinfarkt schützt!

Schützt es wirklich davor? Blickt man auf die berufliche Realität einer Führungskraft, scheinen Zweifel angebracht. Viele Maßnahmen für die persönliche Fitness sind zeitaufwändig, lassen sich in einem vollen Terminkalender kaum unterbringen und werden typischerweise immer wieder verschoben und verdrängt. Die Fitnessziele erscheinen dann immer unerreichbarer und bringen nichts außer noch mehr Stress.

Sport wird in den meisten Fällen nicht als Spaß empfunden, sondern als Tätigkeit zum Abhaken (»Ich schwimme dreimal pro Woche 1000 Meter.«). Bei amerikanischen Managern gehört es fast zur Norm, morgens eine Stunde zu joggen. »Bei Konferenzen in den USA ist eine ›Early Bird Session‹ gängige Praxis«, berichtet etwa Gerhard Huber, Privatdozent am Institut für Sportwissenschaft der Universität Heidelberg. »Anders in Deutschland: Als wir hier einen solchen Morgenlauf bei einem großen Kongress mit 1000 Teilnehmern anboten, meldete sich niemand.«[58]

Doch auch hierzulande wird neuerdings das morgendliche Laufen, am besten mehrstündig, stark propagiert. Von Glückshormonen und Powerproteinen ist dabei die Rede. Viele Führungskräfte setzen mittlerweile Fitness mit Gesundheit gleich und verordnen sich ein entsprechendes Trainingsprogramm. Die Folge ist eine fast schon stereotype Situation: Um dem Fitnessideal näher zu kommen, meldet man sich im Fitnessstudio an. Spätestens nach dreimaligem Besuch lässt man es wieder sein, weil der Termindruck zu groß ist (und weil es keinen Spaß macht). Was bleibt, ist das Gefühl zu versagen. Den Mitgliedsausweis »seines« Fitnessclubs bewahrt man auf, um vielleicht doch wieder einmal hinzugehen. Mancher Fitnessclub, davon bin ich überzeugt, lebt nicht zuletzt vom schlechten Gewissen solcher ruhender Fördermitglieder.

Was ist aber von Empfehlungen zu halten, die zu Stress und schlechtem Gewissen führen? Welchen gesundheitlichen Wert haben Fitnessprogramme wirklich? Werfen wir einen Blick auf die Fakten!

Mäßige Bewegung: eindeutig positiv

In den sechziger Jahren machten die Verkehrsbetriebe in London eine interessante Entdeckung. Ihnen fiel auf, dass die Schaffner von Doppeldeckerbussen, die ständig die Treppe hinauf- und herunterstiegen, signifikant weniger Herzinfarkte bekamen als die Fahrer, die den ganzen Tag über saßen.

Viele Untersuchungen zum Thema Bewegung und Gesundheit konnten seitdem eindeutig belegen, dass mäßige körperliche Aktivität einen positiven Einfluss auf die Gesundheit hat. Bei Menschen in Berufen, die körperliche Aktivitäten einschließen, besonders im Freien, sind die Herzinfarktraten niedrig. Mäßige tägliche Bewegung, so zeigen zahlreiche Studien, beugt Herz-Kreislauferkrankungen vor.

Darüber hinaus übt regelmäßige körperliche Aktivität auf den Organismus einen unspezifischen Reiz aus, der dazu führt, dass der

Organismus selbstständig den Blutdruck reguliert. Gegenüber der gezielten Behandlung mit Medikamenten hat Bewegung den großen Vorteil, dass sie den Blutdruck nicht automatisch senkt, sondern typgemäß normalisiert. Durch Bewegung lässt sich deshalb auch ein niedriger Blutdruck, wie er bei eher blassen und untergewichtigen Menschen vorkommt, anheben. Die Alternative körperliche Aktivität oder Medikamente ist – etwas überspitzt formuliert – vergleichbar mit dem roten Warnlämpchen im Auto, das den Benzinmangel anzeigt: Man kann das Licht zum Erlöschen bringen, indem man tankt oder indem man es überklebt.

Die positiven Effekte körperlicher Aktivitäten sind so augenfällig, dass Bewegungstherapien zur Vorbeugung und zur Behandlung bestehender Krankheiten längst selbstverständlicher Bestandteil der Schulmedizin geworden sind. Aber auch schon in Präventionskonzepten der traditionellen Heilkunde spielt die Bewegung eine bedeutende Rolle.

Als »gesundes Maß« für körperliche Aktivität gilt heute ein zusätzlicher wöchentlicher Verbrauch von 3000–4000 Kilokalorien. Innerhalb eines beruflichen Alltags, der sich überwiegend im Büro abspielt, ergibt sich daraus ein zusätzlicher Bewegungsbedarf von etwa einer halben Stunde dreimal pro Woche. Hierfür genügen stramme Spaziergänge, Walking, Schwimmen oder gemütliches Radfahren – stundenlanges Joggen ist nicht notwendig. Um das richtige Maß an Bewegung zu finden, sind Instrumente wie ein Pulsometer oder gar eine Blut-Laktatmessung vollkommen überflüssig. Es reicht aus, sich körperlich so zu bewegen, dass man ein wenig außer Atem kommt und die Stirn ein bisschen feucht wird. Das American College of Sports Medicine und das Center for Disease Control and Prevention (CDC) empfehlen:[59]

- 3 km in weniger als 30 Minuten mindestens 3 mal die Woche
  oder
- 3 km in 30–40 Minuten an sechs Tagen die Woche
  oder
- täglich eine Gesamtstrecke von 3 km in drei Zeitabschitten von je 10 Minuten.

Während der Einfluss von Bewegung auf Herz-Kreislauferkrankungen eindeutig ist, zeigen Studien zur Untersuchung der Zusammenhänge mit anderen Krankheiten unklare Ergebnisse. Je mehr Faktoren in die Untersuchung einfließen, desto unklarer werden die Aussagen. Auch die Frage, wer welchen Sport in welcher Intensität betreiben soll, lässt sich nicht allgemein beantworten. Viele Zusammenhänge nach dem Muster: »Wie viele Kalorien nehme ich mit der Nahrung auf, wie viele Kalorien verbrenne ich mit welcher Sportart und wie wird dadurch meine Lebenserwartung beeinflusst?« lassen sich in diversen Tabellen zwar scheinbar plausibel darstellen, einer kritischen Überprüfung halten sie jedoch nicht stand.

Sport sollte freiwillig sein

»No sports, only whisky«, sagte einst Winston Churchill auf die Frage, wie er sein hohes Alter erreicht habe. Vor allem der erste Teil dieser Antwort wird heute gerne zitiert, um auf humorvolle Weise die eigene Bewegungsfaulheit zu bagatellisieren. Versuchen wir aber doch einmal, den Spruch wörtlich zu nehmen! Immerhin wissen wir, dass täglich Alkohol die Lebenserwartung verlängert.[60] Und der Begriff »sports« hat im Englischen eher die Bedeutung Wettkampf. Zudem gibt es bis heute keinen Nachweis dafür, dass regelmäßiger Sport – also Bewegung über einen strammen Spaziergang hinaus – für alle Menschen einen zusätzlichen gesundheitlichen Nutzen bringt.

Aufschlussreich ist in diesem Zusammenhang eine große Studie mit Harvard-Absolventen, bei der über viele Jahre hinweg der Zusammenhang von körperlicher Betätigung und Herzerkrankungen untersucht wurde. Die wenigsten Herzinfarkte traten in der Gruppe auf, die ihre wöchentliche Bewegung um das oben genannte »gesunde Maß« von 3000–4000 Kilokalorien erhöhte. Diese mäßige Bewegung hatte dabei einen viel größeren positiven Einfluss als negative Faktoren wie Rauchen, Übergewicht oder hoher Blutdruck.[61] Die Häufigkeit der Herzinfarkte, so lässt sich folgern, wird im Wesentlichen durch Bewegung beeinflusst. Ist diese ausreichend vorhanden, er-

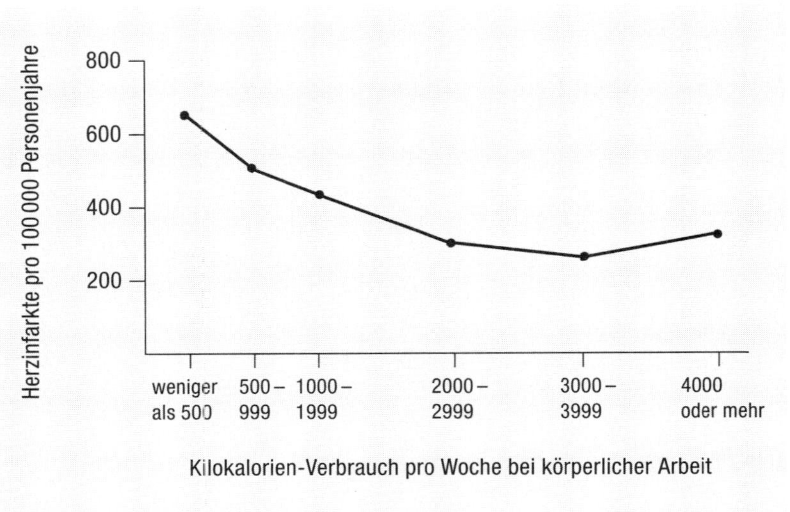

Abbildung 6: Bewegungsmaß und Herzinfarkt. Ca. 20 000 Harvard-Hochschulabsolventen werden seit 1962 hinsichtlich ihrer körperlichen Bewegung und der Entwicklung von Krankheiten beobachtet. In der 1994 veröffentlichten Datenlage hatte die Gruppe mit einem wöchentlichen Verbrauch von 3 000–4 000 Kilokalorien die geringste Herzinfarktrate.

höhen Rauchen oder hoher Blutdruck das Infarktrisiko kaum. Bewegung hat also eine übergeordnete Bedeutung.

Überraschend ist ein weiteres Ergebnis der Studie: Sobald die zusätzlichen körperlichen Aktivitäten über das Maß dieser 3 000–4 000 Kilokalorien hinausgingen, stieg die Herzinfarktrate wieder leicht an (siehe auch Abb. 6).[62] Die neuesten Zahlen dieser fortlaufenden Untersuchung weisen allerdings wieder auf einen zusätzlichen Nutzen von regelmäßigem Fitness-Training auf das Herzkreislaufrisiko hin. Diskutiert wird dabei aber, ob das erhöhte Verletzungsrisiko diesen Vorteil wieder aufhebt.[63] »Viel hilft viel« ist demnach nicht die richtige Empfehlung für das richtige Maß an körperlicher Aktivität! Die Situation ist also unklar.

Daraus nun abzuleiten, Sport sei ungesund, ist genauso kurzsichtig wie die Aufforderung, regelmäßig Fitnesssport zu betreiben. Die

Untersuchung zeigt aber eindeutig, dass niemand zum Fitnesssport genötigt werden sollte.

Dieser Schlussfolgerung widersprechen gelegentlich Artikel in der Tagespresse, die sich jedoch bei näherem Hinsehen als nicht stichhaltig erweisen. Jüngstes Beispiel ist eine dpa-Meldung[64] mit der Überschrift: »Studie: Jogger leben bis zu sieben Jahre länger«. Dies bezog sich auf eine Untersuchung[65] der Kopenhagener Bevölkerung, bei der 96 Männer, die in einem Zeitraum von 1976 bis 1983 regelmäßig joggten, signifikant länger lebten als die 4335 Männer der Vergleichsgruppe, die in diesem Zeitraum angaben, nicht zu joggen. Interessant wäre hier zu differenzieren, wie lange jene Untergruppe unter den Nichtjoggern, die regelmäßig jene 3000–4000 Kilokalorien durch mäßiges wöchentliches Training verbrauchte, lebte. Doch diese Gruppe wird in der Nichtjoggergruppe mit den totalen Bewegungsmuffeln in einen Topf geworfen. Der Autor der wissenschaftlichen Studie sieht das Ergebnis durchaus differenziert, die Pressemeldung hat die Zusammenhänge jedoch in unzulässiger Weise vereinfacht.

Sport sollte eine Angelegenheit der persönlichen Bedürfnisse sein – und die sind bekanntlich individuell höchst verschieden. Wenn Sie sich einen Morgenlauf direkt nach dem Aufstehen angewöhnt haben und sich danach wohl und frisch fühlen, dann lassen Sie sich die Freude daran nicht nehmen. Ist aber der Morgenmuffel in Ihnen hartnäckig, dann bleiben Sie einfach liegen und genießen Sie die zusätzliche Ruhezeit. Ihrer Gesundheit schadet das nicht. »Wenn man pflichtgemäß und gegen den inneren Schweinehund Sport treibt und einem dieser blöde Montag, Mittwoch und Freitag lästig ist, sollte man es lieber sein lassen«, sagt Professor Malte Bühring. »Entscheidend ist nicht nur, was man tut, sondern vor allem auch in welcher Stimmung, mit welcher Erwartung und Haltung man es tut. Es kommt deshalb darauf an, dass man Sport als positive Herausforderung sieht – als eine Aufgabe, an der man wächst.«[66]

Sport sollte also freiwillig sein, Spaß machen und nach Gusto betrieben werden. Wenn Sie untrainiert sind, können Sie durchaus Freude daran entwickeln, regelmäßig Sport zu treiben und zu beobachten, wie Ihre körperliche Leistungsfähigkeit zunimmt. Um dabei einer anfänglichen Überforderung vorzubeugen, kann der Rat eines geschulten Trainers sinnvoll sein. Schließlich sollen Sie ja nicht am nächsten Tag vor Muskelkater und Zerrungen kaum noch laufen können. Mit einem gut aufgebauten Programm lässt sich die körperliche Leistungsfähigkeit langsam steigern.

Aber körperliches Training bedeutet nicht unbedingt Steigerung der Beweglichkeit. Bei Sportlern treten oft die gleichen Muskel-, Nacken- oder Rückenbeschwerden auf wie bei No-Sport-Typen, weiß Helmut Reidel, ehemaliger Handballprofi und erfahrener Physiotherapeut. Man schätzt, dass nur 4 Prozent der Patienten krankengymnastische Übungen auch wirklich im Alltag fortführen, sie sind zu komplex und zeitaufwändig. Deshalb empfiehlt Reidel, Minimalbewegungen in Alltagssituationen, wie duschen, telefonieren, Zähneputzen oder reisen zu integrieren, um die Beweglichkeit zu fördern und damit Beschwerden vorzubeugen.[67]

Leistungssport: nicht ohne Risiko

Entwickelt sich das morgendliche Joggen zu einem ernsthaften Lauftraining, ist Vorsicht geboten. Es gibt im Hochleistungssport das Phänomen des Übertrainings, das dazu führt, dass Koordination und Leistungen sich verschlechtern. Belegt ist dies vor allem bei Frauen. So erlitten Langstreckenläuferinnen Ermüdungsfrakturen, bedingt durch vorzeitige Osteoporose. Zu viel Training führt offensichtlich dazu, dass hormonelle Umstellungen einsetzen, sodass der Knochenstoffwechsel durcheinander gerät.

Auch die viel beschriebenen Glückshormone, die Marathonläufe auslösen können, sind eine zweischneidige Angelegenheit. Die Endorphinausschüttung des Körpers, die tatsächlich zu einer Euphorie führen kann, tritt nämlich erst relativ spät auf. Vermutlich um dem Organismus, der vorher das Signal »bitte aufhören« nicht ernst genommen hat, zu helfen, diese Notsituation zu überstehen. Man kann sich jedoch durchaus auch wohl fühlen, bevor man das »Runner's high« erreicht hat – durch physiologisch bedingte Entspannung nach einem Training.

Beim Leistungssport ist es besonders wichtig, auf Körpersignale zu achten. Wenn Sie zum Beispiel nach 20 Minuten laufen Rückenschmerzen bekommen, sollten Sie das nicht ignorieren. »Sportler sollten auf die Weisheit des Körpers hören«, betont der Heidelberger Sportwissenschaftler Gerhard Huber. »Der Körper meldet sich frühzeitig, wenn ein Zuviel eintritt.« Leider werden solche Alarmzeichen oft missachtet. Wenn man von Gesundheitsexperten liest, die einen Ironman-Wettbewerb trotz Ermüdungsbruch des Wadenbeins durchgestanden haben,[68] fragt man sich, welche Weisheit da berücksichtigt wurde.

Problematisch scheint auch ein plötzlicher Abbruch des Leistungstrainings zu sein. Das belegte eine Untersuchung, die zeigte: Menschen, die in ihrer Jugend intensiv Sport getrieben haben und ihre Aktivitäten nach dem Berufseinstieg auf null herunterfuhren, stehen gesundheitlich ungünstiger da als ihre Kollegen, die schon immer Sportmuffel waren.[69] Dies ist gerade auch bei Führungskräften eine Gefahr, da die zeitliche Belastung durch den Beruf bei ihnen oft sprunghaft ansteigt.

Dass viele Führungskräfte glauben, sie müssten sich zum Leistungssport zwingen, liegt häufig an einer Fehlinformation. Oft wird nämlich behauptet, dass erst eine anstrengende Bewegung von mindestens 20 Minuten eine positive gesundheitliche Wirkung habe, weil es erst dann zu einer Fettverbrennung komme und Kalorien verbraucht würden. Diese Theorie ist nachgewiesenermaßen falsch. Sie führt dazu, dass Fitnessziele zu hoch angesetzt werden, was meistens in Frustration und einer Ablehnung jeder gesunden Bewegung endet.

Tatsächlich hilft aber jede Treppenstufe, um auf das empfohlene wöchentliche Maß zu kommen.[70] Wenn man sich etwas Mühe gibt und konsequent darauf achtet, lässt sich ein gesundes Bewegungsmaß durchaus in den beruflichen Alltag integrieren. Zwei Stockwerke Treppenlaufen statt Aufzug und ein fünfminütiger Mittagsspaziergang um den Block summieren sich! »Sie sollten das Spektrum der Bewegungsmöglichkeiten voll ausschöpfen«, rät Sportwissenschaftler Gerhard Huber. »Gehen Sie kurze Wegstrecken zu Fuß, steigen Sie Treppen – jede Stufe verlängert das Leben um eine Minute. Machen Sie am Wochenende den Familienausflug nicht im Auto, sondern nehmen Sie die Fahrräder.« Mit anderen Worten: Maximieren Sie den Faktor Bewegung im Rahmen Ihres bestehenden Alltags!

Bewegung schützt vor Stress

Ein wesentlicher Aspekt der Bewegung ist ihre Wirkung auf den Gesamtorganismus. Wie im Kapitel Stress näher ausgeführt, folgt in der Natur auf einen Stressreiz normalerweise körperliche Aktivität in Form von Flucht oder Kampf. Im Büroalltag würde diese Form der Stressbewältigung gegenüber Mitarbeitern oder Kunden natürlich recht befremdlich wirken. Hier müssen wir auf andere Strategien ausweichen. Wir können beispielsweise schlechte Laune bekommen, Kaffee trinken, rauchen, Schokolade essen – oder eben auf das Instrument »Bewegung« zurückgreifen und einen zehnminütigen strammen Spaziergang machen.

Durch körperliches Training – das belegen viele Untersuchungen – ändert sich auf Dauer auch das Körperverhalten bei psychischen und emotionalen Belastungen. Trainierte Personen reagieren auf psychischen Stress mit geringerem Puls- und Blutdruckanstieg als untrainierte. Sie bleiben gelassener. Körperliches Training wirkt sich also nicht nur auf Kreislauf und Muskulatur aus, sondern reguliert auch die allgemeine Befindlichkeit. Man nimmt heute an, dass für diese vegetativen Steuerungen ein gemeinsames Zentrum verantwortlich ist, von dem verschiedene Wirkungen auf die Peripherie ausgehen.[71] Zahlreiche Studien haben darüber hinaus zuverlässig antidepressive und -anxiologische (angstauflösende) Wirkungen einer ausreichend dosierten Bewegungstherapie nachgewiesen.

Wie komplex die Zusammenhänge sind, zeigt auch folgende Beobachtung. Viele Menschen leiden unter Rückenschmerzen, ohne dass hierfür eine körperliche Ursache wie zum Beispiel ein Bandscheibenvorfall erkennbar wäre; als Ursache schreibt man dann oft eine hauptsächlich sitzende Tätigkeit zu. Nun musste man aber feststellen, dass Rückenprogramme – etwa für einen gezielten Muskelaufbau – in vielen Fällen wirkungslos sind. Ein leichtes Lauftraining dagegen führte hier zu deutlich besseren Ergebnissen. Am ehesten verschwinden solche Rückenschmerzen aber, wenn sich die gesamte Lebenssituation des Betroffenen positiv verändert. Das bedeutet nicht, dass wir es mit Hypochondern zu tun haben, die Rückenschmerzen sind ohne Zweifel real. Es zeigt aber, dass – wie bei vielen anderen Körpersignalen auch – die Zusammenhänge äußerst komplex sind und auch Parameter wie Lebensstil, mentale Verfassung und psychische Komponenten im Vordergrund stehen können. Bei organischen Ursachen allerdings, wie etwa einem Bandscheibenvorfall, führt eher ein gezieltes Therapieprogramm zur Besserung.

Fazit

Es gibt eine Fülle guter Argumente, körperliche Bewegung mehrmals wöchentlich in den Alltag zu integrieren. Regelmäßige Bewegung ist eine wichtige Voraussetzung, um die eigene Gesundheit zu erhalten. Ein weiterer positiver Faktor körperlichen Trainings ist Stressabbau und insbesondere die Vorbeugung vor zu hoher Stressbelastung.

Es gibt keinen wissenschaftlichen Nachweis, dass Fitnesssport darüberhinaus einen zusätzlichen gesundheitlichen Nutzen bringt. Das auf jeden Fall gesunde Maß von drei Mal 30 Minuten pro Woche kann auch durch die Addition kleinerer Einheiten erreicht werden. Bewegung lässt sich damit auch in den Alltag einer Führungskraft integrieren. Je nach Typ lassen sich mit sportlicher Betätigung vielfältige Bedürfnisse stillen, ob Geselligkeit, Naturerlebnis oder Wettkampf. Damit kann Sport sehr viel zu Wohlgefühl und Zufriedenheit beitragen.

Dennoch scheitern viele gute Vorsätze an der Realität. Der Grund liegt in typischen Barrieren. Man will beispielsweise im Büroalltag nicht unangenehm auffallen, indem man nach einer Trainingseinheit verschwitzt an Besprechungen teilnimmt. Als oberste Regel gilt, was man freiwillig häufig tun soll, muss auch Spaß machen, und zwar jedes Mal. »Man sollte versuchen, in seinen Alltag mehr Bewegung einzubauen«, rät Gerhard Huber und fügt hinzu: »Einen Sportstress zu entfachen, wäre aber sicher nicht produktiv.«

Checkliste 2: Bewegung – Kein Fitness-Stress, sondern Spaßprinzip!

Maßnahmen	**Vorschläge, Beispiele**
• 3 × pro Woche 30 Minuten zusätzliche Bewegung; dabei leicht ins Schwitzen kommen, automatisch wird so die Intensität langsam gesteigert.	• Zügiger Spaziergang • Schwimmen • Fahrradfahren • Heimtrainer
• Mehrere kleine Bewegungseinheiten, die Sie in Ihren beruflichen Alltag integrieren, können zum Erreichen dieses Bewegungszieles summiert werden.	• Treppe statt Aufzug nehmen • Einen 5-minütigen strammen Spaziergang integrieren • Bei geeigneter Entfernung zu Fuß ins Büro gehen
• Kleine Minimalbewegungen integrieren beim Duschen, Telefonieren, Zähneputzen etc.	• 1–2-mal für 20 Sekunden die Schultern, den Kopf oder die Hüfte langsam kreisen • Auf dem Stuhl das Becken vor und zurück kippen • 10-mal auf den Zehen stehen etc.
• Zusätzliche Aktivitäten, z. B. mit der Familie, mit Bewegung verbinden	• Fahrradtouren • Inline-Skaten • Wandern • Schwimmen etc.
• Sport über dieses Maß hinaus nur, wenn Sie mit Spaß persönliche Bedürfnisse damit befriedigen können • Trainingsintensität nur langsam steigern, sonst drohen Verletzungen	• Eventuell anfangs die Beratung eines kompetenten Trainers in Anspruch nehmen

Fragen an Gerhard Huber

Dr. Gerhard Huber ist Privatdozent am Institut für Sportwissenschaft der Universität Heidelberg und Vorsitzender des Deutschen Verbandes für Gesundheitssport und Sporttherapie.

Welches Maß an Aktivitäten ist gesund?

Huber: Jede Form von körperlicher Aktivität ist sinnvoll – und wenn es ein Spaziergang ist. Wir haben eine Studie mit einer Gruppe von über Sechzigjährigen erstellt, um den Effekt des Walkings, also strammen Spazierengehens, zu untersuchen. Ergebnis: Die anfangs untrainierten Teilnehmer erzielten innerhalb von zehn Wochen Leistungszuwächse zwischen 40 und 60 Prozent, bei einem 35- bis 40-minütigen Walkingprogramm zweimal pro Woche. Dann verglichen wir eine Gruppe von 20 Leuten mit unterdurchschnittlichem Fitnesslevel mit einer Gruppe, die von Anfang an relativ fit war, und kamen wiederum zu einem interessanten Ergebnis: Selbst diejenigen, die recht fit waren, profitierten in hochsignifikanter Weise von dem Walkingprogramm. Man kann daraus schließen, dass man nicht unbedingt dreimal die Woche einen schweißtreibenden und anstrengenden Sport betreiben muss, sondern dass auch schon einfache Belastungsformen genügen – wie die natürlichste und evolutionär vorgegebene Belastungsform, das Gehen.

Wirkt sich Sport unmittelbar positiv auf die Leistungsfähigkeit von Führungskräften im beruflichen Allltag aus?

Huber: Durchaus. Sport ist eine Art Stressprophylaxe. Hier handelt es sich sowohl um physiologische als auch um Lernvorgänge. Wer körperlich trainiert ist, so zeigen einige Studien, reagiert weniger schnell mit einem hohen Adrenalinausstoß. Der Körper bewertet Stressreize anders, er reagiert gelassener. Sport ist für den Körper das beste Lernmittel, um mit Stress umgehen zu können. Regelmäßiger Sport ist nichts anderes als eine systematische Desensibilisierung. Der Körper erhält immer wieder eine kleine Portion Stress und gewöhnt sich daran, indem er sich quasi sagt: »Aha, das ist wieder eine Belastung, die arbeite ich jetzt ab.«

Manager stellen sich ihrem Naturell nach gerne Wettbewerbssituationen. Diese Vorliebe übertragen viele auf den Sport und streben auch hier nach Leistung. Sehen Sie die Gefahr, dass sie dabei übertreiben?

Huber: Gefahr besteht sicher dann, wenn dieses Verhalten verhindert, dass Körpersignale wahrgenommen werden. Tatsächlich tun sich viele Sportler schwer damit, Alarmzeichen ihres Körpers zu erkennen. Die fehlende Körperwahrnehmung ist vergleichbar mit einer Quelle, die zugeschüttet wurde.

Wie gräbt man diese Quelle wieder aus?

Huber: Sie können es alleine tun, das ist jedoch schwierig und zeitaufwändig, oder Sie nehmen professionelle Hilfe in Anspruch. Das ist auch bei Anfängern empfehlenswert. Wer beispielsweise zum ersten Mal läuft und eine Stunde durchhalten will, wird nach 30 Sekunden zum ersten Mal auf die Uhr schauen und an der ganzen Sache überhaupt keinen Spaß finden. Hier sollte ein Berater ein Sportprogramm erstellen und zur Seite stehen, damit Körperwahrnehmungen überhaupt erst möglich werden.

Es genügt also nicht, einfach nur zu laufen?

Huber: Es wäre schön, wenn es so einfach wäre. Grundsätzlich sollten immer drei Komponenten berücksichtigt werden: die funktionelle Komponente, die Lernkomponente und die Erlebenskomponente. Meistens achtet man vorwiegend auf die funktionelle Komponente – dreimal die Woche eine halbe Stunde laufen, dann wird schon etwas passieren. Dann laufe ich, ohne zu wissen, was ich eigentlich tue, ohne beispielsweise zu verstehen, warum man sich dehnen sollte, bevor man losläuft. Und ich laufe, ohne dass ich dabei ein besonderes Erlebnis empfinde, ohne zum Beispiel eine schöne Landschaft oder die Natur auf mich wirken zu lassen, ohne dass ich meine Atmung und meinen Puls spüre. Ich laufe, ohne meinen Körper und seine Signale wahrzunehmen.

Herr Dr. Huber, treiben Sie selber regelmäßig Sport?

Huber: Mit Blick auf meine Altersgruppe bin ich wahrscheinlich überdurchschnittlich aktiv. Vor vier Wochen war ich zum Beispiel Skilaufen und Snowboarden, letztes Wochenende Inline fahren und mit dem Rennrad unterwegs. Ich halte mich bei diesen Aktivitäten nicht sklavisch an die Regel »dreimal pro Woche«, aber ich werde einfach grantig, wenn ich nicht etwa dreimal in der Woche irgendetwas »körperlich« mache. Dabei ist es völlig egal, ob das Tennisspielen, Inline, Rennrad oder eine Stunde gemütliches Fahrradfahren ist. Leistungssportler und teilweise auch Freizeitsportler konzentrieren sich oft auf eine Sportart – mit dem Risiko, dass sich dann das besonders beanspruchte biologische System (zum Beispiel Knie, Hüfte) schmerzhaft bemerkbar macht. Ich betreibe deshalb keine Sportart monoman, sondern halte es wie ein Bauer mit dem Fruchtwechsel: Ich mache verschiedene Dinge, und die in einem gewissen jahreszeitlichen Rhythmus. Dabei ist es durchaus angemessen, den erlebten Spaß in den Vordergrund zu stellen. Nur wer Spaß dabei hat, wird langfristig dabeibleiben. Spaß ist eine weitaus bessere Motivation als das schlechte Gewissen.

Also alles in Maßen, wie der gute alte Kneipp sagt.

Huber: Richtig, damit ist eigentlich alles gesagt.

Was empfehlen Sie einer viel beschäftigten Führungskraft?

Huber: Man sollte damit anfangen, sich zeitliche und räumliche »Bewegungsnischen« zu schaffen, also etwa Treppen steigen statt Aufzug fahren oder in der Mittagspause ein wenig spazieren gehen. Um das Bewegungsmaß dann über diese Nischen hinaus auszudehnen, sollte man einfach einiges ausprobieren. Es muss nicht unbedingt Jogging sein, schließlich gibt es eine Fülle von Bewegungsformen und Sportarten. Wichtig ist, dass es Spaß macht – und das wird es tun, wenn man die positiven Körpersignale spürt. Dann wird man auch freiwillig bereit sein, etwas von seiner Zeit zu opfern. Sicher ist es nicht falsch, wenn man über 40 Jahre ist, mit seinem Arzt über mögliche Risiken zu sprechen.

Kapitel 4

Stress: Chance zur Weiterentwicklung

Ein Steinzeitmensch spaziert durch den Urwald. Plötzlich ein Blätterrascheln. Ein gefährliches Tier? Sofort macht er sich bereit zum Kampf oder zur Flucht. Sein Körper hilft ihm dabei: Auf einen Gefahrenreiz hin spannt sich die Muskulatur automatisch an, der Herzschlag beschleunigt und die Sinnesorgane werden geschärft. Alle Funktionen, die er in der Gefahrensituation nicht benötigt, werden abgeschaltet. Wenn sich das wilde Tier dann als Eichhörnchen entpuppt, kann unser Steinzeitmensch erst mal durchatmen. Die Leistungsorgane werden jetzt wieder herunterreguliert, die abgeschalteten Organe wie der Verdauungstrakt dagegen wieder aktiviert, sodass sie die verbrauchte Energie wieder aufbauen können.

Szenenwechsel: 21. Jahrhundert. Das Telefon klingelt. Vielleicht eine routinemäßige Terminabsprache – oder der Chef, der die überfällige Preiskalkulation einfordert und diesmal mit Konsequenzen drohen wird? Noch bevor der Angerufene den Hörer abhebt, hat das Gehirn eine Gefahrensituation ausgemacht und die Alarmreaktion eingeleitet. Genau wie bei unserem Vorfahren im Urwald.

Die unbewusste Steuerzentrale des Körpers

Ob Führungskraft oder Steinzeitmensch: Wird ein Reiz als potenzielle Bedrohung identifiziert, klingeln im Gehirn die Alarmglocken. Sofort wird unbewusst ein Nerven-Verschaltungsmuster mit dazugehörendem Bewältigungsprogramm gesucht, mit dem die vermeintliche Gefahr beherrschbar ist. Findet sich ein solches Programm, wird der Alarm abgeblasen. Wird jedoch kein vertrautes Verhaltensmuster

Tabelle 3: Das vegetative Nervensystem. Sympathikus und Parasympathikus (heller Bereich: die aktivierte Organfunktion)

	Leistungs-(Stress-)Bereich **Sympathikus**	Regenerationsbereich **Parasympathikus**
Auge	• Pupillenerweiterung	• Pupillenverengung
Herz	• Erhöhung der Herzschlagfrequenz, -kraft und -erregbarkeit	• Verminderung der Frequenz, Erregungsleitung verlangsamt
Lunge	• Vergrößerung des Atemvolumens	• Verringerung des Atemvolumens
Muskulatur	• Aktivierung, Anspannung	—
Schweißdrüsen	• Aktivierung	—
Nebennieren	• Adrenalin- und Kortisolausschüttung	—
Genitalien	• Ejakulation	• Erektion
Leber	• Energieaktivierung aus Reserven	• Bildung von Energiereserven
Bauchspeicheldrüse	• Insulinausschüttung zum Zuckertransport	• Sekretion von Verdauungsenzymen
Magen	• Hemmung	• Aktivierung der Drüsensekretion
Gallenblase	• Hemmung	• Gallensekretion
Darm	• Hemmung	• Aktivierung, Drüsensekretion

gefunden, mit dem sich die Gefahr routiniert meistern lässt, wird eine Kettenreaktion ausgelöst, die den Körper optimal auf die unbekannte Gefahr vorbereitet.

Hierbei spielt das vegetative Nervensystem die Hauptrolle. Es regelt das innere Zusammenspiel verschiedener Körperbereiche in enger Zusammenarbeit mit dem hormonellen System, ohne dass wir hierbei willentlich Einfluss nehmen können.

Das vegetative Nervensystem hat zwei Bereiche: den Leistungsbereich, den so genannten Nervus Sympathikus, und den Regenerationsbereich, den Nervus Parasympathikus (siehe auch Tabelle 3). In der übergeordneten Zentrale des vegetativen Nervensystems, einem Teil des Gehirns namens Hypothalamus, stehen verschiedene Programme zur Verfügung, um die Körperorgane automatisch auf verschiedene Anforderungen optimal einzustellen. Zu ihnen zählen das Verdauungsprogramm, das Wärmeregulationsprogramm, das Fortpflanzungsprogramm und das Alarmprogramm.

Die meisten inneren Organe haben Rezeptoren für beide Bereiche des vegetativen Nervensystems, zum Beispiel die bekannten Beta-Rezeptoren, die bei Aktivierung unter anderem die Herzkraft erhöhen. Organe können so je nach Anforderung regelrecht an- und ausgeschaltet werden.

Stress trainiert das Hirn

Kein Tag vergeht, ohne dass der eine oder andere Kollege über zu viel Stress klagt. In den Medien ist die Bedrohung unserer Gesundheit durch zunehmenden Stress ein beliebtes Thema. Überall gibt es Angebote, die uns Wege aus den Stressgefahren zeigen wollen, wie Seminare zur Stressbewältigung, Mentaltrainings- oder Motivationsveranstaltungen. Stress ist das populäre Erklärungskonzept Nummer eins für psychische Belastung und körperliche Erkrankungen. Die folgenden Ausführungen machen deutlich, dass diese gängige Argumentation zu kurz greift. Stress ist – wenn man nur richtig mit ihm umzugehen versteht – weniger eine gesundheitliche Bedrohung, als vielmehr eine Chance zur persönlichen Weiterentwicklung und damit zu mehr Wohlbefinden.

Den Begriff Stress benutzte erstmals der amerikanische Physiologe Walter B. Cannon. Er bezeichnete damit störende Einflüsse auf das »innere Milieu« eines Menschen, das er Homöostase nannte.[72] Der kanadische Arzt für experimentelle Medizin Hans Selye prägte die Stressforschung maßgeblich, indem er 1936 vor allem auf die Krankheitsbedeutung der Stressreaktion hinwies. Er konnte bei Ratten, die massiven Bedrohungen wie Kälte, Hitze, Nahrungsmangel oder Verletzungen ausgesetzt wurden, Veränderungen der Nebenniere und der Lymphknoten sowie Magengeschwüre nachweisen. Als Erster beschrieb er die zentrale Rolle der Hormone bei der Stressreaktion. Schließlich definierte Selye Stress 1971 als »unspezifische Reaktion des Körpers auf jegliche Beanspruchung (Stressor)« – also als eine körperliche Reaktion, die nach jedem Stressor bei jedem Menschen gleich abläuft, egal ob die Folgen letztlich positiv (Eustress) oder negativ (Dysstress) sind.[73] Selye teilte die Anpassungsreaktion des Körpers auf einen Stressor in drei Phasen ein (Adaptationssyndrom nach Seyle):

- *Alarmreaktion:* initiale Schockreaktion mit anschließender beginnender Adaptation (Anpassung);
- *Widerstandsphase:* Abwehr mit voller Adaptation und erhöhter Widerstandskraft;
- *Erschöpfungsphase:* Bei zu langem Einwirken der stressauslösenden Faktoren gehen die Anpassungsreserven des Körpers zur Neige. Auftreten von Krankheiten als Zeichen unzulänglicher Anpassungsversuche des Körpers.

Die Schlussfolgerungen Selyes werden durch neuere Forschungsergebnisse relativiert. Kein Versuch konnte zeigen, dass auf einen Stressreiz hin bei verschiedenen Menschen tatsächlich die gleichen Reaktionen ablaufen.

Eine weitere, für den Umgang mit dem Phänomen Stress wesentliche Annahme lässt sich ebenfalls nicht halten. Einmal angelegte Verschaltungen im Hirn, so glaubte man lange Zeit, sind im Erwachsenenalter quasi unabänderlich festgelegt. Heute weiß man, dass sich zwar Nervenzellen nach der Geburt nicht mehr teilen können, dass das Gehirn aber sehr wohl zu späteren strukturellen Veränderungen fähig ist.[74] Stereoidhormone, wie zum Beispiel das bei Stress ausgeschüttete Kortisol, lösen solche Veränderungen aus und können die Effizienz der vorhandenen Nervenverbindungen beeinflussen. Neuere Forschungen belegen, dass unterschiedliche Reaktionsmuster auftreten, je nachdem welche individuellen Motivations- und Bewältigungsmöglichkeiten ein Mensch beherrscht.[75]

Der Göttinger Hirnforscher Prof. Dr. Gerald Hüther beschreibt es als herausragende Fähigkeit des Menschen, auf einen Gefahrenreiz hin neue Lösungen und damit verbunden neue Nervenvernetzungen zu entwickeln. Aufgrund eben dieser Fähigkeit habe sich die Spezies Mensch trotz großer Veränderungen der Lebensbedingungen entwickeln und ausbreiten können.[76] Jeder neu bewältigte Stressreiz, so Hüther, führt zu neuen Verschaltungen in unseren Hirnzellen, das heißt die Bewältigung einer Bedrohung bewirkt Bahnungsprozesse im Hirn. Tritt dann später wieder ein ähnlicher Stressreiz auf, kann unser Gehirn auf diese neuen Bahnen zurückgreifen: Es ruft ein bekanntes Bewältigungsmuster ab und braucht die Alarmreaktion gar nicht erst auszulösen. Je nach vorhandenen Mustern ist demnach ein Stressreiz auf unterschiedlichen Wegen kontrollierbar und ruft deshalb von Mensch zu Mensch individuell unterschiedliche Reaktionen hervor. Werden keine Lösungswege gefunden, bewirken Stresshormone im Extremfall sogar die Auflösung nutzlos gewordener Hirnstrukturen, um neue Verschaltungswege zu ermöglichen, mit denen eine bis dahin unmögliche Lösung gefunden werden kann. Hüther nennt diese Fähigkeit des Gehirns zur Selbstveränderung und Selbstoptimierung in Anlehnung an Selye das »zentrale Adaptationssyndrom«.

Halten wir fest: Stress hat eine Art Trainings- und Lerneffekt und spielt daher in der Entwicklungsgeschichte des Menschen eine wichtige Rolle. Ein Stressor löst nicht zwangsläufig und bei allen Menschen in gleicher Weise die Kette der Alarmreaktionen aus, sondern wirkt je nach vorhandenen Hirnstrukturen individuell unterschiedlich.

Diagnose: »Stress«

Ein Drittel aller Zivilisationskrankheiten sei stressbedingt, schätzte Selye und fasste diese Erkrankungen als »Stresssyndrom« zusammen. In dieses Bild passt, dass beispielsweise im Falle der Herzerkrankungen ursächliche Zusammenhänge mit einer erhöhten Stressbelastung als bewiesen gelten.[77] Allerdings begründet sich die Beweisführung oft allein auf die statistische Korrelation einer höheren Reizdichte mit der Zunahme von Herzerkrankungen. Wie im Einleitungskapitel ausgeführt, sind diese Rückschlüsse so nicht zulässig, da die Zunahme der Herzinfarktrate mit dem Anstieg der Lebenserwartung und der besseren Beherrschbarkeit anderer, früher tödlicher Erkrankungen zu tun hat. Außerdem erkranken – wie ebenfalls dargelegt – Berufsgruppen mit einer hohen Stressbelastung, wie zum Beispiel Führungskräfte, keineswegs vermehrt an organischen Krankheiten.

Stresssyndrom – Krankheiten, die durch Stress verursacht werden sollen:

Herzkrankheiten • Gefäßerkrankungen • hoher Blutdruck • Allergien • Hauterkrankungen • Asthma • Nierenerkrankungen • Magengeschwüre • Verdauungskrankheiten • Rheuma • Gelenksarthrose • Stoffwechselerkrankungen (zum Beispiel Zucker-, Schilddrüsenkrankheiten) • Drogen-, Suchterkrankungen • Erektionsstörung • Sterilität • psychische Erkrankungen • erhöhte Unfallrate • Krebs

In den späten sechziger Jahren identifizierten die amerikanischen Herzspezialisten Friedman und Rosenman Verhaltensmuster, die die Entstehung von Herzerkrankungen begünstigen.[78] Der so genannte A-Typ, der sich durch übertriebenes Wettbewerbsverhalten, Arbeitswut und Zeitdruck auszeichnet, ist demnach eher von Herzkrankheiten bedroht als der B-Typ, der die Dinge gelassener angeht und erst dann Ehrgeiz entwickelt, wenn sich eine mögliche Belohnung konkretisiert. Man schätzt das Verhältnis des Risikos von Typ A zu Typ B auf zwei zu eins. Die Schlussfolgerung, man müsse nun einen anhand von Tests identifizierten A-Typ durch Verhaltensänderungen zu einem B-Typ konvertieren, um damit sein Herzinfarktrisiko zu senken, erscheint aber voreilig. Für die Richtigkeit eines solchen Vorgehens gibt es keine Belege. Hier wird offenbar wieder einmal mit dem Angstmotiv gespielt, um Menschen zu einer Verhaltensänderung anzuhalten, deren Nutzen nicht wirklich bewiesen ist.

Ebenso wenig belegt ist ein Zusammenhang zwischen Herzinfarkt und Lärm, vor dem die Initiative *gesund leben und ernähren e.V.* warnt. »Mehr Infarkte durch Lärm«, überschrieb der in Hamburg ansässige Verein eine Pressemitteilung vom 19. März 1999 und führte aus, dass Anwohner viel befahrener Straßen einem erhöhten Risiko ausgesetzt seien, einen Herzinfarkt zu erleiden. Begründet werden solche Behauptungen mit Messungen von erhöhten Zucker-, Cholesterin- und Triglyceridspiegeln im Blut. Außerdem wurden bei permanenter Lärmbelastung erhöhte Adrenalin- und Kortisolwerte gemessen. Ohne Zweifel ist ständiger Lärm alles andere als angenehm, doch der Rückschluss von erhöhten »Risikofaktoren« auf eine erhöhte Infarktrate ist – wie ich im Kapitel Schulmedizin ausführen werde – unzulässig.

Es gibt allerdings eine Studie, die eine Gruppe von Patienten mit schon bestehender koronarer Herzerkrankung untersuchte. Bei 58 Prozent von ihnen verminderte sich tatsächlich die Herzdurchblutung, als sie mit Stressoren konfrontiert wurden, beispielsweise eine freie Rede halten mussten. Bei 42 Prozent gab es keine negativen Auswirkungen.[79] Ein eindeutiger Nachweis, dass bei gesunden Menschen durch einfache Stressoren, wie zum Beispiel Lärm oder Termindruck, Krankheiten verursacht werden können, ist mir jedoch nicht bekannt.

Das Stresssyndrom – so lässt sich angesichts dieser »Beweislage« folgern – gehört zu jenen willkommenen Diagnosen, die den Erklärungsnotstand verschleiern, der bei der Frage nach der Ursache vieler Krankheiten besteht. Als Arzt kann ich mit solchen Diagnosen jede Krankheit wunderbar plausibel erklären. Für den Patienten endet die Visite beim Arzt dann mit dem nutzlosen Ratschlag, sich weniger Stress zu machen, oder – noch lästiger – mit der fast unvermeidlichen Feststellung eines angeblich »hohen« Cholesterinspiegels.[80] Es gibt für jedes komplexe System eine Lösung, die einfach, direkt und falsch ist![81] Gleichwohl bestehen – wie ich selbst bei vielen Patienten festgestellt habe – durchaus Zusammenhänge zwischen Stressbelastung und Wohlbefinden. Gerade bei Führungskräften treten Befindungsstörungen besonders häufig auf, die sicher auch mit Stress und hohem Arbeitsdruck zu tun haben. Allerdings sollte man auch Bewegungsmangel, zu wenig Außenlicht und eine ungünstige – weil auf Gesundheitstipps vertrauende – Ernährung als mögliche Ursachen im Auge behalten. Es wäre nun aber übertrieben, solche Befindungsstörungen automatisch als Vorboten oder Risikofaktoren für ernste Erkrankungen zu sehen. Sie bedeuten zunächst einmal einen Verlust an Lebensqualität, was zu schwerwiegenden psychosozialen Folgen und damit auch zu Leistungseinbußen führen kann.

Die richtige Motivation für ein erfolgreiches Stressmanagement liegt also nicht in der Angst vor Krankheit, sondern darin, dass man seine Lebensqualität und sein Wohlbefinden fördern möchte.

Stresssymptome:

Emotionale Überreaktion • Nervosität • Angespanntheit • Herzklopfen • Herzstolpern • Schlafstörungen • Albträume • Mundtrockenheit • chronische Infektanfälligkeit • häufiges Schwitzen • häufiger Harndrang • Durchfall • Verstopfung • Blähungen • Magendrücken • Kopf-, Rücken-, Nackenschmerzen • Verspannungen • vermehrter Verbrauch von Stimmungsmachern wie Schokolade • Kaffee • Alkohol oder Tabletten • Potenzstörungen • Angstgefühle • depressive Verstimmungen • Verlust an Lebensfreude • Zynismus • Konzentrationsstörungen • Burn-out

Neuere Forschungen unterscheiden zwei Arten von stressbedingter Aktivierung. Bis zur erfolgreichen Bewältigung kommt es zur »phasischen Aktivierung« mit vermehrter Adrenalinausschüttung, Pulsanstieg und einer mäßigen Erhöhung des Testosteronspiegels. Bei ausbleibender Stressbewältigung erfolgt der Übergang zur »tonischen Aktivierung« mit einer dauerhaften Kortisolerhöhung und, nach einiger Zeit, psychosomatischen Beschwerden.[82]

Der kleine Alltagsstress

Alarmstufe gelb

Erinnern wir uns an das Telefon, das klingelt: Eine routinemäßige Terminabsprache? Oder der Chef, der die überfällige Preiskalkulation einfordert und mit Konsequenzen drohen wird? Noch bevor wir den

Hörer abheben, hat unser Gehirn angefangen, sich mögliche Gefahren auszumalen. Die Alarmreaktion ist eingeleitet. Wenn der Anrufer sich dann als Freund herausstellt, der sich zu einem Tennismatch verabreden will, wird der falsche Alarm wieder abgeblasen.

Der vermeintliche Tiger hat sich als Eichhörnchen entpuppt – und wir könnten jetzt eigentlich entspannen und die verbrauchten Energien wieder herstellen. Doch bevor es dazu kommt, hören wir vor dem Fenster ein lautes Geräusch, das uns an einen früheren Autounfall erinnert. Erneut wird ein wenig Adrenalin ausgeschüttet, für alle Fälle.

Werden wir mit ständig neuen Reizen konfrontiert, für die wir jeweils ein paar Momente brauchen, um sie als gefahrlos zu identifizieren, befinden wir uns physiologisch gesehen auf der Dauerflucht, und unser Körper stellt sich auf Widerstand ein. Der ersten Stressphase (»Alarmreaktion«) folgt die zweite, die »Widerstandsphase«. In dieser Situation wird in der Natur meist mit Bewegung reagiert. Gibt es aber keine körperliche Reaktion wie Flucht oder Kampf – was im modernen Berufsalltag die Regel sein dürfte –, können die bereitgestellten Stoffwechselenergien nicht abgeführt werden.

Bei »Alarmstufe gelb«, der »Widerstandsphase«, werden Funktionen wie zum Beispiel die Verdauung blockiert. Eine rasche und effektive Aufschlüsselung der aufgenommenen Nahrungsmittel ist jetzt nicht möglich. Somit sind genau die Organe, die für uns Energiereserven anlegen, gestört. Falls nun die Alarmreaktion über einen ausgedehnten Zeitraum hinweg zu intensiv und zu häufig abgerufen wird, ohne dass Phasen der Regeneration dazwischengeschaltet werden, folgt die dritte Phase, die Erschöpfung.

Gerade der Darm kommt bei Stress nicht in Schwung. Wer seine Nahrung nicht mit einer gewissen Ruhe und Regelmäßigkeit zu sich nimmt, muss deshalb vermehrt mit Verdauungsproblemen rechnen.[83] Vor diesem Hintergrund erscheinen Bräuche wie das Tischgebet oder Tischmanieren in neuem Licht: Diese Regeln haben ursprünglich weniger mit Religion als mit volksheilkundlichen Erfahrungen zu tun, die eine gute Verdauung unterstützen.

Mit anderen Worten: Eine kleine Meditation vor dem Essen – Asiaten schließen zum Beispiel kurz die Augen – aktiviert Ihren Parasympathikus und damit auch Ihr Verdauungsprogramm!

Alarmstufe rot

Das Telefon klingelt – und der Anrufer erweist sich als unzufriedener Großkunde, der mit der Stornierung eines Auftrages droht. Ihnen ist sofort klar: Wenn das Geschäft platzt, können Sie Ihre Vorgaben nicht erfüllen, selbst Ihre Stellung wäre gefährdet. Den Grund für die fehlerhafte Lieferung kennen Sie nicht. Ihr Gehirn sucht fieberhaft nach einem bekannten Weg, mit dem sich das Problem routinemäßig lösen lässt – vergeblich. Die Alarmreaktion wird komplett ausgelöst, Adrenalin massiv ins Blut ausgeschüttet. Sie merken, wie Ihr Herz schneller schlägt, die Muskulatur sich anspannt, Schweiß auf Ihre Stirn tritt und in der Bauchgegend ein ungutes Gefühl entsteht.

In heller Aufregung durchkämmen Sie die einzelnen Produktionsschritte und finden dann auch die Ursache für die fehlerhafte Lieferung. Allmählich fangen Sie an, das Problem in den Griff zu bekommen. Das Gefühl der Angst weicht dem der Herausforderung: Wie kann ich den verärgerten Kunden sofort zufrieden stellen? Wie kann ich die Produktion so reorganisieren, dass sie künftig fehlerfrei läuft? In Ihrem Gehirn werden nun bisher nicht oder wenig genutzte Wege zu breiten Straßen ausgebaut; Hirnforscher sprechen tatsächlich von »Bahnungen«.

Es gelingt Ihnen, den Auftrag zu retten. Sie fühlen sich ausgesprochen zufrieden. Ohne den Anruf und die dadurch ausgelöste Stressreaktion hätten Sie niemals so intensiv über die Organisation der Produktion nachgedacht und die vorhandenen Strukturen optimiert. Häufig wird diese Form von Stress, die zu positiven Ergebnissen und einer Bestätigung der eigenen Person führt, als »Eustress« bezeichnet. Treffender ist die modernere Bezeichnung »kontrollierte Stressreaktion«.

Wenn es im Alltag viele solcher Herausforderungen gibt, die wir mit relativ wenig Aufwand bravourös meistern, können solche Erfolgserlebnisse rauschhafte Züge annehmen. Da wir immer öfter in einer solchen Situation Bestätigung benötigen, entsteht ein Teufelskreis – der Stress unterhält sich selbst. Wir verfallen in uneffektiven Aktionismus. Die Fähigkeit, sich auf eine Sache zu konzentrieren, leidet immer mehr. Man fährt sozusagen im dritten Gang hochtourig, weil man nicht mehr entspannt hochschalten kann.

Stress als Sucht

Vielleicht kennen Sie das Phänomen: Nach einem angespannten, hektischen Arbeitstag fahren Sie nach Hause. Anstatt sich aber ruhig dem Tempo 90 der vollen Autobahn anzupassen, fahren Sie dicht an den Vordermann heran, regen sich über diesen »Bummler« auf, versuchen zu überholen. Zu Hause angekommen, könnten Sie sich ungestört entspannen. Die Ruhe macht Sie aber nervös, Sie schalten den Fernseher ein. Die stimmungsvolle Reportage über die Archiktur des 18. Jahrhunderts fesselt sie nicht, und Sie beginnen zu zappen. Jetzt fühlen Sie sich wohler. Nach einer Stunde inhaltlosen Fernsehschauens sind Sie dann endlich in der Lage abzuschalten.

Wie kommt es zu einem solchen rational unsinnigen Verhalten? Eine ständige Stressbelastung setzt neben der Hormonausschüttung auch körpereigene Stimmungsaufheller, so genannte Endorphine, frei. Ähnlich wie es beim Dauerlauf nach einer langen Laufphase zur Endorphinausschüttung, dem »Runner's high«, kommt, hilft der Körper dem Organismus möglicherweise mittels Stimmungsaufhellung über eine zu hohe Stressbelastung hinweg. Wenn nun die Stresshormone im Blut absinken, weil die Stressreize ausbleiben, fällt auch die Stimmung ab. Natürlich möchte man das schöne Körpergefühl gerne erhalten. Es gibt Menschen, die sich nun bewusst in eine Angstsituation begeben, von der sie aber unbewusst wissen, dass sie sie kontrollieren, also jederzeit verlassen können. Freude an Horrorfilmen oder aggressiver Fahrstil lassen sich so erklären. Auch eine erhöhte Reizfrequenz kann über die unerwünschte Ruhe hinweghelfen, zum Beispiel Handyanrufe während der Mittagspause oder Katastrophenmeldungen beim Autofahren. Manche »Workaholics« stimulieren selbst nachts noch durch künstliches Licht die Ausschüttung von Stresshormonen. Was tun, wenn aber die Ruhe unausweichlich wird? Hier springt dann der Appetit in die Bresche und verhindert depressive Gefühle, indem er uns zu stimmungshebenden Nahrungsmitteln führt. Auch unter diesem Gesichtspunkt sollte man die Schokoladenvorliebe mancher Menschen sehen. Man kann nur hoffen, dass in einer solchen Situation genügend Schokolade in der Schublade liegt und die ersehnte Kontrolle über die nächtliche Schokoladenorgie nicht gelingt! Ansonsten besteht die große Gefahr, dass man auf einen in dieser Situation problematischen Stimmungsmacher wie zum Beispiel Alkohol ausweicht.

Begleitet wird ein solcher Stresskreis von einem hohen Energieverbrauch (vgl. auch Abb. 7). Alle Stoffwechselvorgänge werden so gesteuert, dass auf Kosten der Reserven kurzfristig genügend Energie bereitgestellt wird. Organsysteme, die dem Energieerhalt und langfristigen Aufbau von Ressourcen dienen, werden dagegen auf Sparflamme herunterreguliert. Hier ist vor allem die Verdauung zu nennen. Aber auch Instinkte, die normalerweise zum Reservenaufbau und zum Erreichen langfristiger Ziele dienen, werden im Augenblick der Gefahr als überflüssig erachtet und unterdrückt. So wie ein flüchtendes Tier keinen Durst verspürt, verspüren auch wir unter einer hohen, lang andauernden Belastung trotz Flüssigkeitsmangel keinen Durst. Auch ein gesunder Appetit auf langkettige Kohlenhydrate wie zum Beispiel Brot stellt sich nicht ein, stattdessen verlangt es uns nach kurzfristigen Kohlenhydraten, also Zucker, den der Körper schnell zu Energie aufbereiten kann, der aber auch ebenso schnell verbraucht ist.

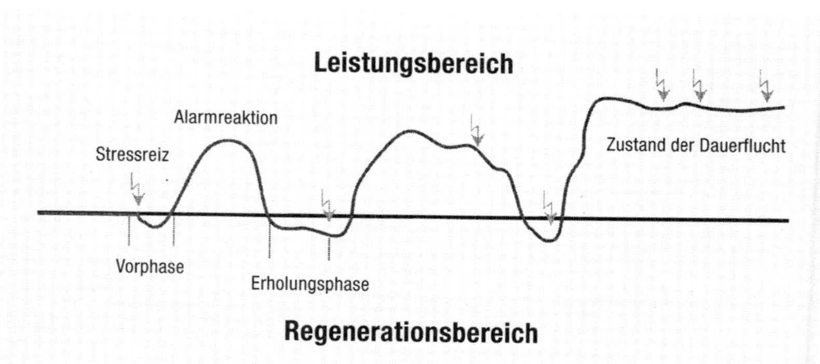

Abbildung 7: Stressreaktion. Auf einen Stressreiz hin wird die Alarmreaktion ausgelöst. Nach Bewältigung der Gefahr folgt eine Erholungsphase. Werden die zeitlichen Abstände der Stressreize zu kurz, verbleibt der Organismus im Leistungsbereich. Dies entspricht physiologisch einer Dauerflucht mit hohem Energieverbrauch.

Strategien gegen den kleinen Stress

Rhythmus und Regenerationsinseln: Liest man Interviews von Menschen, die ein sehr hohes Alter erreicht haben, stößt man oft, meist in Nebensätzen, auf ganz ähnliche Bemerkungen: Man habe schon immer sein Mittagsschläfchen gehalten, nehme die Dinge trotz schwieriger Umstände nicht so ernst, achte auf ein tägliches warmes Mittagessen. Regelmäßige Ruhe und Rituale scheinen für diese Menschen wichtig zu sein.

In Beratungsgesprächen mit Führungskräften, die über Befindungsstörungen klagen, empfehle ich häufig, nach einem festeren Rhythmus im Alltag zu suchen. Regelmäßige Essenszeiten und kleine Rituale wie der Minispaziergang am Nachmittag führen tatsächlich oft zu einer Abnahme der Beschwerden. Sie wirken bei einer hohen Reizdichte wie natürliche »Betablocker«, nur eben ohne die erheblichen Nebenwirkungen dieses Medikaments. Dass ihr Terminplan für diesen festen Rhythmus zu voll sei, diesen Vorwand, sollte gerade eine Führungskraft nicht gebrauchen. Wer im Unternehmen kann denn besser über die eigenen Zeitabläufe bestimmen?

Ein modernes »Tischgebet« – im Sinne einer kurzen, fünfminütigen Entspannung, eines kleinen Spaziergangs, einer kurzen Meditation oder ganz einfach einem Zurücklehnen, Zeitunglesen oder Augenschließen – erweist sich als höchst effektive gesundheitliche Maßnahme. In dieser Zeit gilt jedoch: kein Telefon, keine E-Mail, keine schnelle Erledigung zwischendurch. Nur dann erhält der Körper die Chance, einen gesunden Appetit zu entwickeln und die Nahrung angemessen zu verdauen.

Ein anderes Ritual ist das Mittagsnickerchen, das man auch – wegen der besseren Akzeptanz – neuerdings »Powernap« nennt. Der positive Einfluss eines 15-minütigen mittäglichen Dämmerschlafs auf die Leistungsfähigkeit ist erwiesen.[84] Hierbei sollte natürlich beachtet werden, dass der Bedarf an Regeneration individuell sehr unterschiedlich ist. Wer den Schlaf braucht, sollte die Müdigkeit nicht verdrängen oder durch Aufputschmittel wie Kaffee unterdrücken. Wem hingegen die Augen nicht zufallen, der braucht sich darum auch keine Gedanken zu machen.

Gelassenheit: Beliebtes Versuchstier der Stressforscher ist die Laborratte. Inzwischen wurden die Tiere jedoch nach Merkmalen gezüchtet, die einen möglichst problemlosen Einsatz erlauben. Moderne Laborraten beißen nicht, lassen sich anstandslos aus dem Käfig nehmen und verlieren auch sonst kaum die Ruhe. Man muss sie schon massiven Reizen wie heißen Platten oder Elektroschocks aussetzen, um bei ihnen eine Alarmreaktion auszulösen. Doch nach ein paar Wiederholungen bleiben auch so massive Reize wirkungslos. Das Tier hat gelernt, dass es gar nicht wirklich gegrillt werden soll, sondern das Ende des Experiments in Ruhe abwarten kann.[85]

Gelassenheit können auch wir erwerben, indem wir lernen, vermeintliche Gefahren richtig einzuschätzen. Eine leere Drohung ist für unseren Körper dann kein Grund mehr, den Alarm einzuleiten. Wie im dritten Kapitel ausgeführt, bewirkt auch regelmäßige Bewegung einen entspannteren Umgang mit vielen Stressreizen. Es gibt zahlreiche Techniken, die den Regenerationsbereich des vegetativen Nervensystems ansprechen und auf diese Weise innere Ruhe und Zuversicht gerade im Alltagsstress stärken. Hier eine kleine Auswahl:

- *Autogenes Training:* Entspannung durch Konzentration und ritualisiertes Vorsagen einfacher Formeln
- *Progressive Muskelentspannung nach Jacobsen:* Gezieltes Anspannen der Muskulatur wechselt mit bewusstem Wahrnehmen der nachfolgenden Entspannung ab.
- *Yoga:* indisches Verfahren, mit dem inneres Gleichgewicht durch Körperbeherrschung und Balance angestrebt wird
- *Qigong:* ästhetische Bewegungs- und Atemübungen mit fernöstlichem Hintergrund

Auch religiöse Techniken zur inneren Sammlung wie Gebete, Mantras und Meditationen können eine große positive Wirkung auf unser inneres Milieu ausüben und damit ein Gegengewicht zu einer hohen Reizdichte bilden.

Die Angebote von Kursen zur Stressbewältigung sind zahlreich und vielfältig. Hier gilt es auszuprobieren. Wenn Sie sich wohl fühlen, ist der Kurs gut für Sie, und Sie werden auch weitermachen. Wenn Sie aber den Eindruck haben, man will Ihnen mehr als nur innere Ruhe vermitteln, etwa irgendwelche »höheren Einsichten«, werden Sie diese Meister besser meiden, bevor Sie sich wegen einer Überdosis Kosmos und Transzendenz gar nicht mehr entspannen können.

Der große Lebensstress

Sie sind erfolgreich. Sie haben Ihre Fähigkeiten zur Betriebsführung ständig ausgebaut, sind in Ihrem Bereich mit allen Wassern gewaschen. In Ihrem Gehirn sind breite »Autobahnen« angelegt, mit denen Sie blitzschnell Lösungen und Strategien hervorzaubern können, um alle Herausforderungen im Unternehmen routiniert und mit Bravour zu meistern.

Bei all dem übersehen Sie vielleicht, dass sich am Horizont erste Gefahren abzeichnen. Zum einen bleiben Gespräche mit dem Lebenspartner, den Kindern und Freunden aus. Zum anderen verändern sich gängige Geschäftsprinzipien, ohne dass Sie es rechtzeitig bemerken.

Katastrophenalarm

Es kommt zur Katastrophe: Das Unternehmen wird übernommen. Das neue Management hält nichts von den bewährten Strukturen. Auf den breiten, hervorragend ausgebauten Autobahnen Ihres Gehirns gelangen Sie zu keinen Lösungen für die neuen, ungewohnten Anforderungen. Andere mögliche Lösungswege haben Sie in der Vergangenheit zuwachsen lassen. Ihre Stellung ist nicht zu halten.

Statt in dieser Situation Trost und Halt in der Familie zu finden, müssen Sie erleben, wie sich alle abwenden. Die Scheidung wird eingeleitet, das Haus muss verkauft werden. »Die untergründige Angst und mit ihr die ausgelöste Stressreaktion werden unkontrollierbar«, beschreibt Hirnforscher Prof. Dr. Gerald Hüther eine solche Situation.[86] »Hilflosigkeit und Verzweiflung machen sich breit, und der Körper wird immer wieder von den Wellen an Stresshormonen überschwemmt – tagelang, manchmal wochenlang. Je länger diese fortwährende Überflutung anhält, umso schwerwiegender sind die Auswirkungen auf die verschiedensten Organe und deren Funktionen.«

Situationen, in denen wir uns chronischen und dauerhaften Bedrohungen ausgeliefert sehen, ohne dass wir einen Ausweg finden, lösen eine unkontrollierbare Stressreaktion aus. Diese Gefahr besteht besonders dann, wenn wir Herausforderungen auf Gebieten meistern sollen, die uns nicht liegen. Wir müssen eine Lösung finden, stoßen jedoch immer wieder an unsere Grenzen. Dies führt zu einem Zustand der »learned helplessness«, der im Tiermodell Krankheiten auslöst.[87] Anforderungen, die nicht zu unserem Typ passen, werden leicht zu einer Bedrohung, weil wir instinktiv wissen, dass wir sie nur mit viel zusätzlicher Energie bewältigen können.

Die falsche Person am falschen Ort: Für die Gesundheit, so folgert Wilhelm Weber, Werksarzt und Arbeitsmediziner der ZF Passau GmbH, seien weniger die Arbeitsbelastung und der Zeitdruck das Problem. »Viel wichtiger ist es, dass der richtige Mann am richtigen Ort ist. Wenn eine Führungskraft ein Umfeld vorfindet, in dem sie die eigenen Fähigkeiten optimal einsetzen kann, fühlt sie sich wohl – und auch die Wertschöpfung für das Unternehmen wird stimmen.«[88]

Die falsche Person am falschen Ort – da helfen keine Stressseminare, sondern nur eine bessere Personalpolitik. Moderne, wissenschaftlich evaluierte psychologische Testverfahren können heute mit hoher Sicherheit für bestimmte Stellenprofile geeignete Kandidaten ermitteln, die zu erwartende Belastungen bewältigen können. Diese Testverfahren sind zum Beispiel ein Instrument, um präventiv im Unternehmen Anforderungsprofile und persönliche Eignung der Mitarbeiter aufeinander abzustimmen.[89]

Wie sehr individuell belastende Anforderungen dauerhaft der Gesundheit schaden können, zeigt der Fall eines 42-jährigen Personalleiters. Bereits in der Jugend stellten Ärzte eine Herzvergrößerung bei ihm fest, diese blieb jedoch ohne Auswirkungen. Der Mann konnte sogar Leistungssport betreiben. Jetzt muss der Personalleiter seit nunmehr neun Jahren die Belegschaftzahl seines Unternehmens von 2500 auf 800 Mitarbeiter reduzieren – eine Aufgabe, die ihn enorm belastet. Fünfzigjährige Familienväter, so berichtet er, saßen weinend vor ihm, weil klar war, dass der Arbeitsmarkt ihnen keine Chance mehr bieten würde.

Seit die Kündigungen zu seiner Hauptaufgabe wurden, erlitt der Personalleiter drei Phasen von akuten Herzrhythmusstörungen, die mit elektrischen Stromstößen (Defibrillation) behandelt werden mussten. Die Rhythmusstörungen traten nach dem Sport auf, der ihm daraufhin untersagt wurde. Die Ärzte der Uniklinik verordneten als Dauermedikation einen Betablocker für den chemischen Herzschutz sowie Aspirin 300 zum Schutz vor Blutverklumpung (Thromboseprophylaxe), die bei Rhythmusstörungen vermehrt auftritt und damit Herzinfarkt oder Schlaganfall auslösen kann. Bald stellten sich Nebenwirkungen des Betablockers in Form von Müdigkeit und Antriebsschwäche ein, auch die Libido wurde beeinträchtigt. Die Aspirindosierung entspricht einer Kopfschmerztablette, bei der man vor einer Einnahme von länger als einer Woche warnen würde. Der Personalleiter soll sie aber, weil sie erwiesenermaßen vor Thrombosen schützt, über Jahre hinweg einnehmen. Magenprobleme sind nach meiner Überzeugung vorprogrammiert. Das Sportverbot tut ein Übriges, um die Lebensqualität massiv zu reduzieren. Dass der Personalleiter sich seine Tätigkeit im Personalabbau zu sehr »zu Herzen« nimmt, interessierte in der Klinik niemanden.

Ein Leben lang Betablocker und Aspirin 300 können keine Perspektive sein – selbst im Falle einer Vorschädigung des Herzens. Viel wichtiger wäre es, »natürliche« Betablocker im Alltag einzubauen. Vor allem aber müsste der Personalleiter über eine berufliche Änderung nachdenken, die eine positive Perspektive bietet, statt eine individuelle Dauerbelastung mit stetiger Verschlechterung der Gesundheit in Kauf zu nehmen.

Stress: ein Auslesemechanismus: Auslöser einer unkontrollierten Stressreaktion können natürlich auch private oder familiäre Ereignisse sein – der Verlust einer nahe stehenden Person, Krankheit und Behinderung, die Erschütterung eigener Wertvorstellungen und Glaubensgrundsätze, Arbeitslosigkeit mit fehlender Lebensperspektive – jeder Verlust, der uns grundsätzlich trifft.

In einer unkontrollierten Stresssituation ist unser Wohlbefinden massiv beeinträchtigt, häufigstes Symptom ist hierbei die Schlafstörung. Die Körperabwehr wird geschwächt, wir sind anfälliger für Infektionen. Darüber hinaus wird die Produktion von Geschlechtshormonen unterdrückt, was zu Unfruchtbarkeit führen kann.

Möglicherweise liegt hierin ein tieferer biologischer Sinn. In der Evolutionsgeschichte pflanzten sich die Menschen fort, die sich am besten an die jeweiligen Umweltbedingungen anpassen konnten. Individuen, die unflexibel auf eine Dauerbedrohung wie zum Beispiel Klimaänderungen oder Nahrungsknappheit reagieren, werden an der Fortpflanzung gehindert. Diese grausam anmutende Auslese sicherte das Überleben und die Ausbreitung der Spezies. In einem evolutionären Kontext löst nicht bewältigter unkontrollierter Stress – ganz emotionslos – schlicht einen Auslesemechanismus aus.

Chancen in der Katastrophe

Die anhaltende Hormonausschüttung einer unkontrollierten Stressreaktion hat noch eine weitere Folge. »Ganz allmählich, ohne dass wir etwas davon merken, weichen die Stresshormonwellen, die ja ständig auch unser Gehirn überfluten, die dort entstandenen Straßen auf«, schreibt Hüther.[90] »Die ständige Anflutung von Stresshormonen trägt auch dazu bei, die bereits entwickelten Spezialisierungen, die bereits entstandenen gebahnten Verschaltungen aufzulösen.«

Lang anhaltende bedrohliche Situationen, ohne dass Bewältigungsstrategien eine Lösung bewirken, führen demnach zur Auflösung schon bestehender Verschaltungen neuronaler Verknüpfungen im Gehirn. Je länger solche Destabilisierungsprozesse andauern, in eine desto instabilere Verfassung geraten wir mit der Gefahr eines völligen Zusammenbruchs. In diesem Zustand sind wir anfällig für körperliche und geistige Krankheiten. Jede kleine Zusatzbelastung, die wir vorher mit links gemeistert haben, bildet einen neuen Problemberg.

Andererseits bekommen wir die Freiheit zurück, die extrem eingefahrenen »Autobahnen« zu verlassen und ganz neue Wege zu gehen.

Vieles, was uns vorher gleichgültig war, erschließt sich in seiner wirklichen Bedeutung. Unser Wertegefüge kann sich neu justieren. Wurde früher dieser Dysstress ausschließlich negativ gesehen, muss man dieses Bild heute revidieren. Die neuen Erkenntnisse aus der Hirnforschung ermöglichen es, auch der unkontrollierten Stresssituation positive Aspekte abzugewinnen.

Strategien gegen den großen Stress

Fachliche Kompetenz: Man sollte rechtzeitig auf Signale achten. Wenn Erfolge ausbleiben oder wir mit unseren Mitteln bestimmte Aufgaben nicht bewältigen können, sollten wir innehalten und unsere Situation analysieren. Es erstaunt mich immer wieder, dass die meisten Ratgeber zur Stressbewältigung in einer solchen Situation Methoden der Eigensuggestion empfehlen. Sicher ist ein gesundes Selbstvertrauen hilfreich. Redet man sich aber die notwendigen Fähigkeiten ein, ohne auf die eigene Qualifikation zu achten, kommt man zu keiner Lösung. Keine Eigensuggestion ersetzt Kompetenz.

Viel hilfreicher sind realistische Problemlösungsstrategien, die sich an den eigenen Fähigkeiten und Stärken orientieren. Zunächst gilt es, diejenigen Faktoren zu identifizieren, die bewirken, dass eigene Bedürfnisse und äußere Anforderungen nicht zusammenpassen. Im nächsten Schritt sollte man Strategien entwerfen, um die persönliche Lebenssituation mit den Umfeldbedingungen besser in Einklang zu bringen: Wo kann ich ansetzen, um neue Wege zu erschließen, wie kann ich meine Qualifikation verbessern, um neuen Anforderungen gerecht zu werden? Die Aufgabe besteht darin, den zunächst kleinen Pfad im Gehirn, der zum Ziel führt, zu einer richtigen Straße auszubauen.

Über den Tellerrand schauen: Wenn die Dinge gut laufen, sollten wir für schwierigere Zeiten vorsorgen. Wir sollten uns nicht dazu verleiten lassen, ausschließlich die immer bequemeren und immer besser ausgebauten Autobahnen unseres Gehirns zu nutzen, sondern auch einmal die kleinen, verschlungenen Wege gehen – sprich: Dinge auch mal aus anderem Blickwinkel oder mit den Augen eines anderen betrachten, auf Innovationen achten, uns aber auch Themen außerhalb der eigenen beruflichen Situation widmen, kulturelle Anregungen suchen, uns Fertigkeiten auf geistigen und künstlerischen Gebieten aneignen. Wenn dann eines Tages überraschende und ungewohnte Anforderungen auftauchen, können wir auf ein breiteres Lösungsspektrum zurückgreifen.

Soziale Kompetenz: Ein Affe sitzt in einem Käfig, um den ein großer, knurrender Hund läuft. Die Stresshormone im Blut des Affen schnellen in die Höhe. Nun setzt man einen zweiten Affen aus der gleichen Familie, dem man zuvor ein neues Medikament verabreicht hat, in den Käfig. Der knurrende Hund löst bei diesem Affen keine Stressreaktion aus. Die Pille wirkt, freuen sich die Forscher – bis sie dann auch die Hormone des ersten Affen untersuchen. Zu ihrer Überraschung stellen sie fest, dass auch beim ersten Affen, der kein Medikament bekommen hat, ein Hormonanstieg ausbleibt, wenn sein Freund neben ihm sitzt. Nun wiederholt man das Experiment mit zwei Affen aus unterschiedlichen Kolonien; jetzt löst der Hund bei beiden Affen die Stressreaktion aus.[91]

Dieses Experiment beschreibt das wirksamste Mittel, um eine unkontrollierbare Stressreaktion zu vermeiden oder zum Positiven zu wenden: zu wissen, dass man unbekannten Gefahren nicht alleine ausgesetzt ist, dass es den guten Freund, den vertrauten Lebenspartner oder auch eine liebende Familie gibt. Jede Bedrohung wird gemildert, wenn wir sie jemandem Vertrauten mitteilen können.

Menschen haben darüber hinaus die Fähigkeit, sich des Beistandes von Freunden zu versichern, selbst wenn diese nicht unmittelbar erreichbar sind. Sogar Symbole, die für übergeordnete Werte stehen, können hilfreich sein. Der Placeboeffekt zeigt, dass schon der reine Glaube Kräfte freisetzen kann. Allerdings kann kein magischer Stein, keine Neurolinguistische Programmierung (NLP) und keine Vitamintablette eine intakte Familie oder eine echte Freundschaft ersetzen. Jede Minute und jede Anstrengung, die wir in menschliche Beziehungen investieren, stärken die beste Ressource, auf die wir im Katastrophenfall zurückgreifen können. Wir sollten daher familiäre

Dauerkonflikte, deren Frühindikator oft Verhaltensauffälligkeiten der eigenen Kinder sind, ernst nehmen und konsequent angehen.

Die richtige Mischung aus fachlicher Kompetenz, einem umfassenden Interesse an beruflichen und außerberuflichen Dingen sowie liebevolle menschliche Beziehungen sind die beste Versicherung gegen Burn-out, Verzweiflung, psychischen und physischen Zusammenbruch.

Stress und Familie

Mit viel Einsatz und zeitlicher Präsenz haben wir eine angesehene Position erreicht. Wir wissen, dass selbst eine hohe Dichte an kontrollierten Stressreaktionen keine besondere Gesundheitsgefährdung bedeutet. Und doch kann es Menschen geben, für die eine erfolgreiche Karriere negative Folgen hat: die Familie.

Allzu sehr konzentrieren sich oft alle Anstrengungen auf das Berufliche, schließlich wird dadurch ja meist die Existenz gesichert. Familien von Führungskräften unterliegen häufig besonderen Belastungen, etwa durch extreme Arbeitsbelastung beider Elternteile, berufsbedingte Umzüge, Milieu-, Sprachen- und Schulwechsel oder allein schon durch die hervorgehobene Stellung der Eltern. All das kann für die Kinder fatale Folgen haben. Die ersten Anzeichen werden meist überhört. Erst wenn schlechte Schulnoten oder Verhaltensstörungen eintreten, versucht man die Probleme zu lösen – mit den Mitteln der Mitarbeiterführung, die man aus dem Effeff beherrscht. Zum Beispiel versucht der starke Vater, die eigene Familie wie das erfolgreiche Unternehmen zu führen. Ganz abgesehen davon, dass wesentliche Sanktionsmittel wie Entlassung oder Versetzung nicht zur Verfügung stehen, muss dieser Versuch scheitern. Kinder finden Wege, sich zu verweigern und den Anforderungen der Eltern zu entgehen. In einem Beispiel stotterte der Sohn, um auf diese Weise seine Kommunikationsverweigerung durchzusetzen. In einem anderen Fall zeigte die künstlerisch begabte Tochter fast schizophrene Auffälligkeiten, indem sie ihre eigene Wirklichkeit aufbaute. Eine andere Tochter flüchtete, um in einem die Eltern provozierenden sozialen Umfeld zu leben, eine weitere verweigerte das Essen. In keinem dieser Fälle haben Strategien zur Mitarbeiterführung, Zielvorgaben und Krisenmanagement entscheidend genutzt.

Familien sind ein ganz eigenes Unternehmen mit eigenen Regeln und Zeitabläufen. Versäumnisse in der Kindheit sind später nicht mehr nachzuholen. Wird frühzeitig interveniert, lassen sich familiäre Fehlentwicklungen besonders bei Kindern vermeiden. Wir sollten deshalb auf erste Symptome achten, innehalten und reagieren. Eine Beratung der Familie in einer seriösen und kompetenten Institution hilft dabei, das »Unternehmen Familie« zur Zufriedenheit aller Beteiligten auf Erfolgskurs zu halten.

Aus der Praxis: Sebastian Wolf, Facharzt für Kinder- und Jugendpsychiatrie und -psychotherapie, berichtet von einem typischen Fall aus seiner Praxis.

Ein achtjähriger Junge zeigt deutlich hyperaktive Züge (Unkonzentriertheit, ständige motorische Unruhe, »Zappelphilipp«). Immer öfter klagt die Lehrerin über sein störendes Verhalten im Unterricht; die Mutter muss sich an mehreren Elternabenden sagen lassen, dass der Junge dringend mehr erzieherischer Kompetenz bedürfe.

Schließlich drängt die Schule darauf, dass der bisher aus beruflichen Gründen bei den »Elterngesprächen« nicht anwesende Vater mitkommen solle. Den Termin muss der Vater jedoch wegen einer wichtigen beruflichen Verpflichtung kurzfristig absagen. Seine Frau und die Lehrerin sind trotz guter Begründung und Entschuldigung des Vaters enttäuscht bis verärgert, was am Abend zu Hause zu einer massiven Auseinandersetzung der Eltern führt. Der Sohn bekommt den Streit in seinem Zimmer mit, empfindet darüber Schuldgefühle, ängstigt sich vor einer befürchteten Trennung der Eltern, macht sich Sorgen um sein Taschengeld, erwünschte Geschenke oder Fernsehverbot. Zugleich empfindet er eine gewisse Genugtuung darüber, dass der Vater die Schulprobleme offensichtlich nicht für so gravierend hält wie die Mutter.

Sehr zu seiner Verwunderung ist aber der Vater am nächsten Tag, einem Samstag, ihm gegenüber äußerst ungehalten und vorwurfsvoll. Ein seit längerem geplanter und schon mehrmals aus beruflichen Gründen verschobener Besuch eines Freizeitcenters wird wegen des schlechten Benehmens in der Schule und liegen gebliebener Büroarbeiten des Vaters abgesagt. Darüber ist der Sohn wiederum so enttäuscht, dass er dem Vater wütend Vertragsbruch vorwirft und ihn einen Lügner nennt. Die Mutter schaltet sich schließlich ein und ist zur Verwunderung von Vater und Sohn plötzlich überhaupt nicht mehr böse wegen der Klagen in der Schule. Vielmehr wirft sie dem Vater fehlendes Interesse an der Familie vor. Der Vater wiederum bezichtigt die Mutter einer inkonsequenten erzieherischen Haltung: Da sei es auch kein Wunder, dass aus dem Sohn nichts werden könne. Und schließlich arbeite er ja auch für die Familie so viel.

Das gesamte Wochenende bleibt die Stimmung angespannt. Am Montag in der Schule ist die Lehrerin immer noch verärgert über den vom Vater so kurzfristig abgesagten Termin. Der stolz mit seinen teuren Spielsachen in die Schule kommende Junge trifft auf eine ihm äußerst reserviert begegnende Lehrerin.

In der Folgezeit nehmen die Konflikte zwischen den Eltern wegen der Abwesenheit des Vaters zu, der Sohn wächst mehr und mehr in einer partnerähnlichen Rolle heran, die ihn einerseits wegen der Aufwertung durch die Mutter beglückt, aber andererseits auch massive Schuldgefühle gegenüber dem Vater auslöst. Die Schulleistungen des Jungen verschlechtern sich weiter, seine Bereitschaft, sich anzustrengen, nimmt ab. Schlechte Zensuren sucht er zu kompensieren, indem er in der Klasse die Rolle des Clowns oder des Coolen übernimmt.

Dann: Verärgerung der Lehrer, Nichtversetzen, Schulwechsel in eine geeignetere, das heißt kompetenter erscheinende Schule, Wiederholung derselben Muster, massivere Vorwürfe oder Resignation des Vaters über seinen missratenen Sohn, Drogenkontakt und Abusus, Zunahme der Ehekonflikte – später Trennung, Erbstreitigkeiten, mühsame Aufarbeitung der jahrelangen Missverständnisse und Verletzungen.

Fazit

Stress ist als Herausforderung an den Organismus zu begreifen, um durch Lernen und Veränderung eine höhere Stufe der Lebensbewältigung zu erreichen. Entgegen früherer Annahmen verläuft die Reaktion auf einen Stressreiz nicht immer gleich, sondern individuell unterschiedlich.

Chronischer kleiner Alltagsstress ist oft unnötig und kann durch einfache, aber konsequent umgesetzte Maßnahmen wirkungsvoll vermieden werden. Der Schlüssel hierfür ist ein Tagesrhythmus mit kleinen Regenerationsinseln, die es dem vegetativen Nervensystem als unbewusster Steuereinheit gestatten, den Organismus nicht ständig in Alarmbereitschaft zu halten, sondern zwischendurch Aufbauprogramme wie zum Beispiel die Verdauung zu aktivieren.

Größere Herausforderungen lösen eine massive Stressreaktion aus und bewirken, wenn sie erfolgreich bewältigt werden, einen Ausbau vorhandener Hirnstrukturen. Diese »Bahnungen« versetzen uns in die Lage, ähnlichen Anforderungen künftig routinierter und dann auch ohne Stressreaktionen zu begegnen.

Lang anhaltende bedrohliche Situationen führen dagegen zu unkontrollierten Stressreaktionen. Hierbei werden vorhandene Hirnstrukturen aufgelöst, um für neue Lösungswege Platz zu machen. In dieser Destabilisierungsphase sind wir anfällig für physische und psychische Erkrankungen. Den besten Schutz, um im Katastrophenfall auf ein breiteres Lösungsspektrum zurückgreifen zu können, bieten vorher gepflegte Strukturen. Hierzu zählen vor allem Familie und Freundschaften, aber auch außerberufliche Fähigkeiten und Interessen.

Die Bewertung nach »gutem« (Eustress) und »schädlichem« (Dysstress) Stress ist also wenig hilfreich. Vielleicht entpuppt sich der frühe und einfach errungene Lorbeer im Laufe des Lebens als motivationshemmend, um wichtige Veränderungen einzuleiten, während wir an einer scheinbar unlösbaren Anforderung reifen und dazu motiviert werden, ungeahnte Kräfte freizusetzen.

Stress haben wir nicht, um krank zu werden. Stress eröffnet uns die Möglichkeit zur persönlichen Weiterentwicklung. Krank werden wir dann, wenn wir die Chancen nicht nutzen. Nehmen wir also die Herausforderung an.

Checkliste 3: Stress – Chance zur Weiterentwicklung

	Kleiner Alltagsstress	**Großer Lebensstress**
Auslöser	• Zeitdruck, Unpünktlichkeit • Mehrere Dinge auf einmal machen • Ständiger Geräusch-(Musik)pegel • Unangenehme Gespräche • Fehlender Tagesrhythmus • Künstliches Licht • Agressiver Fahrstil • TV-Zapping • Unterforderung • Fehlende Bewährungsmöglichkeit	• Zu langer kleiner Stress • Sehr hohe berufliche Anforderungen, besonders wenn sie nicht typgemäß sind (s. APL-Analyse) • Existentieller Druck • Familiäre Dauerkonflikte • Diskriminierung • Krankheit • Schicksalsschläge
Folgen	Chancen: • Höheres Organisationsniveau und Effektivität • Routiniertheit • Gelassenheit Risiken: • Verlust an Flexibilität, Starrheit • Beginn sozialer Isolation • Außerberufliches Desinteresse • Familiäre Symptome Bei zu hoher Dichte: • Körperliche und psychische Symptome • Stimmungsschwankungen • »Stresssucht« • Ungesunde Instinkte und Appetit auf Stimmungsmacher: je nach Typ Gewichtsverlust oder Gewichtszunahme • Übergang zur unkontrollierten Reaktion	Chancen: • Entwicklung ungeahnter persönlicher Möglichkeiten • Neuorientierung und Weiterentwicklung Risiken: • Leistungsverlust • Krankheiten • Depressive Phasen nehmen zu, Burn-out • Verlust sozialer Bindungen • Familiäre Konsequenzen • Suchtproblematiken
Körperliche Reaktion	• Ausschüttung von Adrenalin und Aktivierung des Alarmprogramms • Unterdrückung anderer Programme, z. B. dem Verdauungsprogramm • Bei erfolgreicher Bewältigung Ausbau der entsprechenden Hirnbahnen (kontrollierte Stressreaktion)	• Die anhaltende Alarmfunktion führt zur Auslösung des Katastrophenprogramms • Überflutung des Gehirns mit Kortisol • Einleitung einer Destabilisierung mit Auflösung nutzloser Hirnvernetzungen • Hemmung der Sexualhormone und der Körperabwehr (unkontrollierte Stressreaktion)

Individuelle Maßnahmen	• Zeitmanagement • Führungsstil und Rollenverständnis • Planung • Regelmäßigkeit und täglich wiederkehrende Rituale • Kleine regelmäßige Pausen, besonders vor den Mahlzeiten • Entspannungsmethoden: Autogenes Training, Qigong, Yoga • Regelmäßige körperliche Entspannung: • Massagen, Bäder • Kleine Spaziergänge (im Freien) • Regelmäßige Bewegung und Freizeitsport • Kulturelle Abwechslung	Problemlösung: • Analyse • Ressourcendarstellung • Planen der Verbesserungsmaßnahmen, z. B. Führungskompetenz, Wissen, Fähigkeiten, Qualifikation, körperliche Verfassung, Umfeldoptimierung • oder Schadensbegrenzung und Trennungsmanagement Vorbeugend: • Wertschätzung und Pflege familiärer und sozialer Strukturen • Anspruchsvolle kulturelle Anregung • Interesse und Entwicklung von Fähigkeiten außerhalb des Berufs • Professionelle Beratung, z. B. Organisations- oder Familienberater

Fragen an Sebastian Wolf

Dr. med. Sebastian Wolf ist Facharzt für Kinder- und Jugendpsychiatrie und -psychotherapie sowie Psychotherapeut. Nach langjähriger Arbeit in der Kinder-, Paar-, Familienberatung sowie in der Drogenberatung ist er heute in der ambulanten Abklärung, Beratung und Therapie an einer kinder- und jugendpsychiatrischen Klinik tätig, außerdem in der Krisenberatung von Einzelklienten, Familien, Teams und Institutionen.

Lassen sich bei Managerkindern häufiger Fehlentwicklungen beobachten als bei Kindern aus anderen Familien?

Wolf: Statistisch ist das nicht belegbar. Das liegt daran, dass es in diesen Familien oft gelingt, Problemkinder über Nachhilfestunden, besondere Belohnungen, Privatschulen und Unterbringung in Internaten in einem gesellschaftlich noch akzeptierten Rahmen zu halten.

Dies kann durchaus auch zu einer Entspannung der häuslichen Situation und zu einer zunächst günstigeren Entwicklung der Kinder führen. Die ursächlichen Beziehungskonflikte sind damit aber meist nicht gelöst und können auch noch Jahre später zu massiven Problemen mit Streitigkeiten, Impulsausbrüchen, Drogenkonsum, dissozialer Entwicklung und möglicher Selbst- und Fremdgefährdung führen.

Gibt es Frühzeichen, die auf Fehlentwicklungen hinweisen? Kann durch frühes Intervenieren größerer Schaden abgewendet werden?

Wolf: Sicherlich gibt es Frühzeichen – und je früher man sie erkennt, desto besser sind die Probleme mit den richtigen Maßnahmen lösbar. Erster Indikator könnte die eigene Unzufriedenheit oder Sorge sein. Auch ständige Wiederholungen altbekannter Konflikte sind ein Warnzeichen. Oder häufige Erkrankungen, Schlafstörungen, Interesselosigkeit, Unlust, Aggressivität, Anspannung, Einnässen, Essstörungen, schulische und berufliche Misserfolge, Verschlossenheit, depressive Verstimmungen bis hin zu suizidalen oder selbstgefährdenden Handlungen und Drogenkonsum. Meist fällt es den unmittelbar Beteiligten jedoch schwer, die ersten Anzeichen zu erkennen. Oft sind die elterlichen Vorstellungen und Wahrnehmungen sehr verschieden, und auch die Kinder können sich den beiden Elternteilen sehr verschieden präsentieren.

Was kann man präventiv machen?

Wolf: Hilfreich ist eine frühe Thematisierung von Unzufriedenheit. Dazu braucht es Offenheit für die Nöte und Bedürfnisse der Einzelnen. Enttäuschungen müssen ausgedrückt werden dürfen, ohne vom Gegenüber gleich als massive Kritik an der anderen Person aufgefasst zu werden. Es sollte ein Klima in der Familie hergestellt werden, das zum Ansprechen von Wünschen, Bedürfnissen, Anregungen und Forderungen Raum gibt. Dies ist nur möglich, wenn nicht sofort über Recht und Unrecht, Macht und Ohnmacht, wichtig und unwichtig entschieden oder gerichtet wird. Die jeweiligen aktuellen Situationen und Befindlichkeiten der Beteiligten sollten klar werden. Überforderungen sollten vermieden werden. Die besondere, aber deshalb keinesfalls nur problematische Arbeitsbelastung des Vaters oder der Mutter sollte offen thematisiert werden in einer Weise, die Verständnis und konstruktives Erarbeiten von Kompromissen oder Alternativen ermöglicht. Wie immer helfen frühe positive Verstärker und ideelle Belohnungen der Eltern für wünschenswertes Verhalten der Kinder viel mehr als ständige Kritik. Aufmerksamkeit für positive Versuche der Kinder beugt vor negativen Handlungen der Kinder vor. Letztlich wollen und brauchen Kinder Aufmerksamkeit durch die Eltern.

Familien von Führungskräften unterliegen häufig besonderen Belastungen. Welche besonderen Risiken sind hiermit verbunden?

Wolf: Die Kinder so genannter »Absent father-« und »High achieving-Families« unterliegen zahlreichen Belastungen. Hierzu zählen eine ungenügende Orientierungsmöglichkeit am berufsbedingt abwesenden, aber doch als Vorbild geltenden Vater, eine hohe Anspruchshaltung aller Familienmitglieder aneinander, Leistungsdruck, Versagensängste, Insuffizienzgefühle sowie das Problem der eigenen Identitätsfindung im Schatten des erfolgreichen Vaters. Missverständnisse und erzieherische Unsicherheiten führen oft zu einer massiven Beeinträchtigung der Kinder.

Welche Vorkehrungen sollte man treffen, wenn beide Elternteile berufstätig sind und Karriere machen wollen?

Wolf: Wenn beide Elternteile berufstätig sind, ist entscheidend, in welcher Gewichtung die zeitliche, aber auch nervliche und körperliche Belastung verteilt ist und wie die Kinder in die zeitlichen Abläufe eingebunden sind. Wenn – wie meist immer noch der Fall – die Mutter nur in der Zeit der schulbedingten Abwesenheit der Kinder ihrer Karriere nachgeht, ist dies durchaus mit einem erfüllten Arbeits- und Familienleben vereinbar, sofern die Familie durch Haushaltshilfen oder Großeltern entlastet wird. Wichtig ist dann aber, dass die Mutter tatsächlich berufliche Erfüllung erfährt und ihre berufliche Tätigkeit für den Rest der Familie verstehbar – sprich transparent – ist. Verhindert werden muss eine Notstandsverwaltung, bei der alle Seiten das Gefühl haben, zu kurz zu kommen. Hierzu bedarf es – je nach Alter der Kinder, Dauer und Art der elterlichen Beziehung und Art des beruflichen Engagements – immer wieder einer aktuellen Bestandsaufnahme der Istsituation. Den Kindern sollte frühzeitig vermittelt werden, warum die Beschäftigung beider Eltern gut und wichtig und dass sie nicht nur zum Geldverdienen nötig ist.

Dennoch können unvorhergesehene Ereignisse im beruflichen wie im familiären Umfeld zu besonderen Belastungen führen.

Wolf: Das ist richtig. Hier liegt sicher eine Gefahr: Weder das Aufwachsen der Kinder noch das Berufsleben gehen ohne unvorhergesehene Veränderungen einher. Beide Eltern haben wenig Zeit, sind abhängig von Helfern und damit deren Schwächen, Krankheiten und Unverlässlichkeiten. Wichtig ist hier wie in jedem Unternehmen, Stufenpläne in der Schublade zu haben, beispielsweise um bei Bedarf auf die Hilfe von Babysittern, Verwandten, Freunden oder Nachbarn zurückgreifen zu können. Wichtig ist aber auch, dass man sich bei unvorhergesehenen Belastungen keine gegenseitigen Vorwürfe macht. Auch sollte man darauf achten, dass Kinder nicht zu früh zu viel Verantwortung übernehmen und aus dieser zunächst sehr angepassten Haltung irgendwann mit großer Heftigkeit ausbrechen.

Welche Auswirkungen auf die Kinder hat es, wenn Geld bei den gut verdienenden Eltern keine Rolle spielt? Wie wirkt dies auf Mitschüler? Wie sollen sich Eltern hier verhalten, um negative Folgen zu vermeiden?

Wolf: Zunächst müsste die Frage geklärt werden, ob Geld wirklich keine Rolle spielt oder nur eigentlich keine Rolle spielen sollte. Ganz gleich wie groß die Einkünfte und Besitztümer auch sind – ich habe in meiner Arbeit mit Managerfamilien immer und oft noch viel mehr als in anderen Familien Diskussionen und Streitigkeiten bis hin zu tiefen Verletzungen und Anfeindungen über das Thema Geld erlebt. Sehr oft wird nämlich doch, wenn auch eher subtil, mit Geld argumentiert, belohnt, erkauft, erfreut. Auch der eigene berufliche Erfolg und das Ansehen der Familie werden über Wohlstand definiert. Auf der anderen Seite fordern Kinder Enormes und sind oft tatsächlich unersättlich. Wie hart das Geld erarbeitet wurde, ist ihnen oft nicht deutlich. Wichtig ist zu vermitteln, dass zunächst einmal ganz andere Werte in der Familie wichtig sind wie zum Beispiel Interesse und Zeit füreinander. Besonders kleine Kinder brauchen nicht ständig besonders tolle und teure Kleider, Gourmet-Essen oder Spielsachen mit neuester Technologie. Der in alten Jeans im Gras tollende Vater ist mehr wert als der distanziert im Anzug am Rande stehende – auf der anderen Seite kann dieser aber auch Wichtigkeit, Stolz und öffentliches Ansehen symbolisieren und für das Kind eine wichtige Identifikationsfigur darstellen. Mitschüler reagieren oft mit Neid, Eifersucht und Ausgrenzung – zugleich aber auch mit bewundernder Anerkennung, was leicht dazu führt, dass Kinder sich über Teures Anerkennung verschaffen. Dies behindert oft die Ausbildung anderer sozialer, schulischer, künstlerischer oder sportlicher Stärken. Wichtig ist die innere Haltung der Eltern zu Geld und Luxusartikeln und deren Umsetzung im Alltag. Wie bei vielem ist auch hier entscheidend, dass bei den Eltern Einigkeit über die grobe Linie besteht beziehungsweise Kompromisse getroffen werden können. Hierzu bedarf es, wenn Konflikte bereits bestehen, oft eines neutralen Vermittlers.

Bietet das Aufwachsen in einer Managerfamilie auch besondere Chancen? Etwa durch Auslandsaufenthalte, Weltoffenheit, besondere Anregungen und Möglichkeiten?

Wolf: Natürlich. Alles in richtigen Maßen, zur richtigen Zeit und kindgerecht vermittelt: Dann können aus der besonderen Familiensituation viele günstige Prägungen resultieren, wie dies auch viele Söhne und Töchter bedeutender Persönlichkeiten bekunden. Im günstigen Falle sind diese Kinder früh selbstständig, verantwortungsvoll, kreativ, sozial, spontan, belastbar, ehrgeizig, leistungsorientiert im positiven Sinne und vieles mehr. Alles Eigenschaften, die in einer Managerfamilie gelernt und an den Eltern als Vorbilder erfahren werden können.

Kapitel 5

Möglichkeiten und Grenzen der Schulmedizin

Ein Forscherteam hat festgestellt, dass sterbende Menschen häufig graue Haare haben. Es zieht daraus den Schluss, dass graue Haare ein Risikofaktor sind. Um die Lebenserwartung zu erhöhen, empfehlen Mediziner daraufhin, graue Haare möglichst frühzeitig zu färben.

Dieses Beispiel ist erfunden,[92] bringt aber die Problematik gesundheitlicher Empfehlungen auf den Punkt. Vieles von dem, was wissenschaftlich klingt, ist mehr oder weniger aus der Luft gegriffen. Viele Empfehlungen erweisen sich bei näherem Hinsehen als nutzlos, manchmal sogar als schädlich. Wie jedoch können Sie als medizinischer Laie, noch dazu bei knapp bemessener Zeit, die Spreu vom Weizen trennen? Welche Risikofaktoren sind wirklich wissenschaftlich belegt? Welche Empfehlungen sollten Sie ernst nehmen, welche können Sie ohne schlechtes Gewissen ignorieren? Ziel dieses Kapitels ist es, Ihren Blick für diese Fragen zu schärfen. Dies setzt Kenntnis über Gepflogenheiten und Missstände in der medizinischen Forschung voraus, die ich auf den folgenden Seiten darlegen möchte.

Auswüchse der Schulmedizin

Der Begriff »Schulmedizin« wird heute mal als Auszeichnung, mal als Reizwort verwendet. Die Schulmedizin selbst hält sich zugute, dass sie auf wissenschaftlich allgemein anerkannten und objektivierbaren Grundsätzen beruht, die immer und überall gleich lehr- und anwendbar sind und immer zu den gleichen Ergebnissen führen.

Zweifellos sind die überwältigenden Erfolge in der Behandlung vieler Krankheiten in den letzten 150 Jahren diesem Zugang zur Medizin zuzurechnen. In jüngerer Zeit wird aber auch immer deutlicher, dass die Selbstsicherheit der Schulmedizin auf wackeligen Beinen steht. Es zeigt sich, dass die Forderung einer eindeutigen Beweisbarkeit bei komplexen Fragestellungen oft nur theoretisch möglich ist, an der medizinischen Realität jedoch scheitert. Vieles was im Laborversuch funktioniert, klingt zwar plausibel, bringt aber in der Praxis keinen Nutzen. Dieser müsste jeweils noch durch eine breit angelegte, aussagefähige Studie belegt werden. Was ich vorher bereits vermutet hatte, wurde durch die Recherche zu diesem Buch zur erschreckenden Gewissheit: Für zahlreiche gängige und weit verbreitete Therapien und Untersuchungen, die auch von offiziellen Institutionen und Hochschulen empfohlen werden, liegen diese Wirksamkeitsnachweise offensichtlich nicht vor. »Oft können sich Therapien aufgrund bestimmter Vorstellungen etablieren, die nicht auf überzeugenden wissenschaftlichen Bewertungsergebnissen beruhen, sondern auf voreiligen Schlussfolgerungen«, kritisiert auch Prof. Dr. Jürgen Windeler, Leiter des Fachbereichs Evidenz-basierter Medizin beim Medizinischen Dienst der Spitzenverbände der Krankenkassen.[93]

Selbst wenn ein Verfahren als wissenschaftlich begründet gilt, erweist sich die hierfür herangezogene Studie bei genauem Hinsehen nicht selten als fehlerhaft und deshalb nicht aussagekräftig. Manche etablierte, millionenfach angewandte Therapie beruht auf einer unzulänglichen Beweisführung, durch die sich im Prinzip alle nur erdenklichen Aussagen »wissenschaftlich« begründen ließen. Der Tabakkonzern Phillip Morris beispielsweise startete auf den Vorwurf hin, Passivrauchen sei gesundheitsschädigend, eine Kampagne, um die scheinbar wissenschaftlichen Argumente der Kritiker bloßzustellen.[94] Die Tabelle 4 fasst die Aussagen dieser Kampagne zusammen, wobei das hier angegebene »relative Risiko« anzeigt, um welchen Faktor sich das Risiko jeweils erhöht. Ein relatives Risiko unter zwei gilt als geringfügig und schwer interpretierbar; hier können Zufall oder unbekannte Störfaktoren die Aussage maßgeblich beeinflussen. Wie sich aus der Tabelle unschwer erkennen lässt, ist es nach dieser »Beweislage« gesundheitsgefährdender, täglich einen Keks zu essen, als sich in verrauchten Räumen aufzuhalten.

Andere durch Studien »wissenschaftlich erwiesene« Zusammen-

Tabelle 4: »Passivrauchen im rechten Licht«
Die Anzeigenkampagne des Tabakkonzerns Phillip Morris

Dinge des täglichen Lebens	Relatives Risiko laut Studie	Effekt auf die Gesundheit lauf Studie	Wissenschaftliche Quellen
Ernährung mit hohem Anteil an ungesättigten Fettsäuren	6,14	Lungenkrebs	Journal of the National Cancer Institute, Vol. 85, 1906 (1983)
Häufiges Kochen mit Rapsöl	2,8	Lungenkrebs	International Journal of Cancer, Vol. 40, 604 (1987)
Trinken von 1 bis 2 Gläsern Vollmilch täglich	1,62	Lungenkrebs	International Journal of Cancer, Vol. 43, 608 (1989)
Verzehr von einem Keks am Tag	1,49	Herzkrankheit	Lancet, Vol. 341, 581 (1993)
Häufiger Genuss von Pfeffer	1,3	Mortalität	American Journal of Epidemiology, Vol. 119, 775 (1984)
Passivrauchen	1,19	Lungenkrebs	U.S. Environmental Protection Agency (1992)
Verzehr von viel Gemüse	0,37	Lungenkrebs	International Journal of Epidemiology, Vol. 25, Suppl. 1, 32 (1996)
Verzehr von viel Obst	0,31	Lungenkrebs	American Journal of Epidemiology, Vol. 133, 683 (1991)

hänge, die in namhaften wissenschaftlichen Publikationen veröffentlicht wurden, lassen bezüglich des Herzinfarktrisikos folgende, zum Teil überraschende Interpretationen zu:

- Täglich mehr als ein Ei hat keinen Einfluss auf Herzinfarktrate.[95]
- Fleisch und Käse schützen vor Herzinfarkt.[96]
- Tee und Zwiebeln schützen vor Herzinfarkt.[97]

- Kaffee und Schokolade sind herzschützend.[98]
- Zigaretten schützen vor Herzinfarkt.[99]
- Hohes Geburtsgewicht mindert Herzinfarktrisiko.[100]
- Dicke Bauarbeiter leben länger.[101]

Leider bringen die Wissenschaftler nicht nur Skurriles hervor, sondern tragen auch die Verantwortung für falsche Therapien, die unter dem Deckmantel der Wissenschaft angewandt werden. Ein Beispiel ist der nach wie vor breite Einsatz von Chemotherapien, die bei vielen Krebsarten die Lebenserwartung nicht nachweislich verlängern.[102] Während Chemotherapien bei Lymphdrüsenkrebs erstaunliche Heilerfolge zeigen, ist dies bei soliden Organtumoren besonders im fortgeschrittenen Stadium nicht der Fall. Der Einsatz dieser Therapien – vor allem in hohen Dosierungen – kann jedoch die Lebensqualität der Patienten während der ihnen verbleibenden Jahre deutlich verringern. Dies ist für jeden interessierten Arzt leicht in der Fachliteratur oder im Internet recherchierbar.

Gegenbewegung: Evidence Based Medicine

Die Auswüchse der Schulmedizin haben in den letzten Jahren auch unter Medizinern Gegenreaktionen ausgelöst und einen Prozess der Selbstkritik in Gang gesetzt. Ein herausragendes Beispiel ist die »Evidence Based Medicine«, die in den achtziger Jahren in Kanada entwickelt wurde und nun auch in Deutschland an Bedeutung gewinnt. Die Evidenz-basierte Medizin sei primär deshalb entwickelt worden, weil sich viele Mediziner über den breit praktizierten »Unsinn« ihrer eigenen Disziplin ärgerten »und insbesondere auch beklagten, dass neuere wissenschaftliche Erkenntnisse gar nicht oder nur mit großer Zeitverzögerung in die Praxis Eingang finden«, erklärt Prof. Windeler.[103] Der Grundgedanke der Evidenz-basierten Medizin ist es, wissenschaftliche Belege für den Nutzen von Maßnahmen zu suchen und zu bewerten und diese dann zur Grundlage von Entscheidungen zu machen. Die Umsetzung soll mit Rücksicht auf ärztliche Erfahrungen und die persönlichen Gegebenheiten des Patienten erfolgen. Die Evidenz-basierte Medizin kombiniert also zwei Elemente: die wissenschaftliche Beweislage (»externe Evidenz«) und die Erfahrung des Arztes, mithilfe derer er die individuelle Behandlungssituation einschätzt (»interne Evidenz«). »Beide Elemente müssen zusammenkommen«, unterstreicht Windeler. »Ein Statistiker oder klinischer Epidemiologe hat die Kompetenz, Studien zu erstellen und zu bewerten. Die abschließende Beurteilung von evidenten Ergebnissen und ihr Einsatz bei einem Patienten bleibt dagegen den Klinikern vorbehalten.«

Vorsorgemaßnahmen – wann sinnvoll?

Vermeidung und Früherkennung von Krankheiten sind – nach dem Grundsatz: Vorbeugen ist besser als Heilen – sicher ein sinnvolles Anliegen. Dennoch sind keineswegs alle Vorsorgemaßnahmen, die von Ärzten oder in den Medien empfohlen werden, wirklich empfehlenswert. Eine Vorsorgeuntersuchung ist nur dann sinnvoll, wenn

- die Krankheit häufig vorkommt,
- die Erkrankung schwer ist (der Wunsch, sich vor Krebs zu schützen, ist rational – aber welchen Sinn macht es, dass ein gesunder Mensch sich gegen Grippe impfen lässt?),
- eine Früherkennung wirklich etwas nützt, eine Erkrankung – wenn man sie entdeckt – also effektiv behandelbar ist,
- die empfohlenen Vorsorgemaßnahmen nachgewiesenermaßen das Krankheitsauftreten vermindern,
- der Nutzen der Vorsorgemaßnahme ihre negativen Folgen überwiegt.

Bevor Sie also zu einer Vorsorgeuntersuchung gehen, sollten Sie deren Sinn mithilfe der genannten Kriterien kritisch hinterfragen.

Ein Beispiel, das die Kriterien erfüllt, ist die Hepatitis-B-Impfung. Hepatitis B kommt häufig vor, allein in Deutschland gibt es jährlich 50000 Neuerkrankungen. Die Krankheit verläuft chronisch, beeinträchtigt die Lebensqualität stark und endet oft tödlich; in Deutschland werden jährlich rund 1000 Hepatitis-B-Tote gezählt. Die Impfung schützt mit 99,9-prozentiger Sicherheit vor einer Erkrankung.

Der Nutzen ist deshalb weit höher einzuschätzen als mögliche Risiken wie etwa Nebenwirkungen durch das Impfen. Dennoch sind nur 20 Prozent der Bevölkerung gegen Hepatitis B geimpft.[104] Hier wäre eine breite Vorsorgeempfehlung, besonders auch bei viel reisenden Führungskräften, durchaus sinnvoll.

Anders zu beurteilen sind dagegen die alljährlichen Warnungen vor intensiven Sonnenbädern. Begründet werden diese mit einer Korrelation, die man zwischen der Anzahl der Sonnenbrände und der Entstehungshäufigkeit des Melanoms festgestellt hat. Daher wird empfohlen, die Sonne zu meiden oder zumindest eine Sonnencreme mit hohem Lichtschutzfaktor zu benutzen. Das scheint auf den ersten Blick gerechtfertigt, da das gefürchtete Melanom zwar eine seltene Hautkrebsart ist, die meist im höheren Lebensalter auftritt, aber häufig tödlich verläuft (1997 circa 2000 Todesfälle in Deutschland[105]). Hier lohnt es sich aber, die Zusammenhänge näher zu betrachten:

Tatsache ist, dass Gärtner weniger Hautkrebs bekommen als Büroangestellte.[106] Man könnte jetzt schlussfolgern, dass Büroangestellte eher zu Sonnenbränden neigen, Hinweise für diese Erklärung liegen jedoch nicht vor. Vielmehr scheint die Dauer der Exposition von Neonlicht eine Rolle zu spielen.[107] Darüber hinaus treten Melanome meist an normalerweise bekleideten Körperstellen auf, was für eine systemische und weniger lokale Wirkung spricht. Der Zusammenhang von Halogenlicht und Melanom ist ebenfalls bekannt.[108] Deshalb sollte man beim Kauf einer Halogenlampe darauf achten, dass sie eine Blende hat.

Die oben aufgeführte Untersuchung zeigt auch, dass seltene kurzfristige Aufenthalte am Strand eher zu einer leicht erhöhten Melanomrate führen, während eine häufige Sonnenexposition diese absinken lässt. In Australien, dem Land, auf das das Ozonloch mit die größten Auswirkungen hat, stagniert die Melanomrate seit 1985, Tendenz sinkend.[109] Gerade in Australien gab es zwar intensive Vorsorgeprogramme, der Rückgang begann jedoch früher. Die momentan weltweit steigende Melanomrate hat also vermutlich weniger mit dem Ozonloch als vielmehr mit der breiten Anwendung von direktem Neon- und Halogenlicht zu tun.[110] Darüber hinaus hat noch niemand untersucht, welche weiteren Folgen es hat, wenn man der Sonne konsequent aus dem Weg geht, zum Beispiel erhöhte Depressionsraten.

Auch die zweite Empfehlung, das ständige Auftragen von Sonnencreme mit hohem Lichtschutzfaktor, sollte kritisch hinterfragt werden. Festgestellt wurde nämlich, dass Sonnencremebenutzer paradoxerweise häufiger an Hautkrebs erkranken als andere Menschen.[111] Ob sich hierbei die Sonnenhungrigen in falscher Sicherheit wiegen oder die Creme selbst krebsfördernd wirkt, ist noch nicht geklärt.[112]

Im Falle »Sonnenbad und Hautkrebs« sind die genannten Kriterien für sinnvolle Vorsorgemaßnahmen offensichtlich nicht erfüllt. Die jährliche Kampagne führt in erster Linie zu einem Verlust an Lebensqualität, weil man beim Sommerurlaub an das Melanom denkt und einem dadurch der Spaß an der Sonne verdorben wird.

Ich wage die Empfehlung: Wenn Sie häufig Neon- oder Halogenlicht ausgesetzt sind, schützen Sie sich durch regelmäßige Sonnenexposition, etwa den Fußweg zur Arbeit oder eine kleine Mittagsrunde vor dem leicht erhöhten Melanomrisiko. Benutzen Sie beim Sonnenbad vorsichtshalber keine oder wenig Sonnenschutzcreme.

Risikofaktoren – vielfach irreführend

Überall spricht man von Risikofaktoren. Allein im Bereich der Herz-Kreislauf-Erkrankungen lassen sich inzwischen über 300 von ihnen auflisten. Schon allein die Menge macht es unmöglich, alle Risikofaktoren zu überblicken, von ihrer Berücksichtigung im Alltag ganz zu schweigen. Die folgenden Ausführungen zeigen, dass Sie gut daran tun, nicht jede neue Empfehlung, die Ihnen von Gesundheitsexperten präsentiert wird, ernst zu nehmen. Oder, um es mit den Worten von Udo Pollmer zu sagen: Wenn die Statistiker herausfinden, dass Schuhgröße 32 mit der größten Fußgesundheit verbunden ist (weil nämlich jüngere Menschen gesündere Füße haben), heißt das noch lange nicht, dass die gesamte Menschheit daran genesen wird, wenn nun jeder Schuhgröße 32 kauft.

Als Risikofaktoren werden Verhaltensweisen, Merkmale oder Messwerte bezeichnet, die mit einem erhöhten Krankheitsrisiko zusammenhängen. Neben vererbbaren Risikofaktoren ist belegt, dass auch der Lebensstil bestimmte Krankheiten begünstigt. Einen solchen

Risikofaktor zu identifizieren ist eigentlich ganz einfach: Ein Zusammenhang zwischen einer Verhaltensweise und einer Krankheit drängt sich – wenn er wirklich relevant ist – in der Praxis geradezu auf. So stellten Ärzte erst seit einer großen Verbreitung des Rauchens häufig Lungenkrebs fest, vorher war diese Erkrankung selten. Ein solcher meist ursächlicher Zusammenhang lässt sich dann in entsprechenden Studien einfach nachweisen.

Ein anderes gängiges Verfahren, um Risikofaktoren zu identifizieren, führt dagegen auf gefährliches Glatteis. Es handelt sich hier um breit angelegte epidemiologische Studien. Sie nehmen die Krankengeschichte einer großen Zahl von Patienten, die an einer bestimmten Krankheit gestorben sind, unter die Lupe: Welche Auffälligkeiten lassen sich feststellen, welche Korrelationen bestehen mit der Krankheit? Aus einer solchen Korrelation – zum Beispiel Übergewicht und Herzinfarkt – leitet man dann einen ursächlichen Zusammenhang mit der Erkrankung ab und interpretiert das Korrelat als Risikofaktor, den es zu beeinflussen gilt, um die Erkrankungswahrscheinlichkeit zu senken. Diese Vorgehensweise enthält jedoch einen grundlegenden Denkfehler: Eine Korrelation bedeutet noch lange keinen ursächlichen Zusammenhang. Sonst könnte man auch behaupten, der Rückgang der Geburten hänge mit dem Ausbleiben der Störche oder der Zunahme von Fernsehgeräten und Autos zusammen.

Es ist deshalb kein Wunder, dass ein Arzt regelmäßig böse Überraschungen erlebt, wenn er vorsorgliche Risikofaktorentherapien kritisch nach ihrer Wirksamkeit überprüft. Ein angeblicher Risikofaktor entpuppt sich dann oft als ein Faktor, der nur zufällig mit der Erkrankung einhergeht – oder auch mit der Krankheit zusammenhängt, aber keinen ursächlichen Einfluss hat, sondern auf ganz andere Zusammenhänge verweist. Beispielsweise leiden Menschen mit englischer Muttersprache häufiger an koronarer Herzerkrankung; Sprachkurse hätten aber in diesem Fall wohl keine positive Wirkung, Klimawechsel vielleicht eher. Nicht nur unsinnig, sondern sogar schädlich wird die Bekämpfung eines Risikofaktors dann, wenn er in Wirklichkeit eine Schutzfunktion hat, mit dem der Organismus auf eine Bedrohung reagiert. Ein solches Verhalten gleicht einem Autofahrer, der »das rote Warnlämpchen der Tankanzeige überklebt, um sich dann zu wundern, warum das Auto stehen bleibt«, formuliert es Udo Pollmer.

Da trotz intensiver Bemühungen die Ursachen bestimmter Erkrankungen nach wie vor unbekannt sind, verspüren Ärzte den Wunsch, möglichst viele Risikofaktoren benennen zu können. Tatsächlich fällt auf, dass umso mehr Risikofaktoren gefunden werden, je weniger die eigentliche Ursache einer Erkrankung bekannt ist. So erklären sich auch die über 300 Faktoren, die bei der koronaren Herzerkrankung mittlerweile gehandelt werden.

Anhand der beiden häufigsten tödlichen Erkrankungen, Herzinfarkt und Krebs, möchte ich die beschriebenen Zusammenhänge noch etwas eingehender beleuchten. Wann ist hier Vorsorge angebracht? Welche Risikofaktoren sollten Sie ernst nehmen?

Herzinfarkt und koronare Herzerkrankung

Die koronare Herzerkrankung ist eine Verengung der herzeigenen Arterien und führt bei Verschluss dieser Versorgungsgefäße zu Herzinfarkt. Zu den 300 für diese Erkrankung genannten Risikofaktoren zählen zu hohe Blutfette, zu viel Butter oder Fleisch, hoher Blutdruck, Arbeitsbelastung, Stress, Bewegungsmangel, Übergewicht, Untergewicht, aber auch Eigenschaften wie »männlich« oder »Engländer«. In den allermeisten Fällen halten die Faktoren einer Überprüfung nicht stand. Die daraus abgeleiteten Empfehlungen senken das Erkrankungsrisiko nicht, ja, sie können sogar schädliche Nebenwirkungen haben.[113]

Risikofaktor Cholesterin: Ein Beispiel hierfür ist das Cholesterin – der Risikofaktor schlechthin: Jeder glaubt, er müsse seinen Cholesterinspiegel kennen. Jahrelang meinten Mediziner, mit einem Blutfettspiegel über 200 sei man ohne Wenn und Aber ein Herzinfarktkandidat. Die Folge: Hunderte von Büchern, Artikeln, Seminaren und Fernsehsendungen beschäftigten sich mit Maßnahmen zur Senkung des Cholesterinspiegels. Medikamente wurden entwickelt, Verhaltensregeln aufgestellt. Für Margarine, die ja im Gegensatz zu Butter die Blutfette nicht ansteigen lassen soll, wird in den USA mittlerweile fast so viel ausgegeben wie für Rüstung.

Heute weiß man: Ein hoher Cholesterinspiegel ist überhaupt keine Ursache von koronarer Herzkrankheit! Er ist lediglich eine Begleiterscheinung, wie Husten bei Grippe.[114] Auch groß angelegte Interventionsstudien konnten einen ursächlichen Zusammhang zwischen Blutfettspiegel und Herzinfarkt nicht belegen. Trotzdem versucht man immer noch durch Empfehlungen fettarmer Ernährung, den Cholesterinspiegel zu senken, was langfristig biologisch gar nicht möglich ist (s. Kap. 2, S. 71). In einer Megaanalyse des amerikanischen Heart, Lung and Blood Institutes, in der die Daten von insgesamt 650 000 Testpersonen berücksichtigt wurden, hatten Männer mit einem höheren Cholesterinspiegel zwar ein erhöhtes Infarktrisiko, aber Männer mit niedrigem Spiegel lebten deswegen nicht länger, weil sie nämlich vermehrt an anderen Krankheiten starben.[115] Bei Frauen hatte die Höhe des Cholesterinspiegels so gut wie keinen Einfluß auf die Erkrankungsstatistik. In einer anderen Untersuchung bewirkte die medikamentöse Absenkung des Cholesterinspiegels im »oberen Normbereich« sogar eine leichte Zunahme der Todesfälle.[116] Lediglich bei der seltenen, vererbten Hyperlipidämie und nach einem Herzinfarkt, also ausschließlich in der Sekundärprävention, ist der Nutzen so genannter CSE-Hemmer (Statine) für den Patienten belegt. Dabei ist aber völlig unklar, ob dieser Nutzen aus der Senkung des Cholesterinspiegels resultiert. Ob aber diese neuen Medikamente für die Primärprävention bei einem gesunden Menschen mit einem Cholesterinspiegel von zum Beispiel 250 mg/dl einen Nutzen bringt, ist mehr als fragwürdig.

Risikofaktor Blutdruck: Der zweite große Risikofaktor, dem das Augenmerk aller gilt, ist der hohe Blutdruck. Man definiert einen zu hohen Blutdruck bei einem oberen Wert (systolischer Wert) über 140 mmHg und einem unteren Wert (diastolisch) über 90 mmHg. Indem man höhere Werte als krankhaft bezeichnet, stempelt man die Hälfte der Fünfzig- bis Siebzigjährigen zu Kranken.[117] Es gibt Hinweise darauf, dass die Behandlung eines dauerhaft erhöhten unteren Wertes (über 105 mmHg) die Schlaganfallhäufigkeit vermindert, aber nicht die Herzinfarktrate.[118]

Ein mäßig erhöhter Blutdruck, also ein unterer Wert zwischen 90 und 105 mmHg, sollte eher nicht medikamentös behandelt werden. Hier ist die Erhöhung des Bewegungsfaktors die richtige Strategie. Eine Behandlung mit Betablockern oder einem Diuretikum – so zeigte eine groß angelegte und aussagefähige Studie – senkt die Sterblichkeit nicht, kann jedoch zu Nebenwirkungen wie Diabetes, Gicht oder Impotenz führen.[119] Die Millionen Menschen, die bei einem unteren Wert von bis zu 105 mmHg mit Betablockern und Diuretikum behandelt werden, haben demnach keinen Nutzen, sondern nur Nachteile zu erwarten. Interessant ist auch ein weiteres Ergebnis der Studie: Der Vergleichsgruppe verabreichte man ein Placebo, also ein Leerpräparat ohne pharmakologische Wirkung. Nach zwölf Wochen wurden 15 Prozent der mit den Medikamenten behandelten Männer impotent, aber auch 9 Prozent der Placebo-Patienten. Nach zwei Jahren waren es 23 Prozent in der Medikamentengruppe und immerhin 10 Prozent in der Placebogruppe. Offenbar reicht allein schon die Diagnose »hoher Blutdruck« aus, um bei manchen Menschen eine schädliche Wirkung auszulösen.[120]

Wussten Sie schon? Um die Richtigkeit und Seriosität präventiver Ratschläge bei Herzerkrankungen zu belegen, wird häufig das so genannte Nordkarelien-Experiment angeführt. Bei näherem Hinsehen beweist die Studie jedoch das Gegenteil.

Nordkarelien, ein Bezirk Finnlands, wies die höchste bekannte Sterberate an koronarer Herzerkrankung auf. So wurde dort eine große Kampagne mit dem Ziel gestartet, bekannte Risikofaktoren zu vermindern. Also gewöhnte man den Menschen beispielsweise das Rauchen ab oder stellte von Butter auf Margarine um. Tatsächlich sank die Herzinfarktrate, was als Richtigkeit für dieses Vorgehen gefeiert wurde. Jahre später wurde allerdings bekannt, dass in der Nachbarregion Kuopio, wie auch in anderen Teilen Finnlands, in denen weiterhin Tabak, Fleisch und Butter genossen wurden, die Zahl der Herztoten in derselben Zeit sogar noch weiter zurückgegangen ist.[121]

Ähnliche Ergebnisse zeigen zahlreiche epidemiologische Studien, die sich mit der Risikofaktorenhypothese auf dem Feld der Herz-Kreislauferkrankungen befassen.

Krebs und Krebsvorsorge

Keine andere Diagnose wird so gefürchtet wie die einer bösartigen Krebserkrankung. Die häufigsten Arten sind bei Männern Lungen-, Darm- und Prostatakrebs, bei Frauen Brust-, Darm- und Lungenkrebs. Das Deutsche Krebsforschungszentrum (DKFZ) in Heidelberg geht davon aus, dass bei der Krebsentstehung zu rund 30 Prozent das Rauchen, zu ebenfalls 30 Prozent die Ernährung, zu 5 Prozent eine genetische Veranlagung, zu 5 Prozent eine berufliche Schadstoffexposition (zum Beispiel Asbest), zu 5 Prozent Viren und zu rund 3 Prozent Alkohol maßgeblich beteiligt sind.

Der ursächliche Zusammenhang mit genau beschriebenen Schadstoffen wie Nikotin oder Asbest ist, wie bereits ausgeführt, unbestreitbar. Die Korrelationen sind hier augenfällig: Ein Raucher bekommt 15-mal häufiger Lungenkrebs und 48-mal häufiger Krebs der oberen Atemwege als ein Nichtraucher. Man schätzt, dass Raucherinnen und Raucher im Schnitt sieben Jahre früher sterben, und zwar in direkter Relation zur verbrauchten Tabakmenge. Diese Zahlen rechtfertigen eine breite Aufklärungskampagne.

Das DKFZ führt derzeit eine große Erhebung durch, um einen Zusammenhang zwischen Mobilfunk und Krebsentstehung zu untersuchen – möglich, dass ein kleines Risiko festgestellt wird. Viel wesentlicher erscheint mir allerdings die oben bereits angedeutete Erkenntnis, dass große Risikofaktoren nicht durch epidemiologische Studien, sondern durch praktische Erfahrung offenbar werden. Je mehr Aufwand man in der Epidemiologie betreiben muss, um einen Zusammenhang aufzuzeigen, desto geringer ist der Effekt – und damit die Bedrohung.

Als Arzt kann ich einem Patienten also auf jeden Fall raten, mit dem Rauchen aufzuhören – folgt er der Empfehlung, hat er davon sicher einen Nutzen. Wie aber steht es mit der Empfehlung, sich gesünder zu ernähren? Oder weniger Alkohol zu trinken? Da haben wir nun gerade erfahren, dass wir ohne schlechtes Gewissen täglich ein bis zwei Gläser genießen können, dass Alkohol uns sogar vor Herzinfarkt schützt – da wird er uns von Krebsforschern schon wieder madig gemacht. Aber vielleicht ist es besser, mit Wein neunzigjährig an Leberkrebs zu sterben als ohne Wein mit siebzig an Herzinfarkt.

Neben der Vermeidung von Risikofaktoren sind regelmäßige Vorsorgeuntersuchungen die zweite verbreitete Maßnahme, die sich etabliert hat, um die Zahl der tödlichen Krebserkrankungen zu senken. Hinter einer Vorsorgeuntersuchung steht der Wunsch, Krebs in einem Stadium zu diagnostizieren, in dem er noch heilbar ist – wobei der Begriff »Vorsorge« irreführend ist, da die Krankheit dann ja bereits ausgebrochen ist. Es handelt sich um Krebsfrüherkennungsmaßnahmen.

Eine Früherkennung macht nur Sinn, wenn es sich um einen Krebs handelt, der mit hoher Wahrscheinlichkeit das Leben verkürzt und der zudem effektiv behandelt werden kann. Dies gilt vor allem für Haut-, Darm-, Nieren- und Gebärmutterkrebs. Beim heutigen Stand der Krebstherapie sollte deshalb der Tumortyp für Früherkennungsmaßnahmen ausschlaggebend sein, also vor allem die Frage, ob eine Therapie möglich ist. Wird ein Tumor zu einem Zeitpunkt diagnostiziert, bei dem der Patient ihn noch gar nicht merkt, und steht nicht gleichzeitig eine lebensverlängernde Therapie zu Verfügung, verlängern sich für den Betroffenen lediglich die so genannten Tumorjahre. Das ist die Zeit, in der der Patient mit der Gewissheit leben muss, eine tödliche Krebskrankheit zu haben.

Kommen wir noch einmal auf den eingangs erwähnten gesundheitsbewussten Duscher zurück, der allmorgendlich die Hoden nach Knoten abtastet. Im Jahr 1995 starben in Deutschland 180 Männer an Hodenkrebs, die meisten in der Altersgruppe der Dreißig- bis Fünfunddreißigjährigen, nämlich 24. Damit ist Hodenkrebs in dieser Altersgruppe nicht unter den zehn häufigsten Todesursachen. Das Risiko, bei einem Unfall ums Leben zu kommen, liegt in dieser Altersgruppe 25-mal höher.[122] Statt den Tag mit dem Gedanken an Hodenkrebs zu beginnen, sollte man also besser die Bremsen am Auto überprüfen. Viel entscheidender als Angst vor Hodenkrebs zu verbreiten, ist es, die Verfügbarkeit des Medikaments Cisplatin sicherzustellen. Da dieses Chemotherapeutikum sehr teuer ist, war die Versorgung in den Ostblockländern früher ungenügend – mit der Folge, dass beispielsweise in der DDR dreimal so viele Männer an Hodenkrebs starben wie in der Bundesrepublik. Hodenkrebs ist heute gut heilbar. Es reicht in den meisten Fällen aus, wenn zufällig ein Knoten getastet wird oder dieser bei einer ärztlichen Routineuntersuchung auffällt.

Die Schwierigkeit einer Bewertung selbst etablierter Vorsorgeverfahren zeigt eine Analyse der bekanntesten Studien, die sich mit der Brustkrebsvorsorge mittels Mammographie beschäftigten. Von acht untersuchten Studien wiesen sechs gravierende Ungereimtheiten bei der zufälligen Zuordnung zu den Untersuchungsgruppen auf. Diese Zufälligkeit (Randomisierung) ist für einen Wirksamkeitsnachweis ein ganz entscheidender Punkt. Das Interessante an dem Untersuchungsergebnis war, dass ausgerechnet bei den beiden Studien, die den biostatistischen Anforderungen entsprachen, kein Zusammenhang zwischen Durchführung der Mammographie und der Senkung der Brustkrebssterberate erkennbar war – während die sechs statistisch angreifbaren Studien einen solchen Zusammenhang beschrieben.[123]

Der menschliche Faktor

Wie kommt es nun zu diesem Wirrwarr an Risikofaktoren, der Vielzahl irreführender, oft unnützer und teilweise auch schädlicher Empfehlungen und Therapien – und das innerhalb einer Wissenschaft, die Objektivität und Genauigkeit für sich in Anspruch nimmt? Die Gründe hierfür lassen sich hauptsächlich dem psychologischen Bereich zuordnen – nennen wir es den allzu menschlichen Faktor in der Wissenschaft. Einige Beispiele beleuchten schlaglichtartig die Zusammenhänge:

- Gerade bei Schwerkranken wird die Arzt-Patienten-Beziehung auch durch unbewusstes Verhalten beeinflusst. In einer Situation der Aussichtslosigkeit möchte besonders ein junger Arzt dem Patienten trotzdem eine Chance anbieten, und sei sie noch so klein – und der schwer kranke Patient wird diesen Strohhalm dankend ergreifen. Das ist mehr als verständlich.
- Therapien werden entwickelt und angewandt, weil man ihre Wirksamkeit annimmt. Dies fördert eine selektive Wahrnehmung. Wis-

senschaftliche Ergebnisse, die die Therapie bestätigen, werden eher wahrgenommen als solche, die ihr widersprechen. So werden zum Beispiel Studien, die die Blutfettsenkung sinnvoll erscheinen lassen, im Schnitt fünf- bis achtmal häufiger zitiert als Studien mit negativen Ergebnissen.[124]

- Das Ergebnis einer gut angelegten Studie ist immer aussagekräftig: Ein Zusammenhang wird entweder belegt oder widerlegt. Da echte Fortschritte in der Medizin selten sind, belegen die Untersuchungsergebnisse in der Regel das Fehlen wirklicher Effekte. Für die Weiterentwicklung sinnvoller Therapieverfahren sind auch diese negativen Ergebnisse sehr wertvoll – und dennoch gibt es das viel diskutierte Phänomen, dass solche Studien seltener publiziert werden. Viele Studien werden begonnen und finanziert, um ein Therapieverfahren zu belegen – gelingt dies nicht, erlischt auch das Interesse an einer Veröffentlichung.[125]
- In vielen Fällen sind zwar die Anlage der Studie sowie die Darstellung der Ergebnisse korrekt, aber in der Zusammenfassung, dem so genannten Abstract, werden andere Schlüsse gezogen, als es die korrekte Interpretation der Zahlen erlauben würde. Dieses Phänomen ist kein Einzelfall und ein schwerwiegender Missstand, weil die Fachwelt meist nur den zusammenfassenden Teil einer Studie liest und somit irreführend informiert wird.[126]
- Nicht zuletzt führt die Abhängigkeit der Wissenschaftler von ihren Geldgebern zu falschen Bewertungen. Ein bezeichnendes Licht auf dieses Problemfeld wirft eine Untersuchung, die Ergebnisse und Finanzierung von Studien in Zusammenhang brachte. Gegenstand der Untersuchung waren 70 Studien (von 89 Autoren), die entstanden, nachdem der weltweit verordnete Calcium-Antagonist bei Bluthochdruck in den Verdacht geraten war, selbst Krankheiten auszulösen. Die Verfasser der Untersuchung unterteilten die Autoren dieser Studien in Befürworter des Medikaments (36), Neutrale (19) und Kritiker (34). Dabei zeigte sich, dass 96 Prozent der Befürworter, 60 Prozent der Neutralen und 37 Prozent der Kritiker des Medikaments finanzielle Bindungen zu den Herstellern hatten. Die Redaktionen, die die Studien veröffentlichten, wurden nur in zwei Fällen von der finanziellen Abhängigkeit der Wissenschaftler informiert.[127]

Methodische Grenzen

Neben den genannten »menschlichen Faktoren« sind es methodische Grenzen, die die Aussagefähigkeit medizinischer Studien einschränken. Bei Studien mit kleiner Fallzahl können schon einige unbekannte Fehlerquellen zu falschen Ergebnissen führen. Hierzu ein nettes Beispiel aus dem ärztlichen Alltag, das die britischen Mediziner Skrabanek und McCormik in ihrem Buch *Follies and Fallacies*[128] beschreiben: *»Herr Doktor, warum haben Sie denn meine Pillen gewechselt?«, fragt ein Patient aus der Placebogruppe. »Wie kommen Sie denn darauf?«, entgegnet der Arzt vorsichtig. Darauf der Patient: »Naja, letzte Woche, als ich sie ins Klo warf, schwammen sie, diese Woche gingen sie unter!«*

Ein weiteres Problem: Um bei einer Studie eine hohe statistische Aussagekraft zu erzielen, müssen die zu untersuchenden Patienten sorgfältig ausgewählt werden. Dies kann zu sehr engen Auswahlkriterien führen. Analysiert man zum Beispiel die Studien zum Thema Schlaganfall, dann zeigt sich, dass rund 90 Prozent aller Patienten in der klinischen Praxis die festgelegten Kriterien gar nicht erfüllen. Für diese Schlaganfallpatienten gelten die Ergebnisse deshalb auch nur sehr eingeschränkt.[129] Man nimmt zwar an, dass die Resultate einer Studie bis zu einem gewissen Grad auf die Masse der Patienten übertragbar sind – aber es gibt auch genügend Hinweise darauf, dass man hierbei sehr vorsichtig sein muss. Eine Änderung der Auswahlkriterien, zum Beispiel der Berufsgruppe, kann zu ganz anderen Ergebnissen führen.[130]

Auch bei den Ergebnissen von großen, aussagefähigen Studien handelt es sich zwangsläufig um verallgemeinerte Aussagen, die sich nicht ohne weiteres auf den konkreten Einzelfall beziehen lassen. Weil statistische Aussagen immer nur Wahrscheinlichkeitsaussagen sind, können Folgerungen, die im Allgemeinen korrekt sind, für das Individuum falsch sein.[131] Solche Fehler, die für die betroffenen Patienten sehr schwerwiegend sein können, lassen sich desto eher vermeiden, je mehr Untergruppen bei einer Studie gebildet werden. Das setzt aber voraus, dass die Primärstudie eine sehr hohe Fallzahl aufweist, damit auch die Untergruppen ausreichend große Probandenzahlen enthalten. Die einfachere Lösung besteht wohl darin, dass der Arzt auf den Patienten hört und ihn ernst nimmt, wenn dieser darüber klagt, dass ihm ein Medikament nicht gut tut, obwohl es ihm eigentlich helfen sollte. Im begründeten Einzelfall muss daher ein Arzt einen statistisch vorgegebenen Therapieweg auch verlassen dürfen.

»In aller Regel unterscheidet sich die konkrete Situation eines Patienten von derjenigen, die einer Studie zugrunde liegt«, konstatiert auch Prof. Windeler.[132] »Der Patient ist ein bisschen älter, die Krankheit besteht schon etwas länger, eine andere Erkrankung wird bereits therapiert – man kann sich sehr viele Unterschiede vorstellen.« Genau hier beginnt nun die Aufgabe des Arztes, so Windeler: Er muss Studienergebnisse von hoher Evidenz, also wissenschaftlich wirklich fundierte Resultate auf individuelle Patientensituationen übertragen. Ergebnisse Evidenz-basierter Studien, so formuliert es Windeler, definieren dabei lediglich »Behandlungskorridore, in denen der Arzt sich möglichst aufhalten sollte«. Selbst wenn also alle diagnostischen und therapeutischen Maßnahmen durch Studien untersucht worden wären – was aufgrund der Datenmenge nur theoretisch denkbar ist –, könnte ein Arzt nie durch ein Computerprogramm ersetzt werden.

Wie sinnvoll ist der jährliche Check-up?

Viele der gängigen, jährlich durchgeführten Vorsorgeuntersuchungen, so zeigen verschiedene Studien,[133] verlängern die Lebenserwartung statistisch gesehen nicht. Wenn für die Untersuchten keine Nachteile entstehen, kann man solche Maßnahmen trotzdem rechtfertigen, weil man hin und wieder doch einen Einzelfall »herausfischt«, der dann rechtzeitig therapiert werden kann. Es gibt aber auch Vorsorgeuntersuchungen, deren Nebenwirkungen den Nutzen wahrscheinlich übertreffen. Besonders invasive Verfahren, wie zum Beispiel Herzkatheter oder Gastroskopie, aber auch Untersuchungen mit einer hohen Strahlenbelastung wie zum Beispiel die Computertomographie sollten nur angewendet werden, wenn wirklich ein Verdacht besteht.

Bei der Herzkatheteruntersuchung wird ein Schlauch von einem Blutgefäß in der Leiste direkt ins Herz vorgeschoben und von dort sogar weiter bis in die Herzkranzgefäße des Herzmuskels platziert. Der Arzt spritzt dann ein Kontrastmittel, um im Röntgenbild festzustellen, ob die Herzkranzgefäße verengt sind, zum Beispiel durch Kalkablagerungen. Findet er eine solche Verengung, kann der Arzt diese im Zuge derselben Behandlung mittels eines Ballons wieder aufdehnen. Dass diese Untersuchung ihre Risiken hat, liegt auf der Hand. So verstarben in der Anfangszeit – den ersten Herzkatheter schob sich 1929 der Arzt Werner Forßmann in einem heroischen Versuch selbst ein – 1 Prozent der Patienten. Inzwischen ist die Todesrate auf 0,01 Prozent gesunken.

Natürlich konnte durch die Herzkatheteruntersuchung vielen Menschen entscheidend geholfen werden; bei rechtzeitiger Behandlung in Kombination mit stark gerinnungshemmenden Medikamenten kann dadurch sogar ein frischer Herzinfarkt ohne bleibende Folgen komplett geheilt werden. Wie viele meiner Kollegen stellte ich jedoch immer wieder fest, dass in manchen Krankenhäusern die Indikation für eine solche Untersuchung sehr weit gefasst wird. Es gibt Kliniken, bei denen jeder Patient mit Bluthochdruck, erhöhtem Cholesterin und ein bisschen Brustschmerzen »sicherheitshalber« auf dem OP-Tisch landet. In diesen Fällen wird die Grenze der sinnvollen Ausschlussdiagnostik weit überschritten. Bevor Sie sich einer solchen Untersuchung unterziehen, sollten Sie im Vorfeld eine Zweitmeinung einholen. Einen Kardiologen, der sich dadurch auf den Schlips getreten fühlt, würde ich künftig meiden.

Die Grenzen dessen, was Vorsorgeuntersuchungen leisten können, zeigen sich auch daran, dass ab und zu ein Patient eine Woche nach einem Check-up, bei dem beste Gesundheit und Leistungsfähigkeit festgestellt wurde, an einem Herzinfarkt stirbt. Menschen, die mit 40 einen Herzinfarkt erleiden, ähneln nämlich gar nicht dem bekannten Klischee eines Gefährdeten: Sie sind oft gut trainiert, leben »gesundheitsbewusst« und lassen sich regelmäßig untersuchen. Hier scheinen für die Erkrankung ganz andere, noch unbekannte pathophysiologische Hintergründe verantwortlich zu sein als bei Herzinfarkten von Achtzigjährigen. Leider gibt es noch keine Untersuchung, die diese Hochrisikogruppe identifizieren könnte, um eine vorbeugende Therapie zu ermöglichen. Vielleicht hilft hier einmal die Elektrodenstrahl-Computertomographie oder in ferner Zukunft die Gentechnik weiter.

Beim Check-up von Führungskräften fällt eine Besonderheit auf: Das große Thema sind nicht die organischen Erkrankungen – die trotz hoher beruflicher Belastung nicht häufiger vorkommen als im Durchschnitt der Bevölkerung –, sondern vielfältige Befindungsstörungen. Hierzu zählen zum Beispiel Kopf- und Rückenschmerzen, Schlafstörungen, Verdauungsbeschwerden, Stimmungsschwankungen, Potenzstörungen, Gelenkbeschwerden und anderes mehr.

Will man die Ursachen dieser Beschwerden aufspüren, versagen in den allermeisten Fällen die modernen diagnostischen Möglichkeiten. Ich gehe nicht davon aus, dass der Geschäftsführer eines Unternehmens mit 5000 Beschäftigten, der kaum Zeit findet, an den eigenen Körper zu denken, beim medizinischen Check-up Beschwerden schildert, die er sich einbildet oder nur ausdenkt, um ein Gesprächsthema zu haben. Befindungsstörungen sind bei Führungskräften ein reales Problem, das ihre Lebensqualität deutlich vermindert. Wenn dann trotz raffiniertester laborchemischer oder radiologischer Verfahren das Untersuchungsergebnis »alle Werte o.k.« lautet, fällt dem Arzt meist nicht viel mehr ein als der wenig hilfreiche Ratschlag, man solle sich eben weniger Stress machen.

Hier wird deutlich: Die Qualität einer Check-up-Untersuchung für Führungskräfte definiert sich nicht in erster Linie durch die technischen Geräte, die dabei zum Einsatz kommen, sondern durch die Beratungsqualität des betreuenden Arztes. Abhängig vom Beschwerdebild muss der Arzt Arbeitsrealität und Lebensumstände seines Klienten in ein Lösungskonzept integrieren können, das gezielte persönliche Maßnahmen enthält. Diese können aus den unterschiedlichsten Bereichen – zum Beispiel Bewegung, Ernährung, Stressverhalten, Umfeldoptimierung – stammen. Ein wesentlicher Aspekt liegt auch darin, dem Patienten ein genaues Verständnis für die Zusammenhänge der eigenen Gesundheitssituation zu vermitteln. Das alles hat mit Kalorienzählen, Blutwerten und Röntgenbildern meist nichts zu tun. Ansätze aus der Naturheilkunde können dagegen – wie das nächste Kapitel zeigen wird – zu erstaunlich modernen Lösungsstrategien führen, zum Beispiel in Form einer »Health Score Card«.

Eines allerdings gilt es zu beachten: Bevor man mit einer typ- und situationsbezogenen Gesundheitsberatung beginnt, müssen die aktuell sinnvollen Vorsorge- und Früherkennungsuntersuchungen durchgeführt sein. Es ist ein ärztlicher Kunstfehler, einen Patienten über seine individuelle Ernährungsstrategie zu beraten, während gleichzeitig ein Darmtumor wächst, den man hätte rechtzeitig erkennen können.

Sinn bekommt der Check-up vor allem dann, wenn der Patient mit eventuell auftretenden medizinischen Auffälligkeiten nicht allein gelassen wird, zum Beispiel bei der Suche nach geeigneten Spezialisten, sondern sich ein effizientes Casemanagement anschließt. In naher Zukunft werden dabei digitale Aufbereitung der Daten und das Internet eine große Rolle spielen. Vielleicht könnte durch eine ärztliche Routineuntersuchung auch eine seriöse Grundlage für eine Fernbetreuung via Internetsprechstunde mit dem behandelnden Arzt gelegt werden.

Fazit

Schulmedizin, richtig angewendet, bietet eine Fülle an Errungenschaften, von denen unsere Vorfahren nur träumen konnten. Im Zentrum stehen dabei wissenschaftlichen Studien, deren Ziel es ist, den Nutzen eines Medikaments oder einer Therapie zu belegen. Im medizinischen Alltag stößt man jedoch auf zahreiche Studien, mit deren Ergebnissen man sehr vorsichtig umgehen muss. Oft sind die Zusammenhänge nicht ursächlich nachgewiesen, oder es liegen methodische Fehler vor. Wird beispielsweise willkürlich mit Korrelationen hantiert – nach dem Motto: Verstorbene haben häufig graue Haare, also sind graue Haare ein Risikofaktor –, dann beweist eine Studie in Wirklichkeit überhaupt nichts. Die Folgen sind unnötige Ängste und unnütze Verhaltensänderungen, die sogar gesundheitsschädlich sein können.

Die Kritik an der Schulmedizin stellt nicht deren Grundlage in Frage, sondern greift die fehlerhafte Umsetzung an – ein Missstand, der zunehmend auch von Medizinern selbst angeprangert wird. Bewegungen wie die Evidence Based Medicine sprechen für die Fähigkeiten der Wissenschaft zur Selbstkritik. Von ihnen werden nicht zuletzt die Verbraucher profitieren. Zum einen dadurch, dass sie selbst Zugang zu fundierten medizinischen Informationen erhalten, zum anderen durch Ärzte, die sich zunehmend die Philosophie der Evidenz zu eigen machen: Sie orientieren sich an wissenschaftlich Bewiesenem und setzen sich gleichzeitig mit den Besonderheiten des Einzelfalls auseinander.

Checkliste 4: Vorsorge- und Früherkennungsmaßnahmen

(eine persönliche Bewertung des Autors)

Empfohlene Screening-Methoden	**Nutzen**	**Risiken, Bemerkungen**
• *Körperliche Untersuchung*	• Erkennung körperlicher Auffälligkeiten	• Wird oft nicht gründlich durchgeführt
• *Sonographie oder Ultraschalluntersuchung*	• Erkennung von Veränderungen im Bauchraum oder der Beckenorgane	• Keine bekannt
• *Ultraschall des Herzens (Echokardiographie)*	• Erkennung von Veränderungen des Herzens (Wandverdickung, Anomalien, Klappenfunktion)	• Keine bekannt und deshalb trotz geringem statistischem Nutzen vertretbar
• *Doppler (Ultraschall)*	• Erkennung von fortgeschrittenen Verengungen der Halsschlagader	• Keine
• *Ruhe-EKG*	• Beurteilung von Herzrhythmus, Vorschäden	• Keine
• *Belastungs-EKG oder Ergometrie*	• Erkennung von Durchblutungs- und Funktionsstörungen des Herzens unter Belastung	• Es kann sehr selten ein Herzinfarkt oder Rhythmusstörungen provoziert werden. Deshalb nur vom Arzt durchführen lassen. Aussagekräftigste Untersuchung bzgl. der koronaren Herzerkrankung
• *Spirometrie*	• Beurteilung der Lungenfunktion und Früherkennung von Störungen	• Keine Bei Lungenkranken zur Verlaufskontrolle sinnvoll
• *Gynäkologische Untersuchung*	• Früherkennung Gebärmutterkrebs	• Wahrscheinlich sinnvoll trotz häufiger unnötiger Gewebeentnahme und Ängsten bei falsch positiven Ergebnissen

• *Blutuntersuchung*	• z. B. Erkennung von Infektionen, Fließfähigkeit des Blutes, Blutmenge, Leber-Nieren-Schilddrüsenfunktion. Untersuchung auf spezifische Erkrankungen	• Keine
• *Stuhluntersuchung*	• Untersuchung auf verborgenes Blut zur Früherkennung Darmtumor	• Sehr sensibles Verfahren mit dem Nachteil, auch falsch positive Ergebnisse zu liefern. Da aber als Folge eine Darmspiegelung durchgeführt wird, die auch als Routineuntersuchung ab 45 Jahren vielleicht schon allein einen Nutzen hat, ist diese Methode trotzdem zu empfehlen.
• *Urinuntersuchung*	• Nierenfunktion	• Keine
• *Impfungen gegen:* *– Tetanus* *– Diphterie* *– Kinderlähmung (Polio)* *– Hepatitis A* *– Hepatitis B* *– Bei Frauen: Röteln*	• Uneingeschränkt sinnvoll	• Selten Überempfindlichkeitsreaktionen
Screening-Methoden mit fraglichem Nutzen	**Nutzen**	**Risiken, Bemerkungen**
• *Röntgenaufnahme Lunge*	• Früherkennung Lungenkrebs	• Geringe Strahlenbelastung. Bringt statistisch aber keinen Nutzen
• *Prostatauntersuchung Ultraschall und Labor*	• Prostatavergrößerung, Früherkennung Prostatakrebs	• Problematische Diagnose Prostatakrebs, ohne dass die Therapie statistisch einen höheren Nutzen als die Nichtbehandlung hat. Unnötige Belastung durch Therapie und Ängste. Die meisten Erkrankten sterben mit, nicht an Prostatakrebs!
• *Mammographie*	• Früherkennung Brustkrebs	• Strahlenbelastung Unklare Situation. Hängt wahrscheinlich stark von der Erfahrung des Untersuchers ab

Fragen an Jürgen Windeler

Prof. Dr. Jürgen Windeler ist Leiter des Fachbereichs Evidenz-basierte Medizin beim Medizinischen Dienst der Spitzenverbände der Krankenkassen (MDS).

Herr Prof. Windeler, würden Sie selbst ohne Bedenken jedes Medikament einnehmen, das Ihnen im Krankenhaus oder beim Hausarzt empfohlen wird?

Windeler: Nein. Meine entscheidenden Bedenken liegen darin, dass ich zu viel überflüssige Medikamente bekommen würde. Eine wesentliche Erkenntnis der Evidenz-basierten Medizin ist es, dass in der Medizin zu viel getan wird, wofür es keine ausreichenden Belege gibt.

Die Medizin, wie sie an den Hochschulen gelehrt und praktiziert wird, nimmt für sich aber doch in Anspruch, auf gesicherten Grundlagen zu basieren?

Windeler: Wenn ein Pharmakologe feststellt, dass ein neues Medikament unter biochemischen Gesichtspunkten für die Behandlung einer bestimmten Erkrankung geeignet ist, mag das aus seiner Sicht eine gesicherte Grundlage sein. In der Evidenz-basierten Medizin werden jedoch nur solche Therapien mit einer ausdrücklichen Wertschätzung versehen, die sorgfältige, rigorose, aussagefähige Prüfungen erfolgreich bestanden haben. Die Evidenz-basierte Medizin fragt also weiter als der Pharmakologe, sie fragt nämlich auch, ob die Anwendung des Medikaments für die Patienten wirklich von Nutzen ist. Nur wenn dies der Fall ist, sollte es Eingang in die Praxis finden. Sicher bemüht sich auch die Hochschulmedizin um Evidenz-basierte Erkenntnisse, aber deren Hauptinteresse liegt eben doch mehr in der Grundlagenforschung.

Die Evidenz-basierte Medizin bezweifelt den Nutzen vieler etablierter Therapien – ein Beispiel ist die medikamentöse Blutfettsenkung. Worauf gründet sich diese Kritik?

Windeler: Das Beispiel der Cholesterinsenkung zeigt in der Tat, dass sich Therapien etablieren können, deren Stellenwert nicht auf überzeugenden wissenschaftlichen Bewertungsergebnissen basiert, sondern auf voreiligen Schlussfolgerungen.

Auch in anderen Bereichen gibt es aussagefähige Überprüfungen, ob bestimmte – auf Angst vor Risikofaktoren gegründete – Verhaltensweisen oder Behandlungen den Patienten tatsächlich einen Benefit bringen. In sehr vielen Fällen – persönlich muss ich sagen: in einer sehr frustrierenden, erstaunlich hohen Zahl von Fällen – waren die Ergebnisse negativ. Hatte man Glück, ergaben die Überprüfungen keine überzeugenden Zusammenhänge, hatte man Pech, ergaben sich sogar schädliche Folgen für die Patienten.

Können Sie hierfür ein Beispiel nennen?

Windeler: Ein krasses Beispiel ist die aus verschiedenen Beobachtungen abgeleitete Empfehlung, bestimmte Vitamine zur Gesundheitsförderung einzunehmen.

Was muss getan werden, damit die Medizin künftig auf der Basis wirklich gesicherter Erkenntnisse agiert?

Windeler: Wir müssen vor allem einen Konsens darüber herbeiführen, dass Maßnahmen, deren Sinnhaftigkeit nicht zufriedenstellend nachgewiesen ist und begründet werden kann, in unserem Gesundheitssystem keinen Platz haben. Dieser Konsens muss Ärzte, nichtärztliche Behandler, Patienten, Krankenkassen und Politik umfassen. Solange dieser Konsens fehlt, wird es weiterhin fragwürdige Verfahren ohne Wirksamkeitsbeleg in der Patientenversorgung geben. Alle anderen Punkte – etwa die Frage von Interessenkonflikten oder auch die Frage, ob das Gutachtersystem bei der Veröffentlichung wissenschaftlicher Daten und Studien wirklich zuverlässig funktioniert – sind in meinen Augen sekundär. Mit den besten Daten erreichen Sie nichts, wenn die Gesellschaft sich entschieden hat, dass mit diesen Daten nichts erreicht werden soll.

Wie soll man auf die zahlreichen Gesundheitstipps reagieren, die einen über die Medien täglich erreichen? Ein Beispiel ist die Warnung vor Sonne und Hautkrebs.

Windeler: Ich würde bei Meldungen, die mich über die Tagespresse erreichen, weder in Hektik oder Panik verfallen, noch irgendwelche größeren Aktivitäten beginnen. Beim Thema Hautkrebs wird das so ähnlich sein wie beim Treibhauseffekt, wo sich die Einschätzung über die Jahre sehr differenziert hat. Man erkennt an solchen Beispielen, wie komplex die Zusammenhänge in Bereichen wie der Meteorologie oder der Gesundheit sein können. Hieraus nun einfache Empfehlungen im Sinne von »macht das und lasst dies« in der Tagespresse zu präsentieren, halte ich für mehr oder weniger unmöglich. Auch mit Empfehlungen, die für den einzelnen Arzt, Wissenschaftler oder Forscher sehr plausibel und sehr dringend sein mögen, sollte man besser zurückhaltend sein, bevor man nicht die weiteren indirekten, oft nicht genau vorhersehbaren Folgen abgeklopft hat.

Nun ist ja ein Patient verständlicherweise in hohem Maße daran interessiert, nur mit Methoden therapiert zu werden, deren Wirksamkeit nachgewiesen ist beziehungsweise deren positiver Nutzen überwiegt. Welche Möglichkeiten gibt es, sich zu informieren?

Windeler: Das ist zugegebenermaßen für Patienten im Moment noch nicht einfach. Es gibt keinen TÜV für medizinische Maßnahmen, Methoden und Entscheidungen. Dieses »im Moment noch« bezieht sich darauf, dass ich zuversichtlich bin, dass sich die Situation mit den entsprechenden Informationsmöglichkeiten der Medien insbesondere des Internets ändern und verbessern wird. Das »nicht einfach« bezieht sich auf drei Aspekte. Erstens stehen Informationen aus Mengengründen dem Patienten nicht zur Verfügung, zweitens sind die entsprechenden Informationen nur in der entsprechenden Fachsprache erhältlich und deshalb für Patienten meist schwer verständlich, und drittens muss man natürlich nüchtern sagen, dass es Interessenverbänden bisher gut gelungen ist, die Verbreitung von adäquaten Informationen zu verhindern, denken Sie nur an die Diskussionen um die alte Positiv-Liste[134]. Eine Institution, die seriöse Gesundheitsinformation bereitstellt, ist die Stiftung Warentest, deren einschlägige Bücher fundierte Entscheidungshilfen bieten.

Was halten Sie von dem, was uns üblicherweise in Gesundheitsratgebern oder Magazinen erreicht?

Windeler: Es ist für Laien äußerst schwer, die Richtigkeit und Wichtigkeit solcher Informationen zu beurteilen, die Quellen werden ja in aller Regel nicht offen gelegt, oder es wird nur dieser und jene Fachmann/frau zitiert. Außerdem sind in der Medizin nicht ausreichend begründete Meinungen und nicht ausreichend transparente Interessen verbreitet. Die Frage sollte daher immer lauten: Ist diese Information (einigermaßen) plausibel begründet, und findet sie sich auch in anderen Ratgebern in gleicher Weise?

Inwieweit man sich an Empfehlungen hält, hängt aber auch davon ab, welchen Evidenzlevel man für sich selbst akzeptiert, um Entscheidungen zu treffen. Ich kann da nur für mich selbst sprechen: Um mein Verhalten zu verändern, benötige ich eine sehr gute Evidenz. Beim Verzicht auf das Rauchen beispielsweise ist sie schon lange ausreichend. Bei der Frage, meine Ernährungsgewohnheiten umzustellen, reicht die Evidenz bei weitem nicht aus.

Kapitel 6

Naturheilkunde: den »inneren Arzt« konsultieren

Für den 38-jährigen Verkaufsleiter eines großen Unternehmens sind berufliche Ausnahmesituationen seit einigen Jahren zur Regel geworden. Kostensenkungsprogramme und betriebliche Umstrukturierungen wechseln einander ab, hinzu kommen ehrgeizige Zielvereinbarungen bei immer schwierigeren Absatzmärkten. Als dann eines Tages Völlegefühl und Magenschmerzen auftreten, beginnt für den Verkaufsleiter eine ebenso typische wie fatale »Karriere« als Patient: Bei einer Magenspiegelung wird eine Magenschleimhautentzündung diagnostiziert, worauf ihm der Arzt Magensäureblocker in Form von Tabletten verschreibt. Das Medikament lindert tatsächlich die Schmerzen, doch einige Wochen später befällt den Manager ein beunruhigendes »Herzstolpern«, das auf Herzrhythmusstörungen hindeutet. Da im Langzeit-EKG einige Unregelmäßigkeiten auffallen, verordnet der Arzt ein Antiarhythmikum. Gleichzeitig leidet der Verkaufsleiter an Potenzstörungen. Der Urologe, der keine organischen Auffälligkeiten feststellen kann, verschreibt ein Mittel zur Durchblutungsförderung. Nach einiger Zeit treten dann – trotz Tabletten – wieder die Magenschmerzen auf.

In meiner Praxis erlebte ich zahlreiche Führungskräfte, die in einer ganz ähnlich verfahrenen Lage steckten. Der Fall des Verkaufsleiters ist typisch für die Dynamik einer rein symptomorientierten Medizin.

Würde er einem naturheilkundlichen Behandlungskonzept folgen, nähme die »Krankheitsgeschichte« besagten Verkaufsleiters einen ganz anderen Verlauf. Der Arzt bezieht dabei die angespannte berufliche Situation in seine Diagnose mit ein und kommt zu dem Schluss, dass nicht die besondere Empfindlichkeit der Magenschleimhaut die Schmerzen verursacht, sondern ein vegetativer Anspannungszustand verbunden mit einer unregelmäßigen Ernährung. Würde man die Magensäureproduktion nun durch Tabletten abblocken, so erklärt der Arzt dem Verkaufsleiter, suchte sich der Körper ein anderes Ventil, um diese funktionelle Störung anzuzeigen – zum Beispiel durch Herzrhythmus- oder Potenzstörungen. In der Naturheilkunde spricht man von »Symptomverschiebungen«.

Diese Überlegungen münden in ein Behandlungskonzept, das aus mehreren Schritten besteht:

- Der individuelle Konstitutionstyp sowie die Lebenssituation des Verkaufsleiters werden festgestellt.
- Die Ernährungsgewohnheiten werden überprüft. Hieraus ergeben sich folgende Empfehlungen: regelmäßiges Frühstück, regelmäßiges einfaches Mittagessen, vor dem Essen eine kleine Ruhephase; keine Rohkost für vier Wochen.
- Die Arbeitsorganisation des Verkaufsleiters wird mit dem Ziel analysiert, die Terminkoordination und Fähigkeit zum Delegieren zu verbessern.

Folgt der Verkaufsleiter diesem Konzept, werden die Magen- und Verdauungsbeschwerden nach einiger Zeit vergehen und die Herzrhythmusstörungen gar nicht erst auftreten. Seinen Potenzproblemen begegnet der Verkaufsleiter erfolgreich, indem er über den Tag verteilt zwei kleinere Regenerationspausen einlegt und das Thema mit seiner Lebensgefährtin bespricht, um den geplanten Fitnessurlaub in entspannende, erholsame Ferien umzubuchen.

Der Verkaufsleiter hat die Wahl: Entweder es gelingt ihm, eine regelmäßige Ernährung und kleine gezielte Regenerationsphasen in den beruflichen Alltag einzustreuen, oder er akzeptiert schon als Achtunddreißigjähriger die regelmäßige Einnahme von drei Sorten Tabletten, ohne dass seiner Gesundheit damit wirklich gedient wäre.

Heilungsprozesse anregen

Naturheilkunde ist eine medizinische Disziplin, die sich auf uralte Erfahrungen und überliefertes Wissen stützt. Ihr Ziel ist es, in der individuellen Natur des einzelnen Menschen Heilungsprozesse anzuregen.

Dahinter steht die grundlegende Annahme, dass der Körper die Fähigkeit besitzt, zur Gesunderhaltung und bei Krankheit eigene Heilpotenziale zu aktivieren. Der »innere Arzt«, wie es einst Paracelsus[135] formulierte, oder »the wisdom of the body«, wie es im angelsächsischen Raum heute heißt, kann durch Naturheilbehandlung aktiviert und unterstützt werden. Dabei spielen bekömmliche Kost, ausreichend Bewegung, heilende Reize, die ungestörte Ausscheidung von Stoffwechselgiften sowie innere Ausgeglichenheit eine wesentliche Rolle. Je nach Sichtweise kann man auch die Pflanzenheilkunde nennen, wobei hier die Grenzen zu einem symptomorientierten, pharmakologischen Ansatz fließend sind. Die grundlegenden Prinzipien der Naturheilkunde finden sich im Lehrplan alter ägyptischer Medizinschulen ebenso wie in der indischen Ayurveda (der ältesten überlieferten Medizinlehre), der traditionellen chinesischen Medizin, der arabischen Medizin und der europäischen Naturheilkunde, die sich wiederum von der griechischen Schule ableitet – noch heute leisten die Ärzte formal ihren hippokratischen Eid, nach dem antiken Arzt Hippokrates. Am besten fasst man diesen medizinischen Ansatz unter dem Begriff »klassische Naturheilkunde« zusammen.

Im Gegensatz zur symptomorientierten Medizin – bei der beispielsweise ein Medikament gezielt den Blutdruck reduziert, indem es die Gefäßspannung senkt – geht man bei der Naturheilkunde von einer Wirkung der Heilmethoden auf den Menschen in seiner Gesamtheit aus. Dieses Denken war für antike Ärzte normal. Erst in unserer Zeit entwickelte sich der Begriff der Ganzheitsmedizin als Gegenstück zu einer rein symptomatisch orientierten Medizin.

Je nach religiöser und politischer Situation wurde der geistige Aspekt dieser durch und durch pragmatischen Medizin betont oder überzeichnet. Im Kern jedoch ähneln sich die Behandlungsverfahren in den verschiedenen traditionellen Heilkulturen so stark, dass man von einer empirisch überprüften Substanz der ausgeübten Heilkunde sprechen kann. Letztlich spielt es ja keine Rolle, wie man diese Fähigkeit zur Eigenheilung nennt – ob »metaphysischen Bestandteil eines kosmischen Überprinzips« oder »Ausdruck eines hervorragend konstruierten Apparates Mensch mit optimalen Regelsystemen für körperliche und seelische Zusammenhänge«[136]. Auch moderne Formulierungen wie »Fähigkeit des Körpers zur autonomen Regulation« oder der in der Wissenschaft sehr aktuelle Begriff der »Homöostase« beschreiben denselben Zusammenhang.

Tägliche Reize stimulieren den »inneren Arzt«

Um für die Gesundheit positiv zu wirken, kommt es auf die individuell richtige Dosierung eines Naturheilmittels an. Die damit ausgelöste Reizreaktion darf weder zu stark noch zu schwach sein. Die Arndt-Schulzsche Regel drückt diesen banalen wie wichtigen Zusammenhang folgendermaßen aus:

- Zu schwache Reize ➔ keine Wirkung
- Mittlere Reize ➔ stärken die Gesundheit
- Zu starke Reize ➔ schwächen die Gesundheit

Entscheidend dabei ist nicht die objektive Reizstärke, sondern die individuelle Reaktionsfähigkeit des jeweiligen Organismus.

Beispiel: Ein Mann mit kräftigem Körperbau duscht jeden morgen kalt und ist praktisch nie krank. Seine zarter gebaute Tochter hingegen bevorzugt warmes Wasser und ist häufig verschnupft. Der Vater drängt daraufhin die Tochter, ebenfalls morgens eine kalte Dusche zu nehmen. Als Folge erkältet sich die Tochter und bekommt Fieber – der »innere Arzt« wurde also geschwächt. Die richtige Reizstärke wäre ein tägliches Wechselfußbad gewesen.

Dieses Beispiel deutet die vielfältigen Möglichkeiten an, mit denen wir durch einfache, überall durchzuführende Maßnahmen unsere Gesundheit stärken können. Die positiven Auswirkungen zum Beispiel auf den Stoffwechsel, den Kreislauf oder das Immunsystem erweisen sich dabei als erstaunlich vielfältig.

Anders als noch bis in die sechziger Jahre sind derartige Maßnahmen heute nicht mehr fester Bestandteil schulmedizinischer Behandlungen und werden daher kaum noch durchgeführt. Fatale Folge: Die

Medizin hat sich immer mehr vom Individuum und seinen persönlichen Bedürfnissen entfremdet. Auf den großen Terrassen der 1939 gebauten Chirurgischen Universitätsklinik Heidelberg, damals ein Haus mit Modellcharakter, waren zum Beispiel Licht- und Luftbäder fester Bestandteil der Behandlung im Heilungsprozess nach Operationen. Heute sind diese Terrassen längst dem chronischen Platzmangel zum Opfer gefallen. Und welche Krankenschwester hätte auch für so eine unspektakuläre Behandlungsmaßnahme noch Zeit? Neuere Forschungen belegen allerdings die Wirksamkeit dieser »Terrassenbäder« und lassen sie äußerst modern erscheinen.

Tägliche Reize stimulieren den »inneren Arzt«. In unserer Alltagsrealität mit Zentralheizung, Klimaanlage, vielfältigen Transportmitteln, sitzender Tätigkeit in geschlossenen Räumen sind mechanische, thermische oder auch Bewegungsreize selten geworden. Unser Organismus profitiert jedoch, anders als ein mechanischer Apparat, nicht davon, dass er geschont wird, sondern vielmehr davon, dass sich ständig Reize und Regenerationsphasen abwechseln. Unser Körper braucht die häufige natürliche Stimulierung, um seine Stoffwechselprozesse zu regulieren, sonst wird er geschwächt.

Daher ist die Integration einfacher natürlicher Reize in den Alltag ein guter Ansatz zur Förderung unserer Gesundheit. Ein kurzer kalter Gesichtsguss, der kleine Spaziergang an frischer Luft, die kurze Übung bei geöffnetem Fenster – all diese Kleinigkeiten, über Jahre hinweg täglich in den beruflichen Alltag integriert, haben einen enormen Effekt. Sie sind weit wirkungsvoller als die Teilnahme an einem Fitnessseminar, die vielleicht nur dazu führt, dass man nach zweimaligem Joggen das neue Runners Outfit für immer im Schrank versenkt.

Das Beispiel von Vater und Tochter macht aber auch deutlich, dass naturheilkundliche Maßnahmen nie standardisiert und auf alle Menschen gleich angewendet werden können. Sie müssen immer auf den Einzelnen abgestimmt sein. Dabei sollte man sich von der »Weisheit des Körpers« instinktiv zu der jeweils richtigen Intensität führen lassen: Wenn Ihnen die Sauna zu heiß oder der Morgenlauf zu anstrengend wird, dann sind das Signale, die Sie vor einer Überforderung und damit vor Schaden bewahren! Auch ein Führungskräfte-Check-up sollte auf diese Zusammenhänge hinweisen und Anleitungen zur Eigensteuerung geben.

Um Gesundheit und Leistungsfähigkeit zu erhalten, verfolgen naturheilkundliche Maßnahmen folgende Zielrichtungen: Sie sollen

- anregen und regenerieren,
- abhärten,
- die Giftausleitung fördern,
- das innere Gleichgewicht verbessern,

also Voraussetzungen für physisches und psychisches Wohlbefinden schaffen im Sinne der WHO-Gesundheitsdefinition.

Zum Erreichen dieser Ziele gibt es eine ganz Palette von Möglichkeiten. Sie reichen von äußeren Reizen wie Wasser, Licht, Luft, Temperatur, Massagen und Schwitztherapien über Bewegung, Pflanzen und Ernährung bis hin zu mentalen Übungen. Dabei reicht die Wirkung einer bestimmten Maßnahme häufig über das Erwartete hinaus und übt auch an ganz anderer Stelle positiven Einfluss aus. Ein Beispiel für eine solche »Kreuzadaption« ist die bereits beschriebene Wirkung regelmäßiger körperlicher Bewegung auf die emotionale Stabilität oder den Blutdruck.

Naturheilkundliche Maßnahmen, so lässt sich hieraus erkennen, unterstützen den Organismus als Ganzes. Die Ansatzpunkte können verschieden sein und sich ergänzen. Jeder kann, wie ich in den Kapiteln 7 und 8 näher ausführen werde, mit ein bisschen Übung seine eigenen Stellschrauben zur Gesundheitssteuerung definieren.

Der Vorzug unspezifischer Maßnahmen

Während die Schulmedizin in aller Regel mit einer Therapie auf eine spezifische Wirkung abzielt, etwa eine Blutdrucksenkung, will die Naturheilkunde den »inneren Arzt« dazu anregen, eine krankhafte Abweichung in die gesunde Richtung zu lenken. So kann beispielsweise eine Reiztherapie während einer Kurbehandlung ohne Medikamente bei einem Patienten einen hohen Blutdruck senken, bei einem anderen einen niedrigen Blutdruck anheben.

Diese regulierende Wirkung ist durch Erhebungen an vielen Kurkliniken belegt und ein eindeutiger Hinweis auf die Fähigkeit des Organismus, zur Eigenheilung stimuliert werden zu können. Eine unspezifische Therapie wirkt immer langsam und individuell unterschiedlich, eine spezifische medikamentöse Behandlung dagegen immer schnell und bei jedem gleich.

Ein unschätzbarer Vorteil der Naturheilkunde liegt demnach darin, dass man versuchen kann, Heilung anzuregen, ohne die Krankheitsursache zu kennen. Man stärkt zunächst die individuelle Konstitution des Patienten durch unspezifische Maßnahmen. In der Praxis hat diese Erkenntnis eine enorme Bedeutung, wenn man bedenkt, dass die Ursache von schätzungsweise 70 Prozent der Beschwerden, derentwegen die Menschen zum Arzt gehen, nicht geklärt werden kann. Wie im Kapitel Schulmedizin ausgeführt, kann eine spezifische Therapie vor allem schwere Erkrankungen, bei denen die Ursache bekannt ist, heilen – zum Beispiel eine bakterielle Wundinfektion durch den Einsatz von Antibiotika. Wenn es aber darum geht, allgemein gesundheitsfördernde Wirkungen zu erzielen, scheitert dieser spezifische Therapieansatz meist kläglich. Beispiele sind die breit angelegte medikamentöse Senkung des Cholesterinspiegels oder die prophylaktische Zufuhr von Vitamin A zur Krebsverhinderung.

Man kann also aus guten Gründen davon ausgehen, dass – wie es Prof. Bühring formuliert[137] – »eine von der Natur des Menschen selbst angesteuerte und angeregte Gesundheit die bessere und vielleicht auch die länger andauernde ist«.

Zwielichtige Praktiken

Naturheilkunde ist zwar Prüfungsfach im zweiten medizinischen Staatsexamen, fristet im medizinischen Alltag jedoch ein Schattendasein. Es erstaunt immer wieder, dass selbst in Praxen mit der Zusatzbezeichnung »Naturheilverfahren« nur selten wirklich nach den bewährten Prinzipien des »inneren Arztes« therapiert wird.

Weit populärer sind dagegen neue Methoden, wie zum Beispiel die Kinesiologie und Orthomolekulare Medizin. Der technische Aufwand erinnert zum Teil an Intensivstationen, etwa wenn es darum geht, eine Bioresonanztherapie, Iris- oder Prognosdiagnostik, Elektroakupunktur nach Voll oder eine Mora-, Vega-Therapie durchzuführen. Hier wird durch gewaltige Messapparaturen und faszinierende Grafiken Objektivität vorgetäuscht. Alte Quellen werden auf modisch esoterische Bedürfnisse getrimmt und müssen als Basis für Reiki oder Astromedizin herhalten. Die Palette der Angebote ist kaum noch überschaubar. Sie reicht von »Therapeuten«, die sich nach einem Wochenendkurs an Patienten wagen, bis hin zu gut durchstrukturierten Ausbildungsgängen mit strengen Hierarchien, deren »Meister« von ihren Anhängern als Star oder Guru gefeiert werden.

Die Wirkmechanismen solcher Methoden liegen völlig im Dunkeln. Dass dabei Quantenphysik, Wellenmechanik, Heisenbergsche Unschärferelation oder andere naturwissenschaftliche Erkenntnisse als Erklärungsmodelle herangezogen werden, wirkt eher dümmlich als überzeugend. Aus eigener Erfahrung weiß ich, dass manches von dem, was hier behauptet wird, tatsächlich funktioniert. So verblüffte ich den bärenstarken Leiter einer großen Technikabteilung während einer Untersuchung mit einem Kunstgriff der Kinesiologie: Nachdem ich eine Narbe an seinem Unterschenkel berührt hatte, konnte ich seinen Oberarm mehrfach kinderleicht nach unten drücken. Wie jedoch soll durch solche »Zaubertricks« eine Strategie für eine effektive, langfristige Behandlung entstehen? Zunächst nahm ich an, meine Kenntnisse seien hierfür einfach nicht ausreichend, und überwies einige Patienten an bekannte »Meister« der Branche. Das Ergebnis war jedes Mal ernüchternd: Die Behandlung erbrachte nichts als Kosten.

Der Arzt als Droge

Natürlich bestätigen auch hier Ausnahmen die Regel. Das Phänomen ist leicht erklärlich: Wenn ich 50 Patienten ein Säckchen mit Reisnägeln zum Schlucken gebe, wird einer kurzzeitig gesunden und dies natürlich jedem weitererzählen. Außerdem ist nachgewiesen, dass der Placeboeffekt stärker wirkt, wenn die Tablette ohne Wirksubstanz von einem Arzt verabreicht wird. Je nach Ausstrahlung, Suggestionsvermögen oder auch nur der Zeit, die sich der Therapeut für den Patienten nimmt, kann sich dieser Effekt noch verstärken.

Auf diese Weise lässt sich vielleicht auch der häufig berichtete Erfolg der Homöopathie erklären. Diese wurde im 18. Jahrhundert von Samuel Hahnemann entwickelt, nach dem Grundsatz: Wenn ein Stoff bei einem Individuum eine Krankheit auslöst, dann wird dieser Stoff nach dem Ähnlichkeitsprinzip in einer so extremen Verdünnung, dass er in Messverfahren nicht mehr nachweisbar ist, gegen diese Erkrankung wirken. Das Konzept der Homöopathie, welches im Prinzip auf ein Gedächtnis der Materie setzt und somit aus naturwissenschaftlich medizinischer Sicht bisher nicht erklärbar ist, zeigt allerdings bei Studien immer wieder höhere Wirksamkeiten als Placebotabletten.[138] Es bleibt abzuwarten, welche Ergebnisse große kontrollierte Studien bringen werden. Eines ist dabei sicher: Sollte sich Homöopathie als wirksame Heilmethode erweisen, müssten wissenschaftliche Theoreme überdacht werden.

Vor einer Pauschalverurteilung sollte man sich hüten. Der Anspruch »Wer heilt, hat Recht« ist zwar oft falsch, aber einem »Wer heilt, tut recht« ist nicht zu widersprechen. Manche Therapie, die man vor 20 Jahren noch für Scharlatanerie hielt, wurde inzwischen stillschweigend in die Schulmedizin integriert, einfach weil man ihre Wirksamkeit feststellte. Selbstverständlich geschah das dann mit einem neuen, wissenschaftlich klingenden Namen. Die in den zwanziger Jahren entwickelte Neuraltherapie beispielsweise, die durch Injektionen ähnlich komplexe Wirkungen wie die Akupunktur erzielen kann, erlebt ihre Renaissance als »Therapeutische Lokalanästhesie«.

Moderne Magiere

Da die prinzipiellen Wirkmechanismen unbekannt sind, gehören besagte »Wundertherapien« zunächst eher in die Grundlagenforschung als in die Praxis. Vielleicht entdecken die Wissenschaftler eines Tages Naturgesetze, die die Phänomene erklärbar und für die Praxis steuerbar machen. Die Art und Weise jedoch, in der manche Heilpraktiker und Ärzte heute mit diesen unerforschten Methoden hantieren, erinnert an mittelalterliche Jahrmarktzauberer, die ihr Publikum mit elektrischen Phänomenen erstaunten, ohne selbst die Ohmschen Gesetze zu kennen oder in der Lage zu sein, eine Glühbirne zu konstruieren. Die Folge sind voreilige Empfehlungen, bei denen niemand wirklich weiß, was man da bei einem Patienten eigentlich untersucht oder misst.

Nicht selten hörte ich von Patienten Aussagen wie: »Mein Therapeut hat mit seinen Händen gespürt, dass ich Krebs bekommen werde«, oder: »Aufgrund der Messergebnisse darf ich keine Milch mehr trinken.« Dies grenzt meiner Ansicht nach an Körperverletzung, weil durch solche Suggestionen Ängste ausgelöst werden, die Patienten in ihrer Lebensqualität einschränken. Ein schlimmer Nebeneffekt ist auch, dass immer wieder kosmische Kräfte herhalten müssen, um Menschen in die Abhängigkeit ihres »Meisters« zu bringen.

Bewährte naturheilkundliche Methoden

Die Liste der seriösen naturheilkundlichen Verfahren ist lang. Bei ihrer Beurteilung stellt jedoch die leider immer noch sehr lückenhafte Datenlage, mit der die Wirkung dieser Verfahren im Sinne einer Evidenz-basierten Medizin belegt werden könnte, ein großes Problem dar. Außerdem wurden viele gute Therapien, die richtig eingesetzt auch schwere Krankheiten günstig beeinflussen können, viel zu breit und unkritisch angewandt und damit in Verruf gebracht, zum Beispiel der Aderlass[139] oder die Darmsanierung.

Ich möchte zwei Methoden genauer vorstellen, da sie eine herausragende Bedeutung für ein modernes Gesundheitsmanagement haben: die entgiftenden, so genannten ausleitenden Verfahren und die Feststellung der individuellen Konstitution.

Entgiftende Verfahren

Grundlage für die entgiftenden oder »ausleitenden« Verfahren ist die Annahme, dass sich im Körper durch Aufnahme oder Eigenproduktion Gifte ansammeln, die früher oder später zu Krankheiten führen.

Eine heilende, aber besonders auch eine vorbeugende Medizin setzt sich deshalb zum Ziel, den Körper zu entgiften. Der Wiener Gynäkologe Bernhard Aschner übersetzte in den dreißiger Jahren die hippokratischen Schriften aus dem Griechischen und entwickelte auf dieser Basis eine Einteilung der entgiftenden Verfahren, die sich am jeweiligen Körperorgan orientiert, die so genannten Aschner Verfahren. Beispiele sind Pflaster, die zu Hautblasen führen, Blutegel, Trink-Schwitzkuren oder Einläufe. Als Königsweg wird die Entgiftung über den Darm im Rahmen einer Fastentherapie beschrieben. Anleitungen für dieses recht einschneidende Therapieverfahren findet man in allen großen Kulturen, teilweise auch verankert in religiösen Regeln, wie der österlichen Fastenzeit, dem islamischen Fastenmonat Ramadan, den spirituellen Derwisch-Übungen des Havlets der Sulviheiligen oder im Buddhismus.

Der Darm als Abwehrsystem: Warum spielt in den verschiedenen Heilkulturen der Darm eine so wichtige Rolle? Zunächst imponieren die äußeren Daten: Sieben bis neun Meter lang ist der Darm eines durchschnittlichen Erwachsenen, seine Oberfläche umfasst rund 300 Quadratmeter. In ihm steckt eine »Nervenmasse vergleichbar dem Großhirn«, wie Prof. Horst Seller, Leiter des Instituts für Physiologie und Pathophysiologie der Universität Heidelberg[140], feststellt. Da liegt es nahe, dass der Darm noch ganz andere Funktionen steuert als nur die Sekretion von Verdauungsenzymen, die Aufnahme von Nahrungspartikeln und die Darmbewegungen. Mit Blick auf die Menge der Nervenzellen im Darm erscheint die Redewendung »Ich habe aus dem Bauch heraus entschieden« in einem ganz neuen Licht.

Erforscht und wissenschaftlich belegt ist die große Bedeutung des Darms für die immunologische Körperabwehr. Die gesunde Darmflora – das Gewicht dieser körpereigenen Bakterien wird auf rund 1,5 Kilogramm geschätzt – spielt hierbei eine maßgebliche Rolle. Man nimmt an, dass dieses so genannte darm-assoziierte Immunsystem für etwa 80 Prozent der Körperabwehr verantwortlich ist.

Vergiftungen und Verkrustungen: Der eigentliche Schlüssel zum Verständnis der Zusammenhänge von Darm und Gesundheit wird von der Schulmedizin kaum aufgegriffen und ist daher wenig bekannt. Verzögert sich die Darmausscheidung, so nimmt die Naturheilkunde an, entstehen im Darm durch Fäulnis und Gärung Gifte. Untersuchungen konnten tatsächlich Fuselalkohole[141] und krebserregende Fäulnisgifte[142] im Körper nachweisen. Anzeichen für eine Produktion körpereigener Schadstoffe sind zum Beispiel häufige Blähungen und Völlegefühl, Stuhlgangfrequenzen von weniger als drei- bis viermal pro Woche oder Phasen übel riechender Durchfälle. Der österreichische Arzt Franz Xaver Mayr[143], der sich intensiv mit dieser so genannten intestinalen Autointoxikation beschäftigte, nannte die Menge des verbrauchten Toilettenpapiers als Maß für die Darmbelastung. Eine weitere Annahme – wissenschaftlich allerdings nicht belegt – ist, dass alte Nahrungsmittelreste in den unzähligen Darmtaschen Verkrustungen bilden. Eine 3000 Jahre alte ägyptische Weisheit besagt zum Beispiel: »Der Mensch lebt von der Hälfte dessen, was er isst, von der anderen Hälfte leben die Ärzte.«

Folgt man diesen Annahmen, dann bilden Verkrustungen und Eigengifte die Grundlage für viele funktionelle Störungen, die bis hin zur Ausbildung organischer Krankheiten führen können. Die naturheilkundliche Auffassung von Diätetik[144] besteht aus dem Atmen reiner Luft, knapper und bekömmlicher Nahrung, Hautpflege mit Licht, Luft und Wasser, einem behutsamen sportlichen Körpertraining, angemessenem Wechsel von Arbeit, Erholung und Schlaf sowie einem geistvollen zwischenmenschlichen Austausch. Diese ursprüngliche Bedeutung der Diätetik zielte niemals auf Gewichtsreduktion ab, sondern immer auf Gesunderhaltung, die in erster Linie durch gute Arbeitsbedingungen für die Verdauung erreicht wird.

Neue therapeutische Ansätze: Entscheidend für den Menschen ist daher nicht, was er isst, sondern das, was er verdaut.[145] Die Verdauung wiederum ist, wie ich im Kapitel über das Stressmanagement ausgeführt habe, von der individuellen Konstitution und Verdauungskapazität in der jeweiligen Lebenssituation abhängig. Mit anderen Worten: Wenn Sie unter Arbeitsdruck stehen, das Mittagessen auslassen und sich während des abendlichen Geschäftsessens »gesundheitsbewusst« einen Vollwertsalat bestellen, gehen Sie quasi als lebendes Maischefass zu Bett und wachen am nächsten Morgen vor lauter selbst produzierter Fuselalkohole wie benebelt auf.

Wussten Sie schon?

Bereits die weitentwickelte arabische Medizin sah die Indigestion, die Unverdaulichkeit, als »Ursprung aller Krankheiten und die Diät als der Heilung Anfang«. Zehn Regeln aus der arabischen Medizin, um ein langes Leben in Gesundheit zu erlangen:[146]

1. Iss nichts, solange du noch Speisen im Magen hast.
2. Iss nichts, was die Kaufähigkeit deiner Zähne und daher die Verdauung deines Magens schwächt.
3. Trink nach dem Essen kein Wasser vor Ablauf von zwei Stunden.
4. Die Wurzel aller Krankheiten ist die Verdauungsstörung, und die Wurzel der Verdauungsstörung ist das Trinken von Wasser unmittelbar nach dem Essen.
5. Alle zwei Tage musst du einmal ins Bad gehen, dann kommt aus deinem Körper heraus, wohin kein Heilmittel zu dringen vermag.
6. Das meiste Blut in deinem Körper dient dem Schutz deiner Seele.
7. Zu jeder Jahreszeit musst du ein Abführmittel und ein Brechmittel nehmen.
8. Verhalte nicht den Harn, selbst wenn du reitest.
9. Entleere deinen Darm vor dem Schlaf.
10. Übe nicht allzu häufig Geschlechtsverkehr aus, denn er verbraucht das Feuer des Lebens.

Diese Zusammenhänge zu übersehen und Ernährung ausschließlich mit Nahrungsmitteln gleichzusetzen, ist der grundlegende Fehler der allermeisten Ernährungsempfehlungen. Der einfache Vergleich des Verdauungstraktes mit einem verschlackten Ofen, der auch bei bestem Brennholz qualmt, ist nicht abwegig.

Regelmäßige Darmschonungsphasen und eine Ernährungsweise, die Gärungs- und Fäulnisprozesse reduziert, sind deshalb Kernbestandteil eines effektiven Vorbeugekonzepts.

Auf die weit reichende Bedeutung eines gesunden Darmes weist auch Prof. Malte Bühring hin.[147] »Man weiß heute, dass im Darm Rezeptoren sind, die ihre Impulse bis in die Limbischen Strukturen – das emotionale Zentrum im Gehirn – projizieren, sodass man sich die Entwicklung von Hypochondrie und depressive Verstimmungen bei Magen-Darm-Beschwerden jetzt auch wissenschaftlich erklären kann. Hierdurch zeichnen sich ganz neue therapeutische Möglichkeiten ab, etwa indem man anstelle der Verabreichung von Psychopharmaka den Darm saniert.« Auch für den sogenannten Roemheldschen Symptomkomplex (Herzbeschwerden bei starken Blähungen) ergeben sich nach Bührings Auffassung neue Therapiemöglichkeiten. Bisher sei man davon ausgegangen, dass die Blähungen auf das Herz drücken und dabei die Arterien unter Druck setzen. »Das ist sicher falsch«, so der Berliner Wissenschaftler. »Es gibt heute gute Untersuchungen, die belegen, dass bei Reizungen von Darmrezeptoren reflektorisch die Durchblutung des Herzens um ein Vielfaches abnehmen kann.« Auch hier wäre eine Darmsanierung denkbar. Mit diesem nunmehr wissenschaftlich belegten Erklärungsmodell für Angina Pectoris (Brustschmerz durch Minderung der Herzdurchblutung) hat die Naturheilkunde schon immer gearbeitet.

Individuelle Konstitution – der Schlüssel zur Ganzheitlichkeit

In der landläufigen Meinung wird ein bestimmter Körperbau immer wieder mit bestimmten Wesenszügen assoziiert, etwa dick mit gemütlich, kraftstrotzend mit aggressiv und dürr mit nervös. Hinter dieser verbreiteten Sichtweise stecken jahrtausendalte Erfahrungen, die eine Art Leitfaden im Umgang miteinander darstellen könnten.

Der jeweilige Konstitutionstyp ist charakterisiert durch seinen Körperbau, bestimmte Verhaltensmerkmale sowie bestimmte Neigungen bei Körperempfinden und Ernährung. »Was dem Schmied bekommt, zerreißt den Schneider«, heißt es beispielsweise im Volksmund. Hierbei hängen psychische und körperliche Merkmale ebenso wie psychovegetative Reaktionslagen – funktionelle Auswirkungen äußerer Reize – miteinander zusammen und lassen durchaus Rückschlüsse aufeinander zu. Das heißt: Vom Körpermerkmal kann mit einer gewissen Wahrscheinlichkeit auf psychisches Verhalten geschlossen werden und umgekehrt.

Beispiel: Der schlanke Mensch, der oft kalte Füße hat, ist eher ein Einzelgänger und stiller Planer – detailliert durchdachte Strategien werden oft von schlanken Menschen mit starkem Wärmebedürfnis entworfen.

Aufgrund der unterschiedlichen Reaktionen verschiedener Typen auch auf therapeutische Maßnahmen sollte jeder Arzt die Konstitution eines Patienten berücksichtigen, bevor er mit einer Behandlung beginnt – ganz egal, ob es sich hierbei um Massagen oder die Dosierung von Medikamenten handelt.

Konstitutionstypen: Verschiedene Kulturen entwickelten im Laufe der Jahrhunderte auch unterschiedliche Systeme der Typeneinteilung. Bei näherem Hinsehen werden Parallelen deutlich, die oft in eine Dreiteilung münden. Auch Testverfahren der modernen psychologischen Persönlichkeitsforschung bündeln die Gesamtheit menschlicher Eigenschaften in drei Hauptbereiche (statistische Bereiche höherer Ordnung).

Die Übersicht in Tabelle 5 zeigt einen Vergleich verschiedener Konstitutionslehren. Es handelt sich hier natürlich nur um eine Auswahl der zum Teil sehr komplexen Aussagen, die im Detail auch Widersprüche erkennen lassen. Die Ähnlichkeiten der verschiedenen Konstitutionslehren überwiegen aber deutlich.

Angelehnt an diese Übersicht werde ich in meinen folgenden Ausführungen drei Konstitutionstypen unterscheiden:

- A-Typ (Athlet, Bewegungsnaturell),
- P-Typ (Pykniker, Ernährungsnaturell) und
- L-Typ (Leptosom, Empfindungsnaturell).

Konstitutionsbedarf: Je nach Konstitution ist der körperliche und psychische Bedarf eines Menschen verschieden. So benötigt der A-Typ zum Beispiel ein hohes Maß an Herausforderung, Wettbewerb und körperlicher Bewegung. Sind diese Bedingungen erfüllt, wird er

Tabelle 5: Medizinische Konstitutionslehren

Carl Huter	**Bewegungs-naturell**	**Ernährungs-naturell**	**Empfindungs-naturell**
Körperliche Eigenschaften	Kräftig	Dicklich, rundlich	Zartgliedrig
Psychische Eigenschaften	Entschlossen, tatkräftig	Genussfreude, lustig	Sensibel, künstlerisch
Funktion	Kräftige Reize	Sinnesfreude	Wohl dosierte Reize
Ernst Kretschmer	**Athlet**	**Pykniker**	**Leptosom**
Körperliche Eigenschaften	Massive robuste Gestalt Große derbe Hände	Gedrungene Figur Kurze, zarte Glieder	Hagere Gestalt Lange, zarte Glieder
Psychische Eigenschaften	Belastungsfähig, unempfindlich	Gutmütig, mitteilsam	Sensibel, zurückhaltend
Funktion	Braucht Kälte und Bewegung	Neigung zu Übergewicht Braucht eher Kälte	Braucht Wärme und leicht Verdauliches
Ayurveda	**Kapha**	**Pitta**	**Vata**
Körperliche Eigenschaften	Schwerer Körperbau	Mittelschwerer Körperbau	Zarter Körperbau
Psychische Eigenschaften	Ruhe, Beständigkeit, Ausdauer	Redseligkeit, Unternehmer	Schnelle Auffassungsgabe, Begeisterungsfähigkeit
Funktion	Geringe geistige Flexibilität	Hitzeempfindlich, guter Appetit	Kälteempfindlich, Verdauungsbeschwerden, Kreislaufprobleme

mit sich und seinem Leben zufrieden sein. Bestehen jedoch diesbezügliche Defizite, fühlt sich der A-Typ unwohl; auf lange Sicht können sich typische gesundheitliche Probleme einstellen. Der P-Typ hat hingegen einen hohen Bedarf an sozialer Harmonie, benötigt qualitativ gute Ernährung und viel Flüssigkeit. Der L-Typ wiederum braucht viel Zeit für innere Reflexion, Sicherheit, leichte Nahrung und viele Wärmereize.

Insbesondere die psychologischen Zusammenhänge der konstitutionsspezifischen Bedürfnisse sind wissenschaftlich gut belegt. In modern geführten Unternehmen bei Einstellungen oder Teambesetzungen berücksichtigt man, dass nachhaltige individuelle Zufriedenheit nur dann entsteht, wenn die Anforderungen des Arbeitsplatzes einerseits und die individuellen Merkmale der Menschen, die sie einnehmen sollen, andererseits gut zusammenpassen. »Anhaltende Unzufriedenheit entsteht in erster Linie dann, wenn Anforderungsprofil und Persönlichkeitsstruktur nicht im Einklang stehen«, sagt etwa Dipl.-Psychologe Roland Kreuscher, Leiter der Münchner Beratungs- und Forschungseinrichtung PSYCHOLOGIE TRANSFER.[148]

Auch die medizinische Psychologie entdeckt interessanterweise wieder die vielfältigen Wirkungen einfacher naturheilkundlicher Reize auf den mentalen Bereich und integriert sie unter dem Namen »körperorientierte Psychotherapie« in ihr Behandlungsspektrum.

Bei der Konzeption medizinischer Studien finden die unterschiedlichen Konstitutionstypen bislang noch keine Beachtung. Weder bei der Auswahl der Probanden noch bei der Gruppeneinteilung wird berücksichtigt, dass ein Medikament oder eine Therapie je nach Konstitution des Patienten unterschiedlich wirken kann. Immerhin gibt es inzwischen zunehmend Untersuchungen, die individuelle Reaktionen auf äußere Reize zeigen – mit interessanten Ergebnissen. So konnte eine Studie belegen, dass in den meisten Fällen nicht nur der Wille, sondern auch genetische Faktoren darüber entscheiden, ob Männer ihr Körpergewicht durch Sport beeinflussen können. Untersucht wurde der so genannte ß2-Adrenoceptor, der die Fettverbrennung im Gewebe stimuliert und in mehreren Varianten vorkommt. Nur eine Variante (Gln27Gln), die nur etwa bei einem Drittel (!) der Bevölkerung auftritt, lässt sich durch körperliche Aktivitäten nachhaltig beeinflussen. Sport zum alleinigen Zweck der Gewichtsreduktion ist demnach nur bei einem Drittel der männlichen Bevölkerung sinnvoll.[149]

Für Ihr persönliches Gesundheitsmanagement spielt die Berücksichtigung der Konstitution eine wichtige Rolle. Angenommen Sie sind ein L-Typ und müssen eine Position übernehmen, bei der Sie sich täglich neu gegen Rivalität und Wettbewerbsdruck durchsetzen müssen. Die neue Aufgabe wird Ihnen widerstreben und Sie werden sich damit sehr schwer tun – ganz im Gegensatz zu einem A-Typ, der sich an Ihrer Stelle ausgesprochen wohl fühlen würde. Um den Anforderungen gerecht zu werden, müssen Sie vermehrt Energie und Zeit einsetzen. Ihre eigentlichen, Ihrem Typ entsprechenden Bedürfnisse wie zum Beispiel die innere Reflexion kommen zu kurz. Falsches Anforderungsprofil und nicht gedeckter persönlicher Bedarf führen, wie im Kapitel Stressmanagement ausgeführt, zu Unwohlsein, Frustration und erhöhtem Ressourcenverbrauch. Wenn sich an der Situation nichts ändert, droht Ihnen auf längere Sicht der Burn-out.

Was aber tun, wenn die beruflichen oder privaten Umstände nicht zu ändern sind? Hier bietet »konstitutionelles Denken« eine effektive Strategie. Das Besondere der Konstitution besteht nämlich darin, dass es keine Rolle spielt, wo innerhalb des konstitutionellen Spektrums des körperlichen oder psychischen Bedarfs der Hebel angesetzt wird, um eine positive Wirkung zu erreichen und so nötigenfalls einen Ausgleich zu schaffen. Dadurch ergibt sich ein weites Spektrum an Möglichkeiten, um gesundheitliche Probleme, deren Ursache man nicht direkt beeinflussen kann, dennoch auf effektive Weise zu bekämpfen. Es gilt nur, die persönlichen »Stellschrauben« zu definieren. Der Kern dieses Ansatzes beruht also auf einer ganzheitlichen Sichtweise.

Beispiel L-Typ: Ein Mitarbeiter mit hohem L-Anteil wird in den Vertrieb versetzt, wo er starkem Wettbewerb ausgesetzt ist und wenig Zeit zur Reflexion hat. Es stellen sich Frustration mit körperlichen Beschwerden wie Herzrasen ein. Da er die beruflichen Anforderungen nicht ändern kann, bleibt ihm der Ausweg, einen anderen typischen L-Bedarf stärker zu betonen. Durch regelmäßige Wärmeanwendungen und eine regelmäßige Ernährung ohne Rohkost, dazu öfters ein Glas Rotwein erreicht er es, dass sich die körperlichen Beschwerden zurückbilden. Seinen Freizeitjob als Vereinsvorsitzender lässt er ruhen, da seine gering ausgeprägte Fähigkeit zur Durchsetzung im Beruf schon mehr als ausgeschöpft wird.

Beispiel A-Typ: Ein Mitarbeiter mit hohem A-Anteil wird in eine Abteilung versetzt, in der Detailtreue verlangt und dominantes Verhalten nicht geschätzt wird. Frust und körperliches Unwohlsein lassen nicht lange auf sich warten. Da ein Arbeitsplatzwechsel vorläufig nicht möglich ist, können Wettkampfsport und täglich kaltes Abduschen die Situation entschärfen.

Aus betriebswirtschaftlicher Sicht wäre es natürlich sinnvoll, solche Fehlbesetzungen von vornherein zu vermeiden. Es ist sicher effizienter, wenn ein Mitarbeiter nicht mühsam nach Ausgleich suchen muss, sondern von vornherein eine seiner Konstitution adäquate Funktion wahrnimmt.

Es gibt nur Mischtypen: Natürlich sind die Grenzen, die den jeweiligen Typus beschreiben, willkürlich festgelegt. Es handelt sich um teils empirisch, teils statistisch überprüfte Nähe verschiedener Eigenschaften. Benachbarte Eigenschaften werden also in einem Konstitutionstyp gebündelt. In der Realität tritt aber höchst selten ein bestimmter Konstitutionstyp in reiner Ausprägung auf. Meistens handelt es sich um Mischtypen, bei denen die einzelnen Konstitutionen verschiedene Anteile haben und unterschiedlich offen zutage treten. Dabei zeigt sich jedoch oft die Dominanz eines Typs. Gut lässt sich das bei Karikaturen beobachten: Im Allgemeinen hebt der Zeichner die körperlichen Merkmale des dominanten Typs besonders hervor, wenn er beispielsweise einen Politiker darstellt.

Viele Menschen sind jedoch in fast allen Lebenslagen als der klassische A-, P- oder L-Typ erkennbar. Bei ihnen weiß man immer, woran man ist.

Wenn Sie zum Beispiel in der Eingangshalle Hirschgeweihe und Siegerurkunden der letzten dreißig Jahre hängen sehen, blickt Sie die A-Dominanz des Wohnungsinhabers förmlich von den Wänden an. Dieser Mensch fackelt nicht lange, liebt klare, kräftige Worte und wird durch detaillierte Pläne und Bedenken eher abgeschreckt.

Sind die Typ-Anteile eines Menschen ausgeglichen, entscheiden die Lebensumstände, welcher Typ in einer aktuellen Situation an die

Oberfläche kommt. Diese Menschen können für Außenstehende wechselhaft wirken, sind aber in ihrem jeweiligen Handeln durchaus authentisch. Sie wirken wie der Schachspieler in Hermann Hesses *Steppenwolf*, der je nach Lebenssituation seine Schachfiguren, sprich Fähigkeiten und Talente, auf dem Brett unterschiedlich einzusetzen vermag.

Konstitution – kein starrer Rahmen: Selbst wenn in einem Menschen ein bestimmter Konstitutionstyp nur sehr schwach ausgeprägt ist, kann eine einzelne Eigenschaft dieses Typs sehr stark entwickelt sein. Also auch ein fast klassischer A-Typ kann eine hohe soziale Kompetenz aufweisen, die wir sonst bei einem P-dominierten Typ erwarten würden, ein dem Verhalten nach L-dominierter Typ kann trotzdem übergewichtig sein. Deshalb sollte man die Einschätzung einer Person schnell durch eigene Erfahrungen und Beobachtungen ergänzen, sonst besteht die Gefahr, ein falsches Vorurteil beizubehalten. Eine Voreinschätzung nach konstitutionellen Kriterien macht dennoch Sinn und führt oft schneller zu einer späteren komplexeren Beurteilung.[150]

Deshalb sprechen wir, um eine Person zu beschreiben, nicht von einem »A-Typ«, sondern von einer »A-Dominanz mit kleinerem P- und L-Anteil«. Ein Schubladendenken übersähe die vielfältigen Möglichkeiten, die im einzelnen Individuum angelegt sind. Je nach Lebensumständen und Anforderung können sich die verschiedenen konstitutionellen Bestandteile stärker oder schwächer auswirken. Die Dominanz einer Konstitution kann sich auch von Lebensphase zu Lebensphase verändern. Bei manchem Draufgänger stellt sich zum Beispiel im Alter Weisheit und Ruhe ein.

Halten wir also fest: Jeder Mensch hat prinzipiell aus allen Bereichen Bedürfnisse und Talente, manche davon können jedoch im Verhältnis zu einem dominanten Anteil zurückstehen. Werden sie in bestimmten Situationen gefördert, kann das zu Überraschungen führen. Plötzlich tauchen die verborgenen Seiten und Talente auf: die A-dominierte Person, die Gedichte schreibt, oder die P-dominierte Person, die plötzlich sämtliche Pläne radikal durchsetzt oder durch disziplinierte Lebensordnung zum asketischen Marathonläufer wird.

Der moderne Begriff Empowerment ist letztlich eine Interpretation des alten Konstitutionsgedankens. Empowerment ermöglicht Selbstkompetenz und damit eine effiziente gesundheitliche Eigensteuerung im Gegensatz zur Abhängigkeit von Experten. Begriffe wie körperliche und gleichzeitig seelische Gesundheit (toughness), Widerstandskraft (hardiness) oder allgemeine Leistungsfähigkeit und emotionale Stabilität bedingen sich dabei gegenseitig.

Auch neuere Forschungen der Immunologie bestätigen, dass spezifische Leistungen der Körperabwehr mit vegetativen Regulationen, innerer Einstellung und Haltung gegenüber der Umwelt sowie Reaktionen auf Stress zusammenhängen. Dies alles belegt, dass ein wirkungsvolles Gesundheitsmanagement einen individuellen ganzheitlichen Ansatz erfordert und weder durch plumpe Eigensuggestion noch durch spezifische Einzeleingriffe wie zum Beispiel die Einnahme von Fettsenkern oder Vitamintabletten erreicht werden kann.

Bedeutung für das Gesundheitsmanagement: Eine individuelle gesundheitliche Beratung sollte sich deshalb immer auf eine Konstitutionseinschätzung als Teil der internen Evidenz (siehe S. 123) stützen. Hierbei gilt es zu beachten, dass man immer von Konstitutionstypen spricht, die niemals exakt den einzelnen Menschen in all seinen Besonderheiten beschreiben können. Einen ersten gezielten Zugang zum Mitmenschen ermöglicht das Denken in Konstitutionen jedoch durchaus – und dies manchmal mit verblüffender Wirkung. Die Beratung nach systemischen Grundsätzen basiert im Prinzip auf diesen Erkenntnissen.

Was für das Beratungsgespräch des Arztes gilt, sollte auch Basis für Ihr eigenes Gesundheitsmanagement sein: die individuelle Konstitution. Wenn Sie Ihre persönlichen »Typ-Anteile« gut kennen, können Sie nicht nur Ihre eigenen Fähigkeiten gezielter einsetzen, sondern auch die wesentlichen »Stellschrauben« definieren, mit denen Sie Ihre Gesundheit und Leistungsfähigkeit steuern und dauerhaft erhalten können.

Wie aber sollen Sie feststellen, welcher Typ bei Ihnen dominiert, welchen A-, P- oder L-Anteil Sie haben? Ein einfaches Werkzeug hierfür ist die »APL-Gesundheitsanalyse«, die im folgenden Kapitel

Aus der Praxis: Einen Teil meiner Ausbildungszeit verbrachte ich in einer naturheilkundlichen Kurklinik. Hier bot sich eine hervorragende Gelegenheit, konstitutionelles Denken anzuwenden. Beim ersten Patientenkontakt nahm ich nach der Art und Weise, wie der Kurpatient das Zimmer betrat, eine erste Einschätzung seiner Konstitution vor:

- Betrat ein Patient mit festem Blick und kräftigem Händedruck das Zimmer und setzte sich sofort, wusste ich, dass ich nicht viel Zeit darauf verwenden durfte, den Kurplan detailliert zu erklären. Wichtiger war, mit kurzen Worten zu bekräftigen, dass wir die Sache richtig anpacken und am nächsten Morgen gleich mit einem Kneippschen Vollguss beginnen würden. In diesem Fall war der Doktor als ganzer Kerl akzeptiert, und seine Anweisungen wurden ernst genommen.
- Schlich hingegen eine hagere Person vorsichtig durch die Tür und schaute sich erst einmal genau um, bevor sie Platz nahm, war mir klar, dass ich hier erst einmal den Kurablauf detailliert erklären musste. Erst nach genauer Befragung der Beschwerden und nachdem ich in Ruhe zugehört hatte, konnte meine Aussage, dass morgen früh pünktlich um 6 Uhr 43 die Kneippbademeisterin mit einem auf 37 Grad temperierten Heusack mit den Anwendungen beginnen würde, das Eis brechen. Schulterklopfen wäre hier total fehl am Platze gewesen und hätte den Patienten befremdet. Er wäre dann meinen Therapievorschlägen gegenüber überkritisch gewesen.
- Ganz anders wiederum der Untersetzte, der schon beim Hereingehen einen kleinen Schwank zum Besten gab: Hier waren genaue Erklärungen fehl am Platz und hätten nur »gestresst«. Beruhigend wirkte die einfache Versicherung, es werde schon alles gut gehen, er müsse sich keine Sorgen machen – und der Hinweis, dass im Übrigen hier ein prima Arbeitsklima herrsche. Stellten wir dann noch fest, dass zum Beispiel seine Großmutter aus der Nähe meines Heimatortes stammte, war das Vertrauen grenzenlos.

Natürlich müssen nach einem solchen ersten Zugang auf den Patienten später Kompetenz und Qualität folgen, sonst wird er dem Arzt das Vertrauen wieder entziehen. Und selbstverständlich zeigen sich nach näherem Kennenlernen höchst unterschiedliche Eigenschaften. Aber der Einstieg ist auf einem guten Niveau gelungen.

vorgestellt wird. Die Analyse erlaubt es erstmals, auf einfache Weise anhand körperlicher, funktioneller und psychischer Merkmale die eigenen Konstitutionsanteile zu erkennen und das aktuelle persönliche Bedarfsprofil zu ermitteln. Damit liefert die APL-Analyse individuelle Empfehlungen für Ihr persönliches Gesundheitsmanagement innerhalb eines ganzheitlichen Lösungskonzepts.

Der APL-Test findet bei Führungskräften guten Anklang, ist allerdings noch nicht evaluiert, das heißt, es bestehen keine wissenschaftlichen Auswertungen, inwieweit die daraus abgeleiteten Empfehlungen im Einzelfall auch einen tatsächlichen Nutzen bringen. Sie sollten den Test deshalb eher als ein Spiel auffassen, das Ihnen den Zugang zu einem individuellen Gesundheitsmanagement öffnet.

Fragen an Malte Bühring

Prof. Dr. Malte Bühring ist Lehrstuhlinhaber für Naturheilkunde an der Freien Universität Berlin, internistischer Chefarzt im Krankenhaus Moabit (Berlin) und Präsident der Europäischen Gesellschaft für klassische Naturheilkunde.

Herr Prof. Bühring, worin sehen Sie in der heutigen Zeit den Nutzen der Naturheilkunde?

Bühring: Werfen wir zunächst einen Blick auf die Methoden: Das sind einfache, unkomplizierte, an jedem Ort und ohne großen Aufwand durchführbare Methoden, sie sind fast regelhaft gut verträglich und nur ganz selten mit unerwünschten Nebenwirkungen verbunden.

Die einzelnen Maßnahmen sind auch dem medizinischen Laien gut verständlich, sodass er sich an der Therapie auch kognitiv beteiligen kann. Viele Behandlungen kann er selbst erlernen und in seinen täglichen Lebensplan mit einbauen, der Patient gewinnt an Selbstkompetenz, er wird zu einem mündigen Patienten, der seiner Krankheit weniger hilflos gegenübersteht und dieser weniger ausgeliefert ist. Diese kognitive Beteiligung und diese Selbstbefähigung des Patienten sind ganz wichtige Momente für die seelischen und die Persönlichkeit kräftigenden Wirkungen von Naturheilverfahren.

Überhaupt sollten wir neben den körperlichen die seelischen Wirkungen vieler Naturheilverfahren nicht übersehen, von großer Bedeutung ist zum Beispiel das Körpererleben während vieler Maßnahmen. In kaltem oder warmem Wasser beispielsweise kommt es zu einer Erregung primärer Sinnesorgane, ich kann das warme Wasser oder die Erfrischung nach dem kalten Bad aber auch genießen, es kommt also zu einem hedonischen Erleben. Es gibt den Begriff der Anhedonie, der sicher gerade bei Managern große Bedeutung hat. Sie sind so gehetzt, dass sie ihren Körper gar nicht mehr wahrnehmen.

Ein weiterer Aspekt der Naturheilkunde liegt darin, dass wir manche Erkrankungen und manche Symptome einer Erkankung auf andere Weise oder mit zusätzlichen Gesichtspunkten erklären und zu verstehen versuchen, dass wir sie etwa in größere Zusammenhänge stellen, grundsätzliche individuelle Erkrankungsbereitschaften erkennen oder zum Beispiel reflektorische Störungen innerhalb des Organismus diagnostizieren. Aus solchen Überlegungen gewinnen wir häufig neue therapeutische Zugänge, an die der normale Mediziner gar nicht mehr denkt.

Die Naturheilkunde geht davon aus, dass es Selbstheilungskräfte gibt, den so genannten »inneren Arzt« des Paracelsus. Welche Belege gibt es für diese Selbstheilungskräfte?

Bühring: Wir können diese Selbstheilungskräfte ja täglich beobachten. Der gebrochene Knochen heilt – und wenn er geheilt ist, hört das Wachstum auf. Oder die Wunde: Da wächst das Gewebe so lange, bis die Wunde geschlossen ist, in der Regel auch ohne unser Zutun. Diese Vorgänge könnte man bereits als Selbstheilung bezeichnen, wir sprechen dann auch von Selbstheilungskräften. Diese kann man von außen anregen.

Es geht aber nicht nur um ein Heilen, sondern auch um ein Gesunderhalten des Organismus, hier gilt es, natürliche Reize und Belastungen wieder einzuführen, denen der Mensch unter den Bedingungen der normalen Zivilisation nicht mehr ausgesetzt ist.

Viele dieser Prozesse wenden sich zunächst an das vegetative Nervensystem, verhältnismäßig unspezifische Maßnahmen können den vegetativen Tonus heben oder senken, Funktionen anregen oder abschwächen, je nachdem, in welche Richtung sie vom Normwert abgewichen sind. Auch bei diesem Phänomen der Normalisierung kann man von Selbstheilung sprechen.

Selbstheilung aufgrund von unspezifischen Reizen?

Bühring: So lautet zumindest ein häufiges Erklärungsmodell. Man stört mit natürlichen Reizen das natürliche Gleichgewicht vielfältiger Regelsysteme, der Organismus soll auf diese Störungen reagieren und diese ausgleichen. Bei dieser Gelegenheit sollen bereits vorhandene Fehler und Ungleichgewichte miterkannt und ebenfalls ausgeglichen werden.

Genauso wichtig ist häufig aber auch eine generelle Entlastung, dass man dem Organismus Ruhe verschafft, also das Prinzip der Schonung. Dem heilsamen Reiz sollte die Ruhe folgen, bevor dann wieder ein Reiz kommt. Diese Kombination ist wichtig.

Kann Naturheilkunde auch vor schweren Erkrankungen schützen, oder geht es dabei mehr um das allgemeine Wohlbefinden und Verminderung funktioneller Beschwerden?

Bühring: Das Wohlbefinden an sich ist ja schon eine ganz wichtige Bedingung für Gesundheit! Ein ausgeglichener Mensch im seelischen Gleichgewicht erkrankt zum Beispiel seltener an Infektionserkrankungen. Man hat Studenten unter Prüfungsstress und, zum Vergleich, in einer entspannten Situation nach bestandener Prüfung mit der gleichen Aufschwemmung von Erkältungsviren infiziert. Ergebnis: Bei den gestressten Studenten war die Infektionsrate wesentlich höher als bei den anderen. Das Wohlbefinden selbst hat also eine große Bedeutung für die Gesundheit und darf nicht nur als persönlicher Luxus abgetan werden. Mit einer frühzeitigen Diagnostik und geeigneten Methoden der Naturheilkunde können wir tatsächlich schweren Erkrankungen vorbeugen, indem wir bereits Vorstufen behandeln. Der

Arthrose des Fünfzig- bis Sechzigjährigen gehen sehr häufig bereits mit 30 Jahren leichte Muskelverspannungen und leichte Fehlhaltungen voraus, die man in diesem frühen Stadium mit einer gut ausgewählten Massage und mit Krankengymnastik, vielleicht auch noch mit dem richtigen Schuhwerk und Empfehlungen zum Wärmehaushalt hätte behandeln können. Ich selber beschäftige mich gerade mit dem plötzlichen Herztod, der nach verschiedenen epidemiologischen Studien in den Wintermonaten sehr viel häufiger auftritt als im Sommer. Es gibt viele Hinweise und gute Erklärungsmodelle dafür, dass die ultraviolette Strahlung des Sonnenlichtes an dieser Stelle präventive Wirkungen hat.

Die Naturheilkunde setzt auf die individuellen Selbstheilungskräfte des Menschen, das heißt, der Mensch wird immer seiner individuellen Veranlagung und seiner Lebenssituation entsprechend behandelt. Inwieweit ist es wichtig, dass man die eigene Konstitution kennt oder dass sie vermittelt wird?

Bühring: Neben den Patienten sollten sich vor allem auch Ärzte wieder mit dieser Thematik beschäftigen. Umfangreiche Maßnahmen der präventiven Medizin und viele Empfehlungen zu einem gesunden Lebensstil sollten sich gerade an der Konstitution eines Menschen orientieren. Bleiben wir bei der Ernährung: In der Naturheilkunde kennen wir zum Beispiel eine »füllige« Konstitution, das sind Menschen mit Übergewicht, mit derber und fester Haut und Unterhaut, häufig auch mit auffällig fester Muskulatur. Sie sind blutreich, häufig mit einem gestauten, roten oder rot-bläulichen Gesicht, sehr oft erhöhtem Blutdruck. Früher hat man auch von einem Typus apoplecticus gesprochen, hier drückt sich schon ein gesundheitliches Risiko aus. In ihrer Jugend sind es lebhafte, leistungsfähige und gesund wirkende Menschen, die man um ihre Kräfte beneidet, später neigen sie zu einer beschleunigten Alterung, zu einer allgemeinen Verhärtung und Sklerose, zu vermehrten Herz-Kreislauferkrankungen und zu Alterszucker. Dieser Typ sollte sich schon in jungen Jahren zurückhaltend ernähren, leichte Nahrungsmittel zu sich nehmen und seltener Fleisch essen. Er muss sich regelmäßig körperlich betätigen und sich gleichzeitig immer wieder entlasten. Das Gegenteil davon ist der asthenische, schwache, schlecht durchblutete, vagotone Typ, der zum Beispiel Rohkost nicht verträgt und vielleicht eher Fleisch essen sollte.

Unter dem Begriff »Naturheilverfahren« laufen auch Angebote, die über die klassischen Anwendungen hinausgehen. Sie reichen von Wünschelruten bis hin zu Hightech-Apparaturen, die einer Intensivabteilung in nichts nachstehen. Kann hier von seriöser Medizin gesprochen werden?

Bühring: Ich würde nicht sagen, »darüber hinausgehen«, sondern »hinter der Idee, dem Anspruch und der Wirksamkeit klassischer Anwendungen weit zurückbleiben«. Ich hatte mich früher für diese Methoden durchaus interessiert und mit einigen auch wissenschaftlich beschäftigt, inzwischen bin ich sehr kritisch geworden. Der Arzt übernimmt an dieser Stelle eine sehr große Verantwortung, nicht nur mit Blick auf den finanziellen Aufwand für einen Patienten. Bei den meisten Krankheiten, die mit diesen Methoden behandelt werden, fallen mir einfache, handfeste klassische Naturheilverfahren ein, mit denen sich der Patient selber hilft, ohne von einem Guru-Arzt abhängig zu werden.

Welche Rolle spielen Rituale? Das Tischgebet ist ja zunächst keine religiöse Maßnahme, sondern eine meditative Übung vor dem Essen.

Bühring: Es gibt Untersuchungen eines amerikanischen Kinderpsychiaters, die zeigen, dass Kinder aus Familien, die Riten und einen gewissen Stil pflegen, weniger häufig an Infektionen erkranken. Kinder aus Familien, in denen beispielsweise vor dem Essen gebetet wurde, waren die gesünderen. Er will damit aber nicht belegen, dass Beten als solches hilft, sondern Rituale sind ihm ein Hinweis auf gesunde soziale Verhältnisse in einer Familie, unter welchen ein Kind besser gedeiht und weniger anfällig ist.

Was raten Sie einem beruflich stark beanspruchten Menschen, wenn er Wohlbefinden und Leistungsfähigkeit erreichen möchte? Welche Maßnahmen kann er in seinen Alltag integrieren?

Bühring: Solche Ratschläge müssen sehr persönlich und sehr individuell gegeben werden, vom Arzt, vom Psychologen und vom Seelsorger gleichzeitig. Die Rolle des Letzteren übernehmen heute die beiden Ersteren in der Regel mit.

Am einfachsten ist die körperliche Ebene abzuhandeln, körperliches Training in angemessenem Ausmaß, ausreichend thermische Reize – vielleicht einmal in der Woche in die Sauna –, nicht zu viel, aber auch nicht zu wenig ultraviolettes Licht auf der einen und ausreichend Ruhepausen auf der anderen Seite.

Man soll sich mit seinem Körper anfreunden, ihn gut behandeln, ohne hypochondrisch oder narzisstisch zu werden. Haben Sie kein schlechtes Gewissen, wenn etwas auch einmal Spaß macht, die Ärzte werden sehr bald auch den gesundheitlichen Wert von Wohlbefinden und Wellness deutlich erkennen.

All das, sagten Sie, soll man mit Genuss tun?

Bühring: Richtig. Man soll dabei Spaß haben. Machen Sie Ihre Probleme zu einer Herausforderung, an der Sie wachsen, und nicht zu einem Stress, der sie überwältigen kann. Der angelsächsische Begriff heißt »toughness« und bedeutet, dass man souverän ist, mit einer gewissen Sicherheit über den Dingen schwebt und nicht ängstlich in die einzelnen Symptome eintaucht. Stellen Sie sich Aufgaben, bei denen Sie der Gewinner sind!

Teil II

Praktische Lösungsansätze

Kapitel 7

Die APL-Gesundheitsanalyse*: der Einstieg in Ihr Gesundheitsmanagement

Wie können Sie nun Ihr persönliches Gesundheitsmanagement entwickeln? Welche Strategien und Maßnahmen sind für Sie – sprich: für Ihren Typ und Ihre Situation – die richtigen? Die in diesem Kapitel vorgestellte APL-Analyse gibt Ihnen hierfür ein leicht handhabbares Instrumentarium an die Hand. Sie erhalten die Möglichkeit, sich nach Konstitutionstyp und Situation einzuordnen und einen individuellen Weg für den Erhalt Ihrer Gesundheit und Leistungsfähigkeit zu finden.

Die APL-Analyse basiert auf der Grundüberlegung, dass der körperliche und psychische Bedarf eines Menschen je nach Konstitution verschieden ist. Wie in Kapitel 6 ausgeführt, lassen sich drei Konstitutionstypen unterscheiden: A-Typ (Athlet, Bewegungsnaturell), P-Typ (Pykniker, Ernährungsnaturell) und L-Typ (Leptosom, Empfindungsnaturell). In der Realität kommen die Typen allerdings praktisch immer als Mischform vor. Während der A-dominierte Typ ein hohes Maß an Herausforderung, Wettbewerb und körperlicher Bewegung benötigt, hat der P-dominierte Typ einen hohen Bedarf an sozialer Harmonie, benötigt qualitativ gute Ernährung und viel Flüssigkeit. Der L-dominierte Typ braucht viel Zeit für innere Reflexion, Sicherheit, leichte Nahrung und viele Wärmereize. Werden diese Bedürfnisse nicht erfüllt, sind Unwohlsein oder sogar ernsthafte Gesundheitsstörungen die Folge.

Mithilfe der APL-Analyse können Sie nun zum einen Ihren Typ feststellen (das heißt Ihren A-, P- und L-Anteil), zum anderen erfahren Sie, inwieweit Ihre typspezifischen Bedürfnisse in Ihrer derzeitigen Situation erfüllt sind und wo Defizite bestehen. An diesen Defiziten kann dann Ihr persönliches Gesundheitsmanagement ansetzen.

Die APL-Analyse fasst körperliche und verhaltenspsychologische Eigenschaften in einem Test zusammen. Die einzelnen typbezogenen Merkmale setzen sich aus vergleichenden empirischen Beobachtungen verschiedener Typologien zusammen. Die Empfehlungen, die man aus dem Ergebnis für sich ableiten kann, sind nicht evaluiert, das heißt, ihre Wirksamkeit ist statistisch bislang nicht nachgewiesen. Sie sollten den Test daher eher als Spiel auffassen, das Ihnen den Weg zu einem ganzheitlichen Gesundheitsmanagement weist. Viele Teilnehmer meiner Seminare erzählen mir, dass die APL-Analyse sie für ihre eigene Gesundheitssituation sensibilisiert und völlig neue Zusammenhänge aufgedeckt hat. Nicht selten fanden sie bisher unbekannte Lösungsansätze für ihre gesundheitlichen Probleme.

Auf den folgenden Seiten dieses Kapitels lade ich Sie ein, die APL-Analyse durchzuführen. Dies geschieht in drei Schritten:

- Im ersten Teil der APL-Analyse ermitteln Sie Ihr ganz persönliches Typprofil, unterschieden in A-, P- und L-Anteile. Aus diesem Typprofil ergibt sich ein aktuelles Bedarfsprofil.
- Im zweiten Teil ermitteln Sie, inwieweit dieses persönliche Bedarfsprofil aktuell gedeckt ist und wo spezifische Deckungslücken bestehen. Decken sich die Profile, können Sie mit Zufriedenheit, Wohlgefühl, Ausgeglichenheit, Motivation und dauerhafter Leistungsfähigkeit rechnen. Bei gravierenden Defiziten kann sich auf Dauer Unzufriedenheit, hoher Energieverbrauch, Frustration, Leistungsverlust und Burn-out einstellen, also ein Verlust an Lebensqualität, der nach ganzheitlichem Verständnis zu gesundheitlichen Beeinträchtigungen führt.
- Im dritten Teil können Sie feststellen, wo Ihre eigenen Ressourcen und »Stellschrauben« liegen, um vorhandene Defizite präventiv, also vor Beginn psychischer und körperlicher Symptome, zu beheben.

Ziel ist es, Ihre Leistungsfähigkeit dauerhaft zu sichern. Die APL-Analyse kann Ihnen hierzu als Wegweiser dienen. Sie gibt Ihnen wichtige Hinweise auf Ihre tatsächliche Gesundheitssituation und auf mögliche Maßnahmen, die Sie in Ihren Alltag einbauen können. In schweren Krisensituationen (vgl. S. 103) gelten allerdings meist andere Gesetze und Notwendigkeiten.

Teil 1: Bestimmung Ihres Typprofils

Bestimmen Sie zunächst anhand der 30 APL-1-Aussagen am Ende dieses Kapitels Ihre APL-Typ-Anteile. Wenn Sie dann die Werte für die Typ-Anteile A1, P1 und L1 in das vorbereitete Diagramm eintragen, erkennen Sie an der höchsten Säule Ihre Typdominanz (vgl. auch die Grafik 1).

Lesen Sie nun in den »Typ-Profilen« nach, welche spezifische Eigenschaften in Bezug auf Körper, Psyche und Vorlieben auf Ihren dominanten Typ zutreffen. Erkennen Sie die Chancen und Risiken

Grafik 1: Beispiele für APL-1

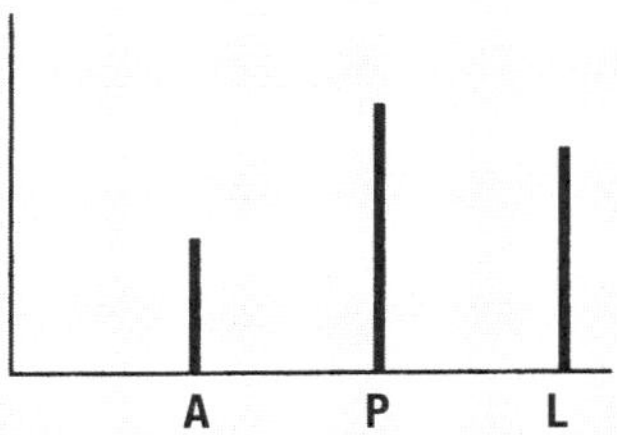

P-Dominanz mit starkem L-Einfluss

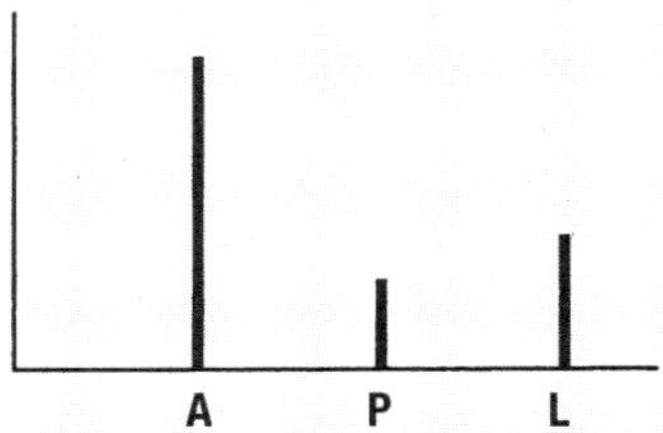

A-Dominanz mit eher schwachem L-Einfluss

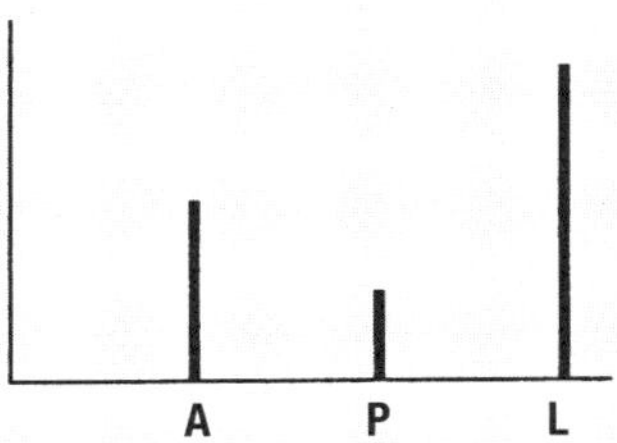

L-Dominanz mit A-Einfluss

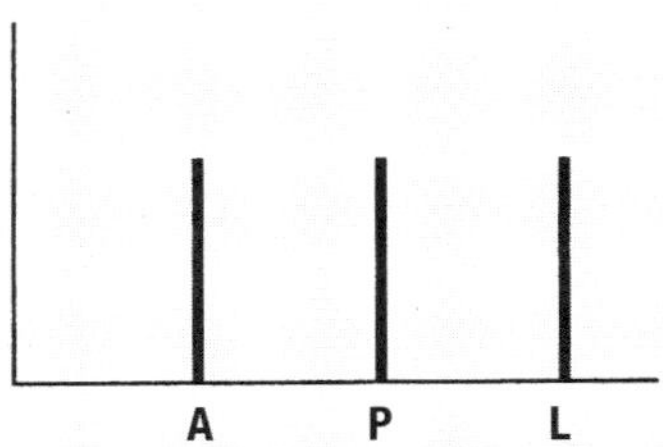

Keine Dominanz. Die jeweiligen Typanteile treten ja nach Lebenssituation stärker an die Oberfläche.

dieses Konstitutionstyps. Lesen Sie außerdem, wie Ihr zweitstärkster Typ-Anteil diese Ausprägungen beeinflusst.

Bitte bedenken Sie, dass der Test die Typ-Anteile in Ihrer aktuellen Lebenssituation wiedergibt. Schon der Wechsel der Jahreszeit kann einen gewissen Einfluss auf die Ausprägung Ihres Konstitutionstyps haben. Dies kommt beispielsweise in der Bewertung der Aussage »Ich habe oft kalte Füße oder Hände« zum Ausdruck, die im Winter anders ausfallen kann als im Sommer.

Einige Prominente als Beispiele – eingeteilt nach ihrer Wirkung auf Außenstehende

Beispiel für A-Dominanz

- Sabine Christiansen: durchsetzungsfähig und selbstbewusst, ihr starker L-Anteil sorgt für Ästhetik und Scharfsinn.
- Gerhard Schröder: machtbewusst und optimistisch, mit starkem P für Integration und Lebenslust.

Beispiele für P-Dominanz

- Angela Merkel: integrierend und zurückhaltend, ihr starker L-Anteil sorgt für Gewissenhaftigkeit und Geduld. Sie ist der Beweis, dass auch jemand mit einer solchen, eher nicht machtbewussten Konstitution an die Spitze gelangen kann, allerdings unterstützt durch Umstände, die ihre P-Eigenschaften besonders attraktiv machten. Oder verbirgt sie taktisch ein starkes A?
- Alfred Biolek: harmoniesuchend, beredsames Menscheninteresse mit besonderem Talent zum sinnlichen Genuss, starkes L für Kreativität und Intellekt.

Beispiele für L-Dominanz

- Werner Piëch: verschlossener Ingenieur mit viel Detailkenntnis, starkes A für Durchsetzungsvermögen.
- Friedrich Merz: exakte Analysen, starker A-Anteil sorgt für Selbstbewusstsein.

Teil 2: Bestimmung der Deckung Ihres Bedarfsprofils

Aus den verschieden großen Typ-Anteilen resultiert auch ein unterschiedlich großer typspezifischer Bedarf, wie in Grafik 2 zu sehen ist.

Grafik 2: Beispiele APL-Bedarf

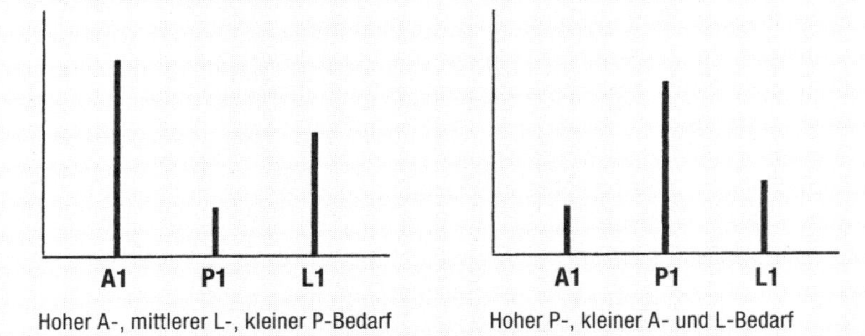

Jeder Typ-Anteil hat seinen speziellen Bedarf. Dabei entscheiden die Lebensumstände, ob diese typischen Bedürfnisse erfüllt werden.

Fahren Sie nun mit Teil 2 der APL-Analyse fort: Bestimmen Sie anhand der 30 APL-2-Aussagen, inwieweit der für Sie persönliche Bedarf tatsächlich gedeckt ist und ob in einem Ihrer Typ-Anteile Defizite bestehen. Tragen Sie die Ergebnisse für A2, P2 und L2 in das Diagramm neben den Säulen für A1, P1 und L1 ein.

Ist nun beispielsweise A2 größer oder gleich A1, ist der Bedarf gedeckt, und es sind im A-Bereich keine Verbesserungen notwendig. In diesem Bereich besteht kein Handlungsbedarf. Ist aber A2 kleiner als A1, besteht ein Defizit in Ihrem A-Bereich, und Ihr Gesundheitsmanagement sollte durch Maßnahmen aus dem A-Bereich optimiert werden (siehe auch Grafik 3).

Es kann jedoch durchaus vorkommen, dass das Hauptdefizit nicht im dominanten Typbereich liegt. Dies ist gerade bei Managern häufig der Fall, die oft eine A-Dominanz haben, aber auch in einer A-Umgebung leben – deren Lebensumstände also dem Wunsch nach Wettbe-

Grafik 3: Beispiele APL-2

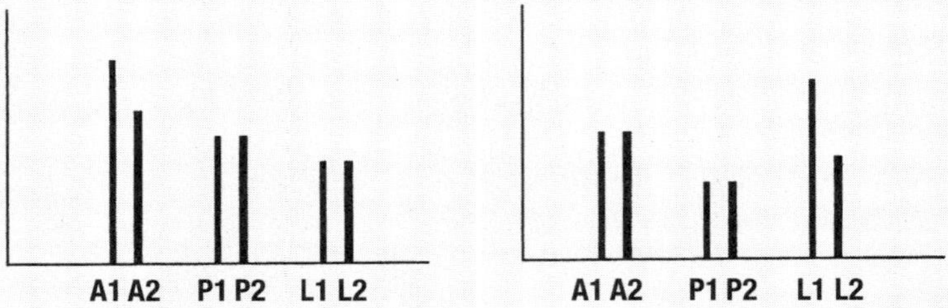

A-Defizit, ausgeglichener P- und L-Bedarf

L-Defizit, ausgeglichener A- und P-Bedarf

werb und Herausforderung sehr entgegenkommen. Trotz kleinem L-Bedarf – also Wunsch nach Reflexion, Zeit für sich selbst, regelmäßiger Ernährung – kann es gerade in diesem Bereich zu Defiziten kommen. Eine Beratung muss in diesen Fällen also am unerfüllten L-Bedarf ansetzen.

Typisch für einen A-dominierten Typen mit L-Defizit ist das Motto: »Only losers have lunch.« (Michael Douglas in *Wallstreet*)

Eine L-dominante Person, die in einer sehr einsamen und ruhigen Lebenssituation ihren L-Bedarf mehr als decken kann, benötigt im Unterschied dazu mehr Herausforderung oder Geselligkeit, sollte also den A- und P- Bereich betonen und keinen weiteren Meditationskurs machen.

Diese Zusammenhänge werden sehr oft übersehen. Oft werden Empfehlungen gegeben, die sich am dominanten Typ-Anteil orientieren. Defizite bei den anderen Typ-Anteilen werden damit noch größer, die gesundheitlichen Probleme also langfristig verschlimmert.

Bei gleich hohen Defiziten entscheiden die Umstände, welchen Typ-Bedarf das Gesundheitsmanagement betonen sollte, beispielsweise das Klima: Im Winter sollte es eher im L-Bedarf, im Sommer eher im A-Bedarf ansetzen.

Teil 3: Definition der Stellschrauben

Im dritten Teil der APL-Analyse können Sie Ihre Defizite und Ressourcen gegeneinander ausgleichen. Sie definieren Ihre »Stellschrauben«, also die Punkte, an denen Sie ansetzen können, um aktiv Ihre Gesundheitsparameter zu justieren.

Wenn Sie nun A1 von A2 abziehen, entsteht die Differenz A3. Ermitteln Sie auch die Differenz P3 und L3. Tragen Sie die Werte in das zweite Diagramm ein. Ist ein Wert negativ, haben Sie ein Defizit. Ist er positiv, verfügen Sie in diesem Bereich über Ressourcen, die Sie dafür einsetzen können, Defizite in anderen Typ-Bereichen auszugleichen (siehe auch Grafik 4).

Wählen Sie hierzu die empfohlenen Maßnahmen – passend zu Ihren Lebensumständen – aus der Tabelle »Empfehlungen« unter dem jeweiligen Typ-Bedarf aus. Es ist hierbei zunächst egal, ob Sie Ihre Ernährung, Ihre Freizeitaktivitäten oder Ihre Entspannungsphasen anpassen. Sie beeinflussen auf jeden Fall Ihre Gesundheitssituation positiv.

Genau hierin liegt die Grundbedeutung eines ganzheitlichen Ansatzes in der Medizin – im Gegensatz zu einer rein symptomorientierten Behandlung, bei der nur das auffällige Organ oder Verhalten therapiert wird. Falls keine aktuellen Defizite bestehen, orientieren Sie sich bei den Empfehlungen für Ihr eigenes Gesundheitsmanagement einfach an Ihren Vorlieben und Neigungen.

Grafik 4: Beispiele für APL-3

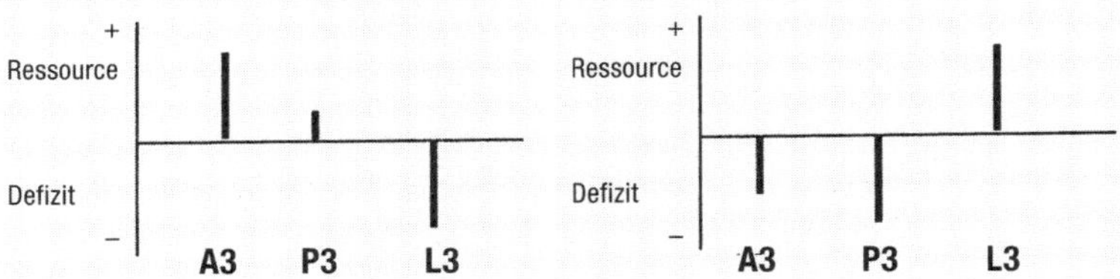

Hier sollten Maßnahmen aus dem L-Bedarf in den Alltag integriert werden. Falls dies nicht möglich ist, kann der A-Bereich als Ressource genutzt werden.

Hier bestehen sowohl Defizite im A- und besonders im P-Bereich. Um Maßnahmen im A- und P-Bereich zu betonen, kann der L-Bereich als Ressource genutzt werden.

APL-Aussagen

Die Wertung der folgenden 30 APL-1 und APL-2 Aussagen ermöglichen Rückschlüsse auf Ihr Typprofil und Ihren Typbedarf. Bitte bewerten Sie die folgenden Aussagen danach, inwieweit sie Ihrer Meinung nach auf Sie zutreffen. Gehen Sie dabei spontan und zügig vor.

Vergeben Sie die Punktwerte wie folgt: **0** – trifft überhaupt nicht zu
1 – trifft weniger zu
2 – trifft überwiegend zu
3 – trifft genau zu

A1	P1	L1
Meine Muskulatur ist kräftig ausgebildet, meine Hände sind groß.	Meine Körperform ist gedrungen, meine Arme und Beine eher kurz und schlank.	Ich bin eher schlank mit langen Armen und Beinen und feingliedrigen Händen.
Bei ausreichend Sport halte ich mein Gewicht mühelos.	Ich nehme schon vom Hinsehen zu, besonders unter Stress.	Unter Stress verliere ich Gewicht.
Ich schlafe bei offenem Fenster, auch im Winter.	Wenn mir heiß ist, schwitze ich sofort.	Ich habe oft kalte Füße.
Ich kann ohne Probleme pausenlos durcharbeiten.	Eine gemütliche, harmonische Atmosphäre ist mir wichtig.	Ich brauche regelmäßigen Schlaf, sonst fühle ich mich müde.
Ich werde schnell ungeduldig.	Ich liebe es, in angenehmer Gesellschaft gut zu essen.	Entscheidungen fälle ich erst nach reiflicher Überlegung.
Zum Arzt gehe ich nie, ich bin der Meinung der Körper hilft sich selbst am besten.	Im Urlaub sollte es nicht zu heiß sein, ein schönes Hotel ist wichtig.	Ich bin sehr gern allein in freier Natur.
Ich bin nicht nachtragend, morgen ist ja ein neuer Tag.	Andere kommen mit ihren Sorgen oft zu mir.	Beschwerden sollte man sofort beim Arzt abklären lassen, oft steckt etwas Ernstes dahinter.
Ich stehe gerne tatkräftig an der Spitze.	Kontakt zu finden fällt mir leicht.	Ich lege viel Wert auf Ordnung und Ästhetik.
Ich bevorzuge kühle Reiseländer.	Mich interessiert das Machbare, das mit vereinten Kräften erreicht werden kann.	Der schnelle Kontakt ist nicht meine Stärke.
Ich kann andere schon mal vor den Kopf stoßen.	Ein kurzer Mittagsschlaf (Powernap) reicht mir schon zur Erholung.	Am liebsten würde ich alles selber machen, dann funktioniert es auch.
Summe A1:	**Summe P1:**	**Summe L1:**

A2	P2	L2
Ich treibe mehrfach wöchentlich Sport.	In der Freizeit verbringe ich viel Zeit mit Familie und Freunden.	Ich diskutiere oft über interessante Themen.
Ich habe einen völlig normalen Blutdruck.	Rücken- und Gelenkbeschwerden sind mir völlig fremd.	Herz-Kreislaufprobleme, Kopfschmerzen, Bauchkrämpfe sind mir völlig fremd.
Ich kann meine Ziele schnell erreichen, es geht zügig voran.	In meiner Abteilung herrscht ein ausgezeichnetes Betriebsklima.	Ich habe täglich ein Frühstück und ein warmes Mittagessen.
Ich lasse mich einmal jährlich beim Arzt durchchecken.	Mit Übergewicht habe ich keine Probleme.	Meine Lebensumstände sind stabil, eine ungewisse Veränderung droht nicht.
In Besprechungen habe ich oft die Leitung, ich bestimme meist die Richtung.	Jede Woche bewege ich mich 3 × eine halbe Stunde zusätzlich (z. B. strammer Spaziergang, Schwimmen, Radfahren ...)	Ich schlafe jede Nacht ohne Probleme durch und fühle mich morgens frisch.
Meine Ernährung ist regelmäßig, ich esse öfter Obst und Salat.	Ich habe eine regelmäßige Verdauung.	Ich habe wenige, aber tiefe Freundschaften.
Ich erlebe oft aufregende und spannende Dinge.	Ich gehe oft mit Freunden gut essen.	Ich habe genügend Zeit, langfristige Strategien zu entwickeln.
Meine Durchsetzungsfähigkeit kommt mir in meiner Stellung sehr zugute.	Meine kommunikativen und integrierenden Fähigkeiten werden sehr geschätzt.	Ich lebe in einer stilvollen und geordneten Umgebung.
Ich kann mich gut auf das Wesentliche konzentrieren, den Kleinkram delegiere ich.	Ich trinke jeden Tag mindestens 1,5 Liter Wasser.	Ich habe genügend Zeit für mich selbst.
Meine Gegner respektieren mich, manche fürchten mich sogar.	Ich lebe in einer angenehmen und gemütlichen Umgebung.	In der Freizeit genieße ich oft Natur und Kultur.
Summe A2:	**Summe P2:**	**Summe L2:**
minus Summe A1:	**minus Summe P1:**	**minus Summe L1:**
Differenz A3:	**Differenz P3:**	**Differenz L3:**

APL-Typprofil

Sie können anhand der höchsten APL1-Säule Ihre **Typ-Dominanz** bestimmen. Sie finden in der Beschreibung der jeweiligen APL-Typen die körperlichen und verhaltenstypischen Eigenschaften Ihres dominanten Typ-Anteils. Die APL2-Säulen zeigen, inwieweit in Ihrer aktuellen Lebenssituation Ihr persönliches Bedarfsprofil gedeckt ist.

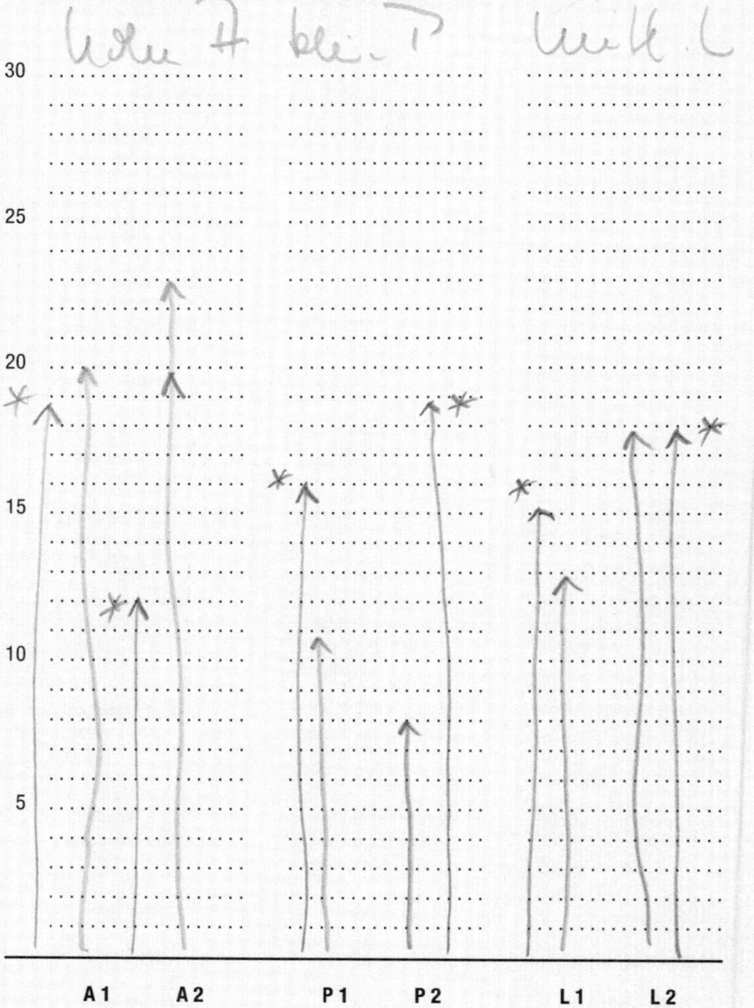

APL-Ressourcen und Defizite

Die APL3-Säulen zeigen, ob in Ihrem jeweiligen Typbereich Ressourcen oder Defizite bestehen. Sie sollten eine Optimierung Ihrer Gesundheitssituation in erster Linie durch Maßnahmen einleiten, die im jeweiligen APL-Typbedarf mit dem höchsten Defizit beschrieben sind. Eventuell müssen Sie hierbei Kapazitäten freisetzen aus dem Typbereich mit der größten Ressource.

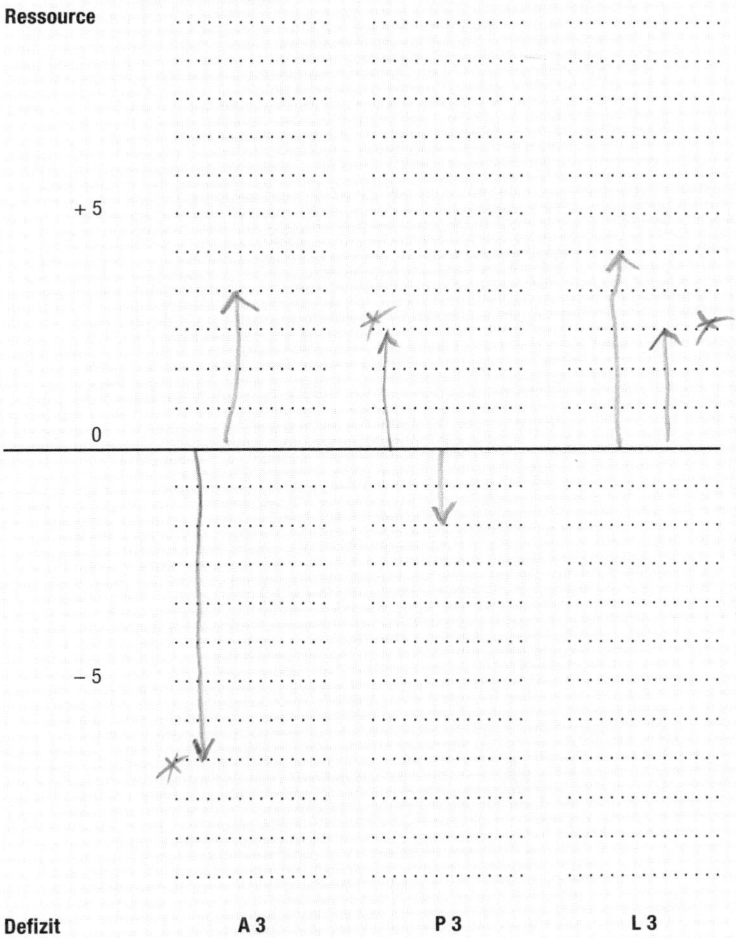

Der A-Typ

Eigenschaft	Ausprägung	Risiken, Gefahren	Beeinflussung durch P-Anteil	Beeinflussung durch L-Anteil
Körperlich	• schwerer athletischer Körperbau • Muskeln, Sehnen, Knochen besonders gut entwickelt • schmale Hüften • große, eher breite Hände • lange und kräftige Gliedmaßen		• Muskulatur nicht so ausgeprägt • wirkt gemütlicher	• Körperbau wird feingliedriger, nicht mehr so bullig
Funktionell	• Außenfülle • braucht Bewegung und Kaltreize • schmerzunempfindlich • kurzer, tiefer Schlaf • starke Verdauung • großer Appetit, kann Mahlzeiten schlecht ausfallen lassen • friert nie • kann Gewicht gut halten bei ausreichender Bewegung • körperlich sehr leistungsfähig		• Neigung zu Übergewicht wird stärker	• Hitzegefühl nicht mehr so stark
Krankheitsverhalten	• plötzlicher, heftiger Ausbruch, kurze Dauer • neigt zu Dissimilation • überspielt körperliche Beschwerden, bis plötzlich schwere Erkrankung eintritt	• Bagatellisieren von Beschwerden • Alarmsignale werden zu spät ernst genommen • Neigung zu hohem Blutdruck	• Anfälligkeit für Sehnen und Gelenke erhöht • offener für Ratschläge	• nimmt Krankheitssymptome ernster • schwächere Verdauung

Psychisch allgemein	• liebt die Herausforderung • schnell • starker Wille • selbstsicher • offen • direkt • gut einzuschätzen • risikofreudig • impulsiv • Optimist • extrovertiert • tatkräftig	• Dominant • voreilig • undiplomatisch • ungeduldig • Fettnäpfchen • wenig Reflexion • geistige Einseitigkeit	• Verständnis für andere wird größer	• mehr geistige Bandbreite • weiteres Interesse auch an Ästhetik und Kultur
Zwischenmenschlich	• liebt den Wettbewerb und Rivalität • statusorientiert • muss an den Hörnern gepackt werden • dickfellig • gelassen • stabil • Angreifer • Initiator • nicht nachtragend • verträgt Kritik	• Egoismus • unüberlegte Beziehungen • Rücksichtslosigkeit • andere nehmen es schnell persönlich, obwohl es A-Typ um die Sache geht • fährt schnell aus der Haut	• Gefahr, andere zu überrollen, wird abgeschwächt	• Beziehungen werden besser überdacht
Beruf	Realist • Macher • Entscheider • pragmatisch • ehrgeizig • schnell • immer das Ziel vor Augen • Vorreiter • aggressiv	• Zielerreichung oft an den Interessen und Wünschen der anderen Mitarbeiter vorbei • hektische Entscheidungen • geringe Detailgenauigkeit besonders bei Desinteresse	• mehr integrierend	• Gefahr, unüberlegte Entscheidungen zu treffen, wird abgemildert
Führungsverhalten	• natürliche Autorität • durchsetzungsfähig • hart • kompromisslos • scheut keine Auseinandersetzung • kann gut delegieren • offener, nachvollziehbarer Führungsstil • Konflikte werden nicht unter den Teppich gekehrt • vermittelt Sicherheit	• Mitarbeiter, besonders L-Typen, fühlen sich übergangen und deren Einsatz und Detailwissen nicht gewürdigt • Gefahr, andere zu überrollen	• wirkt nicht mehr so autoritär • andere kommen auch mal zu Wort • mehr soziale Kompetenz	• Planungen sind detaillierter
Freizeit	• sportliche Aktivität mit Wettkampfcharakter	• Körperliche Überschätzung, besonders bei Untrainiertheit	• mehr soziales Engagement • genussfreudiger	• mehr kulturelles Interesse

Der P-Typ

Eigenschaft	Ausprägung	Risiken, Gefahren, Ungleichgewicht	Beeinflussung durch A-Anteil	Beeinflussung durch L-Anteil
Körperlich	• gedrungener Körperbau • kurzer Hals • Gesicht eher breit • gedrungene Finger • eher zarte Glieder • weiche Muskulatur • eher schwache Bänder und Sehen • weiche Haut		• stärkere Muskulatur und Sehnen	• feingliedriger • schlanker
Funktionell	• neigt schnell zu Übergewicht • Innenfülle • schwitzt schnell • eher Kaltreize oder Wechselanwendungen • längerer aber tiefer Schlaf • langsamer Energieverbrauch • mittlerer Hunger • eher langsame Verdauung	• starkes Übergewicht • Schwitzanfälle • Verstopfung • Sodbrennen • Trägheit	• aktiver	• nimmt nicht mehr so schnell zu • Schlaf wird leichter • kälteempfindlicher
Krankheitsverhalten	• nicht so heftiger Krankheitsausbruch • neigt zur Übersäuerung • Beschwerden bessern sich erst nach allgemeinen Verbesserungen • Übungsprogramme haben wenig Erfolg	• Magen-, Verdauungsbelastung • Obstipation • Gelenk-, Muskelbeschwerden	• verdrängt eher Krankheitssymptome	• nimmt Beschwerden ernster
Psychisch allgemein	• gesellig • kontaktfreudig und -fähig • Harmoniebedürfnis • Bauch vor Kopf • positive Lebenseinstellung • berechenbar und unkompliziert • gute Intuition • großzügig • ist beliebt			

Zwischenmenschlich	• gutmütig • warmherzig • kann gut beruhigen • lässt die Kirche im Dorf • kann nicht gut allein sein • Harmonie vor Eigennutz • kann gut zuhören, besonders bei Problemen • sehr höflich • gute Manieren • wirkt sympathisch und verbindlich • kann gut auf Menschen zugehen • humorvoll	Gefahr der Ausnutzung um des lieben Friedens willen • eigene Stimmung zu abhängig von anderen • naiv • Kontakte zu wahllos und unkritisch	• kann besser eigene Bedürfnisse durchsetzen	• wählt besser aus, distanzierter
Beruf	• guter Schlichter • stellt sich nicht in den Vordergrund • Teamplayer, kollegial • vermittlungsbedürftig • integriert	• Überanpassung • Softie	• konfliktbereiter	• kritischer
Führungsverhalten	• strebt gute Arbeitsatmosphäre und Harmonie zwischen den Mitarbeitern an • vermittelt Nestwärme • kann gut Freiräume und Entwicklungsmöglichkeiten anderen Mitarbeitern zugestehen • Mitarbeiter können ihr Herz ausschütten	• Probleme unter den Teppich statt auf den Tisch • kann schwer Härte zeigen • Ausweichen von Konflikten	• Durchsetzungsfähiger	• Detailgenauer
Freizeit	• Genießt gutes Essen in angenehmer Gesellschaft • liebt das Angenehme • gemütliche Entspannung • Familien-Gewohnheitsmensch • Geselligkeit	• kriegt den Hintern nicht hoch, »Couch-potatoe«.	• Unternehmungslustiger	• höherer Qualitätsanspruch • Gourmet.

Der L-Typ

Eigenschaft	Ausprägung	Risiken bei Ungleichgewicht	Beeinflussung durch P-Anteil	Beeinflussung durch A-Anteil
Körperlich	• schlanke bis hagere Gestalt • lange Arme und Beine • zartgliedrige Hände • scharfes Winkelprofil • schmale Schultern • langer Hals		• etwas gedrungener • wirkt nicht mehr so hager • weicheres Profil	• Muskulatur ausgeprägter
Funktionell	• leichter Schlaf • kälteempfindlich • oft kalte Hände und Füße • entspannt sich nur langsam • erhöhte Sensibilität gegenüber Lärm, Schmerz und soz. Stress • hoher Energieverbrauch • neigt zu Untergewicht	• Hypochonder • Angstzustände • oft reicht ein pflanzliches Beruhigungsmittel völlig aus, um Beschwerden zu lindern	• bekommt »dickere Haut« • mehr Substanz	• nicht mehr so ängstlich • optimistischer
Krankheitsverhalten	• oft langsamer schleppender Beginn • lange Dauer • schnell erschöpft • frühe Wahrnehmung von Alarmzeichen	• funktionelle Herzbeschwerden • chronische Erkrankungen • Hyperventilation • psychosomatische Symptomatik • Schlafstörungen • chronische Erschöpfung		
Psychisch allgemein	• sensibel • wenig beeinflussbar • zurückhaltend • abstrakt • theoretisch • förmlich • idealistisch geprägt • Selbstkontrolle • zäh • Utopist • künstlerisch • korrekt • langfristig konsequent • hoher Anspruch an Qualität und Ästhetik	• »Kopflastigkeit« • nervös • steif • Fanatiker • Neigung zu Kummer und Sorge • starke Selbstzweifel • gefühllos bis arrogant (obwohl im Innern aufgewühlt) • kann Gefühle schlecht zeigen, verschlossen	• weniger streng	• impulsiver

Zwischenmenschlich	• eher Einzelgänger (kann gut allein sein) • wirkt unnahbar bis steif, gewinnt aber bei längerer Bekanntschaft • zuverlässig • gewissenhaft • gute geistige Aufarbeitung • begeisterungsfähig • polarisiert	• dünnhäutig und nachtragend • kritikempfindlich • zieht sich schnell ins Schneckenhaus zurück • soziale Isolation • undiplomatisch • rechthaberisch • spitz • Nervensäge	• Geselliger • der erste Eindruck wirkt nicht mehr arrogant • kommunikativer	• bei hohem A nimmt die Überempfindlichkeit bei Kritik ab • Die Selbstzweifel nehmen ab
Beruf	• faktenorientiert • Einzelkämpfer • Planer • Detailtreue • langes Abwägen aller Möglichkeiten • letztendliche Entscheidung kostet Kraft • perfekte Planung mit Sachkompetenz • schnelle Auffassung	• zu langer Entscheidungsprozess • Angst, Fehler zu machen • unspontan • Pedant • bringt Dinge nicht zu Ende • dreht sich im Kreise	• traut mehr seiner Intuition	• entscheidungsfreudiger
Führungsverhalten	• kritisch • rational • objektiv • hohe Sensibilität gegenüber Mitarbeitern • nimmt vieles zwischen den Zeilen wahr und hört manchmal das Gras wachsen • gibt genaue Anleitung • Überblick und hat alles unter Kontrolle	• Problem zu delegieren: »Mache lieber alles selbst« • Neigung zur Überwachung	• integrierender	• durchsetzungsfähiger
Freizeit	• profitiert von Ästhetik in Natur und Kunst • die Bewegung ist beim L-Typ ein wichtiger Ausgleich für seine »Kopflastigkeit«	• soziale Isolation • Weltfremdheit	• geselliger	• risikofreudiger

Empfehlungen: Der Bedarf von Typ A

Körperlich

- **Ernährung** Eher pflanzliche Kost, auch als Salat oder Obst, tierisches Eiweiß nicht jeden Tag, auch ein Saftfastentag pro Woche ist sinnvoll, lieber Fisch als Fleisch, Kurzgekochtes, viel Flüssigkeit. Auf den A-Bedarf trifft die aktuelle Meinung über »gesunde Ernährung« am ehesten zu.
- **Bewegung** Hier steht das Leistungserlebnis im Vordergrund. Je höher das A-Defizit, desto mehr Sport ist sinnvoll. Dabei darf ruhig der Wettkampfcharakter im Vordergrund stehen, z. B. Tennis, Squash, Leichtathletik, Bergwandern (mit Gipfelerlebnis), Judo, Fitnesssport, Handball etc. Wichtig ist, dass die Bewegungsintensität nur langsam gesteigert werden darf, bei zu schnellem Trainingsaufbau, kann sich der Gesundheitseffekt ins Gegenteil verkehren. Also besonders auf den inneren Trainer hören.
  Beim A-Typ hat die tägliche Bewegung auch besonders die Funktion einer Stressprophylaxe. An Tagen, an denen kein Sport möglich ist, verbessern morgens 10 Min. auf dem Fahrrad-Ergometer die Gesundheitssituation deutlich.
- **Entspannung** Der Entspannungsbedarf ist eher gering. Meditation und Autogenes Training vertiefen eher das A-Defizit. Aktive Bewegung im Freien ist das Richtige.
- **Funktionell** Kaltreize, z. B. morgendliches Wechselduschen oder im Sommer auch rein kalt ist sehr sinnvoll, Sauna mit anschließenden Eisbädern beantwortet der A-Typ mit einer guten Durchblutung und Stärkung des Immunsystems. Kräftige Massagen. Besonders gut eine jährliche Entschlackungskur, Saftfasten, bei viel A auch in Form von Fastenwandern. Besonders wichtig ist der jährliche Check-up, da der A-Typ ernste Krankheitssymptome gerne verdrängt.

Empfehlungen: Der Bedarf von Typ A

Psychisch

- **Allgemein** Selbstbewusst auftreten und sein Licht nicht unter den Scheffel stellen ist hier gefragt. Der Wunsch nach Abwechslung kann sehr ausgeprägt sein. Also öfter mal was Neues, neue Sportart, neuer Urlaubsort, neues Restaurant etc. Ruhig auch mal wohl dosiert ein Risiko (bei starkem A-Bedarf bis zu Bungee-Jumping) oder etwas »Verrücktes« anstellen. Dabei versteht die A-Dominanz unter »Verrücktem« etwas anderers als die L-Dominanz, für die vielleicht schon die Frage nach der Uhrzeit im Fahrstuhl ein Wagnis ist.
Da der A-Typ Krankheitssymptome gerne bagatellisiert, sollte bei Beschwerden eher früh als zu spät ein Arzt konsultiert werden.

- **Zwischenmenschlich** Der A-Typ braucht offene und direkte Kommunikation. Menschen, die ihn auch mal bei den Hörnern packen, respektiert er als Partner. Spontane Kontakte und Vorhaben, die eher ergebnisorientiert sind und die sich nicht so lange bei der Planung aufhalten, kommen seiner Impulsivität entgegen.

- **Beruf** Berufliche Aktivitäten und Aufgaben, die eine Herausforderung bedeuten und die Möglichkeit, Dinge zu bewegen und voranzubringen. Dabei auch im Mittelpunkt und an der Spitze stehend, kommen dem A-Bedarf entgegen.
Zuviel Diskussion und Zögern sind hier eher verstärkend und führen manchmal zu unkontrolliertem Zorn bei starkem A-Defizit. Hier ist sportliche Bewegung als Ausgleich umso wichtiger.

- **Freizeit** Leistungserlebnis, körperliche Anstrengung, anregende, spannende Situationen verringern das Defizit.
Je mehr A, desto eher kann die eigene Leistungsfähigkeit bei Untrainiertheit aber auch überschätzt werden. Eine langsame Steigerung ist deshalb besonders wichtig.

Empfehlungen: Der Bedarf von Typ P

Körperlich

- **Ernährung** Überwiegend kühlende Nahrung, also eher Kurzgekochtes und Gegartes. Im Sommer auch Rohkost. Vorsicht jedoch im Stresszustand, hier führt Rohkost sehr schnell zu einer Überbelastung der Verdauung. Nicht angepasste, unregelmäßige Ernährung und ungenügende Esskultur führen zu Übergewicht. Ein Entlastungstag in der Woche macht Sinn. Nur ausnahmsweise Zwischenmahlzeiten (gelingt nur bei regelmäßigen Hauptmahlzeiten).
- **Bewegung** Das gesunde Bewegungsmaß ist hier 3 x 30 Min. zusätzliche leichte Bewegung die Woche. Bei sportlicher Betätigung sollte der gesellige Charakter im Vordergrund stehen. Vorsicht allerdings bei Sport- und Bewegungsarten, die die Gelenke und Sehnen strapazieren, die beim P-Typ eher schwach ausgebildet sind. Besonders zu empfehlen ist demnach (gut in einer Gruppe): Wandern, gemütliches Schwimmen, Kegeln, Fahrradfahren, Tanzen u. a.
- **Entspannung** Gemütliche Entspannung, Massagen, Sauna. Einsame Meditationen verstärken eher das P-Defizit. Kneippsche Wechselanwendungen, Wechselbäder hier besonders gut. Bindegewebsmassagen sind hier sehr effektiv.
- **Funktionell** Das Übergewicht resultiert meist aus einer nicht angepassten Ernährung und einer suchtgesteuerten Appetitregulation. Verbote bringen hier gar nichts. Nur wenn die allgemeine Gesundheitssituation verbessert wird, müssen Stimmungsmacher wie Schokolade oder Alkohol allgemein nicht mehr zur Ersatzbefriedigung eingesetzt werden. Dadurch und durch eine Betonung der Nahrungsmittelqualität und Esskultur schwindet das Übergewicht, ohne dass je ein Fuß ins Fitnessstudio gesetzt wurde. In angenehmer Umgebung kann eine Fastenkur Wunder bewirken. Kneippsche Wechselgüsse regen das Immunsystem an. Im Krankheitsfall ausleitende Verfahren wie Schwitzkur, Teefasten, auch Aderlässe.

Empfehlungen: Der Bedarf von Typ P

Psychisch

- **Allgemein** Eine angenehme, gemütliche Wohnsituation. Bei P-Bedarf besteht die Gefahr, besonders unter Insuffizienzängsten als Vater oder Mutter und Ehepartner zu leiden. Deshalb ist hier mehr Zeit für die Familie und Freunde besonders wichtig. Freizeitaktivitäten sollten deshalb betont mit der Familie und Freunden stattfinden. Lieb gewonnene Gewohnheiten steigern das Wohlgefühl und sollten unbedingt gesucht und beibehalten werden.

- **Zwischenmenschlich** Braucht unkomplizierte, humorvolle Umgebung (Nestwärme). Der P-Typ kann sich besonders gut im Team entfalten. Bei sehr starkem P besteht die Tendenz zur Trägheit und Stagnation, deshalb ist Anregung von außen wichtig. Der P-Typ braucht manchmal einen kleinen Ruck, um sich aufzuraffen.

- **Beruf** Gesellige, harmonische Atmosphäre, braucht Zuwendung, besonders bei Sorgen. Mit viel Gelegenheit seine integrierenden und kommunikativen Fähigkeiten einzusetzen, z.B. als Schlichter oder im Außendienst, kann der P-Typ eine hohe Arbeitszufriedenheit erreichen.

- **Freizeit** Genuss, Komfort und gesellige Anregung. Bei gutem Essen mit Freunden und Familie kann sich der P-Typ gut erholen.

Empfehlungen: Der Bedarf von Typ L

Körperlich

- **Ernährung** Für den L-Typ bewirken die gängigen Empfehlungen bzgl. »gesunder Ernährung« meist das Gegenteil. Deshalb Gekochtes bevorzugen, gerade Langgekochtes sorgt bei L-Bedarf für Energie, ohne die geschwächte Verdauungsfähigkeit zu überstrapazieren. Rohkost und Vollkorn führt hier sogar zu einer gesundheitsgefährdenden Gärung im Darm. Je heißer die Außentemperaturen, desto eher kann bei Appetit auch ein Salat oder rohes Gemüse auf dem Speiseplan stehen. Besonders im Winter sind aber Eintöpfe und Brühen genau das Richtige. Ein guter Wein bringt zusätzliche Energie. Hier besonders wichtig ist die Regelmäßigkeit der Ernährung und die Esskultur. Also täglich ein Frühstück (kein Müsli), warmes Mittagessen und eher leichtes Abendessen. Ruhe vor und beim Essen, gepflegte Umgebung, und betontes Durchkauen und -schmecken unterstützen die Verdauungsfähigkeit enorm. Am besten im Voraus mit hoher Priorität in den Terminkalender eintragen. Dadurch werden Kreislaufprobleme und Müdigkeitsgefühl besser. Bei hohem L-Defizit keine Diäten! Besonders in Kombination mit Fitness ist dies gefährlich und führt oft zu Essstörungen!

- **Bewegung** Körperliche Bewegung steht bei Reduktion des L-Defizits nicht im Vordergrund. Wenn Bewegung, dann besonders günstig Naturerlebnisse und die Ästhetik des Sports, z. B. Skilanglauf, Golf, Spazierengehen in schöner Umgebung, Schwimmen. Auch hier steht die Regelmäßigkeit im Vordergrund, mehr als 3 × 30 Min. in der Woche müssen es aber nicht sein. Besonders günstig auch in Form von ästhetischer und entspannender Bewegung wie z. B. Tai-Chi, Qigong.

- **Entspannung** Hier besteht der größte Bedarf an Entspannung. Je individueller und ästhetischer, desto eher trifft es den L-Bedarf, z. B. Musik, Bildbetrachtungen, schöngeistige Literatur, autogenes Training, Meditation, auch klösterliche Exerzitien, generell Naturerlebnisse. Beim Autofahren eignet sich Entspannungsmusik. Regelmäßige Pausenrituale.

Empfehlungen: Der Bedarf von Typ L

- **Funktionell** Ausreichend und regelmäßig Schlaf, Lymphdrainagen, Fußreflexzonenmassage, sehr gut auch Ölentspannungsbäder, Fußbäder, Leberwickel, Wärmeanwendungen, sanfte Massagen, Kneipp- oder Ayurveda-Kuren, aber keine strengen Fastenkuren.

Psychisch

- **Allgemein** Stabile Lebensumstände sind beim L-Bedarf wichtig. Bestätigung und sachliche Anerkennung helfen hier weiter. Braucht Sicherheit und Beruhigung durch genaues Erklären. Ein genauer Plan schafft beim L-Bedarf Vertrauen. Ungewisse Risiken können das L-Defizit verstärken.
- **Zwischenmenschlich** Braucht viel Zeit allein zur Reflexion und inneren Verarbeitung. Eine stilvolle Umgebung und anspruchsvolle Gespräche sind bei L-Defizit besonders hilfreich. Hektischer Entscheidungsdruck, Unverbindlichkeit und schnelle Bekanntschaften verstärken das Defizit eher. Wichtig ist die Frage nach eigenen Werten und die Möglichkeit, diese auch leben zu können.
- **Beruf** Berufliche Aktivitäten und Aufgaben, die langfristige Planung und Detailwissen fordern, können bei L-Defizit Wunder wirken. Freiheit, auch mal utopische Pläne zu äußern und einen gewissen Fokus auf ethische Werte zu richten. Zynismus führt hier zu einem inneren Ausbrennen und dadurch zur Potenzierung des Defizits.
- **Freizeit** Kulturelle Anregung wie Konzerte, Theater, Museumsbesuche, ästhetische Naturerlebnisse, mentale Abwechslung.

Praxisbeispiel 1: Herr S., 42 Jahre, Unternehmensberater

Ergebnis der APL-Analyse: L-Dominanz und L-Defizit bei kleiner P-Ressource

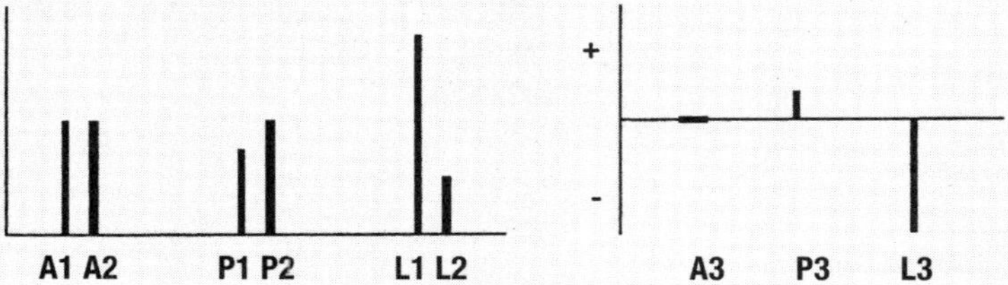

Aktuelle Gesundheitssituation:

Körperlich:	Bei beruflichem Stress oft Herzrasen verbunden mit Allgemeinsymptomen wie Schweißausbruch, Sprachstörungen.
Mental:	Massive Angstgefühle vor Entdeckung der Symptomatik und der beruflichen Nachteile. Angst davor, beruflichen Anforderungen nicht standhalten zu können. Schlafstörungen.
Beruf:	Selbstständiger Unternehmensberater in einer jungen, sehr erfolgreichen Firma. 10–14 Std./Tag. Sehr häufig beim Kunden arbeitend.
Privat:	Verheiratet, 3 Kinder, die freie Zeit ausschließlich mit Familie verbringend. Trotzdem Insuffizienzgefühle als Ehemann und Vater.
Bisherige Empfehlung:	Symptomatisch: Betablocker. Bei Anhalten der Beschwerden: Herzkatheter-Untersuchung. Mehr Sport, was Herr S. aus Zeitgründen nicht durchführen konnte und zu zusätzlichen Insuffizienzgefühlen und Stress führte.

Praxisbeispiel 1: Herr S., 42 Jahre, Unternehmensberater

Empfehlungen der APL-Analyse:

Körperlich:	Öfters warme Entspannungsbäder.
Mental:	Bei den Anfahrten im Auto Entspannungskassetten hören. Beim ersten Auftreten der Herzsymptome und vor dem Schlafen 30 Tropfen eines pflanzlichen Beruhigungsmittels.
Beruflich:	Regelmäßige Mittagspausen mit einem kurzen Spaziergang und einer warmen Mahlzeit. Keine Rohkost.
Privat:	Herr S. widmete der Familie seine ganze verbleibende Freizeit, da er das Gefühl hatte, als Vater nicht häufig genug anwesend zu sein. Trotzdem riet ich ihm, einige Stunden an freien Tagen für sich selbst zu reservieren, da das L-Defizit auf lange Sicht zu einem viel größeren Ausfall des Vaters führen kann. Lieber weniger Zeit gezielt und mit vollem Interesse, als die gesamte Freizeit aus schlechtem Gewissen mit der Familie verbringen. Auch eine Führungskraft hat ein Recht auf eigene Bedürfnisse in der Freizeit. Abends öfters 1 – 2 Gläser Rotwein.
Ergebnis:	Nach drei Monaten gab Herr S. folgende Rückmeldung: kaum noch Herzbeschwerden und mit weniger Dramatik. Betablocker abgesetzt und damit keine Nebenwirkungen mehr. Wesentlich besserer Schlaf. Höhere Zufriedenheit.

Praxisbeispiel 2: Herr U., 54 Jahre, Geschäftsführer

Ergebnis der APL-Analyse: A-Dominanz, aber L-Defizit bei A-Ressource

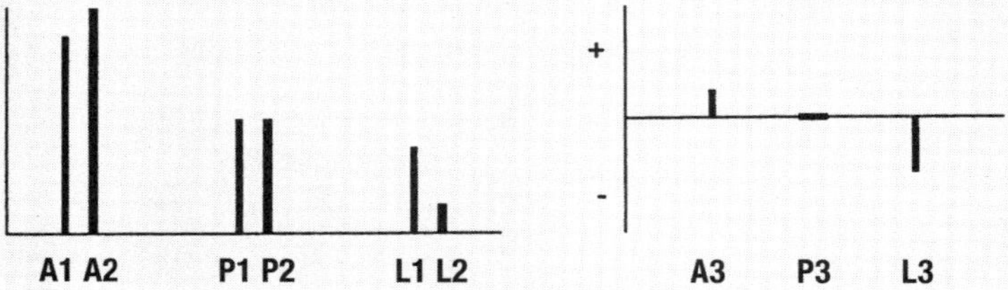

Aktuelle Gesundheitssituation:

Körperlich:	Magendruck und Sodbrennen, häufig migräneartiger Kopfschmerz, Rückenprobleme.
Mental:	Wo früher begeisterungsfähig, heute eher Stimmungsschwankungen und Lustlosigkeit, Schlafstörungen.
Beruf:	Leiter eines mittelständischen Unternehmens mit hohem Wettbewerbsdruck und Umstrukturierungen. 12–14 Stunden/Tag. Häufige Geschäftsreisen.
Privat:	Verheiratet, zwei erwachsene Kinder, kaum zu Hause, freie Zeit meist in der Funktion eines Verbandsvorstandes.
Bisherige Empfehlung:	Symptomatisch: Magensäureblocker, mehrere Gastroskopien erbrachten aber keinen wesentlichen krankhaften Befund. Schmerztabletten. Weniger Stress und mehr Sport.

Empfehlung nach APL-Analyse:

Körperlich:	Entspannungsmassagen und -bäder. Zu Fuß die zehnminütige Strecke ins Büro. Regelmäßiges leichtes Frühstück. Keine Körner. Bei Magenbeschwerden Basentabletten und Ingwerbonbons.

Praxisbeispiel 2: Herr U., 54 Jahre, Geschäftsführer

Mental:	Bei den Anfahrten im Auto Entspannungskassetten hören. Ästhetik am Arbeitsplatz verbessern.
Beruflich:	Regelmäßiges warmes Mittagessen, dabei die Pause im Terminkalender von der Sekretärin überwacht. Vorher zwei Minuten ohne Störung im Zimmer, hinter geschlossener Tür, anschließend direkt in die Kantine. Bei Geschäftsessen keine Rohkost und Salate, eher einfache Speisenzusammenstellung.
Privat:	Da der A-Bedarf mehr als gedeckt ist und die geschäftliche Situation kein Kürzertreten in der Firma erlaubt, sollten die zusätzlichen Führungsaktivitäten in einem Verband eingeschränkt oder aufgegeben werden. Die frei werdende Zeit für Aktivitäten aus dem L-Bereich verwenden, z. B. kulturelle Abwechslung oder Besuch von Wellness-Einrichtungen.
Ergebnis:	Nach sechs Monaten gab Herr U. folgende Rückmeldung: deutlich weniger Magenprobleme (Magensäureblocker verschieben nur die Symptomatik durch Unterdrückung der Säureproduktion. Basentabletten hingegen neutralisieren die bereits produzierte Säure und unterdrücken somit das Symptom nicht.) Wesentlich besserer Schlaf. Deutlich weniger Rückenschmerzen, weniger Kopfschmerzen. Wieder mehr Optimismus. Da Herr U. die Effizienz des eingeschlagenen Weges nun voll akzeptierte, möchte er auch die weitergehenden Vorschläge für eine generelle Entschlackungskurmaßnahme umsetzen.

Praxisbeispiel 3: Frau R., 40 Jahre, Geschäftsführerin

Ergebnis der APL-Analyse: P-Dominanz, aber L-Defizit bei A-Ressource

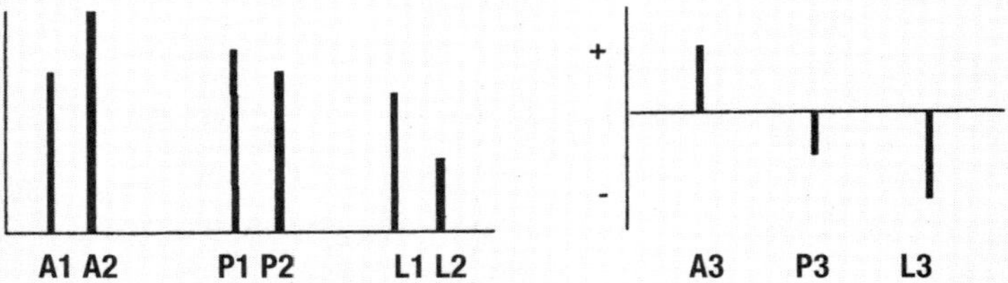

Aktuelle Gesundheitssituation:

Körperlich:	Bauchkrämpfe, Beinschwellungen, Rückenprobleme, Problem, Gewicht zu halten.
Mental:	Psychischer Erschöpfungszustand.
Beruf:	Leiterin einer Softwarefirma mit hohem Wettbewerbs- und Zeitdruck. 12–14 Stunden/Tag. Ständig erreichbar auch im Urlaub.
Privat:	Verheiratet, zwei Kinder, kaum zu Hause.
Bisherige Empfehlung:	Schmerztabletten. Weniger Stress und mehr Sport. Laufband im Fitnessstudio.

Empfehlung nach APL-Analyse:

Körperlich:	Entspannungsmassagen und -bäder. Kleine Gehstrecken zu Fuß. Regelmäßiges leichtes Frühstück. Keine Körner. Regelmäßige Mittagspause mit Fußweg zu geeignetem Restaurant. Zu Hause Wärmeanwendungen für den Bauch. Halbstationäre Entschlackungsmaßnahme.

Praxisbeispiel 3: Frau R., 40 Jahre, Geschäftsführerin

Mental: Bei den Anfahrten im Auto Entspannungskassetten hören. Aufgaben mehr delegieren, evtl. mithilfe von Organisationsberatern.

Beruflich: Sekretärin wacht über Flüssigkeitszufuhr und feste Pausen. Bei Geschäftsessen keine Rohkost und Salate, eher einfache Speisenzusammenstellung.

Privat: Da Fitnessstudio Frau R. keinen Spaß machte und eher ein zusätzlicher Stressfaktor war, wurde die Teilnahme an einer Frau R. bekannten Freizeitsportgruppe empfohlen, bei der das Gesellschaftliche und der Spaß an der Bewegung im Vordergrund stehen.
Wenige, aber regelmäßige Treffen im Bekanntenkreis pflegen.

Ergebnis: Frau R. setzte zusammen mit ihrem Mann sofort die Entschlackungskur in die Tat um. Anschließend keine Bauchbeschwerden mehr. Seit drei Monaten nun deutliche Besserung der Beschwerden. Das Gewichtsproblem hat Frau R. nun im Griff trotz (oder gerade wegen) höherer Lebensqualität.

Praxisbeispiel 4: Herr M., 39 Jahre, Leiter Controlling

Ergebnis der APL-Analyse: L-Dominanz, mit P-Defizit und L-Ressource

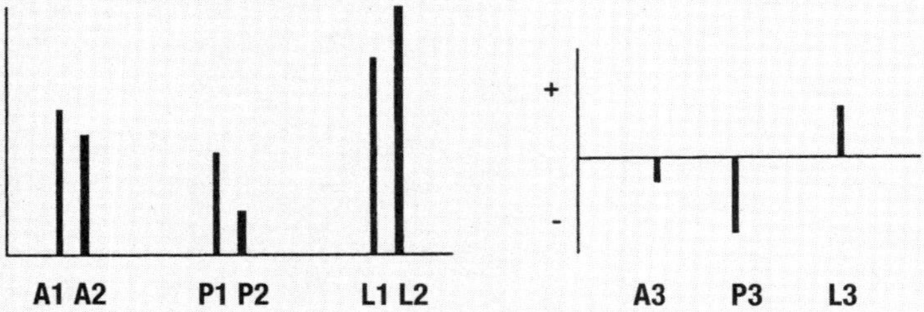

Aktuelle Gesundheitssituation:

Körperlich:	Chronische Müdigkeit, Potenzprobleme.
Mental:	Unzufriedenheit, depressive Verstimmungen.
Beruf:	Leiter Controlling, 10 Stunden/Tag, freies Wochenende, wenig Geschäftsessen und Außenkontakte. Einzelgänger.
Privat:	Geschieden, keine Kinder, wohnt allein im neu gebauten Haus.
Bisherige Empfehlung:	Sport.

Empfehlung nach APL-Analyse:

Körperlich:	Sport mit Spaßfaktor und sozialem Erleben, z. B. Tanzkurs.
Mental:	Anregungen durch Aktivitäten, die als Nebeneffekt zu zwischenmenschlichen Kontakten führen. Keine Entspannungskurse!

Praxisbeispiel 4: Herr M., 39 Jahre, Leiter Controlling

Beruflich: Zunächst Akzeptanz der eigenen Potenziale, die nicht in der Außenwirkung, sondern in der Detailgenauigkeit liegen. Aktives Betonen dieser Fähigkeiten auch nach außen.
Positive Mitarbeiterführung (auch mal ein paar lobende Worte). Steigerung sozialer Kompetenz, z. B. Beteiligung an Planung des nächsten Betriebsausflugs.

Privat: Aktivitäten, die den Bedarf an zwischenmenschlichem Kontakt, aber auch dem ästhetischen Anspruch decken, z. B. lateinamerikanischer Tanzkurs, Bildungsreisen und Naturerlebnisse wie beim Segeln. Außerdem kann zusätzlich der leichten Unterforderung im A-Bereich durch eine Funktion in einem Verein oder Verband entgegengewirkt werden.
Öfter mal gut essen gehen, am besten in Gesellschaft von Freunden. Wenn zu Hause, dann qualitativ gute Nahrungsmittel und Weine genießen.

Ergebnis: Typisch L ist, dass Herr M., nachdem ihm die Zusammenhänge des ganzheitlichen Gesundheitsmanagements genau erläutert wurden und er diese für sich akzeptierte, die gemachten Vorschläge nach und nach umsetzte. In festen Intervallen wurden kurz telefonisch die Maßnahmen besprochen.
Nach sechs Monaten gibt Herr M. ein wesentlich optimistischeres Lebensgefühl an. Ein Salsatanzkurs wurde tatsächlich belegt, die Angst, sich durch Bewegung zu blamieren, wurde überwunden. Der Fortsetzungskurs schon gebucht. Auch die Situation im Büro ist nun wesentlich kommunikativer, was die Arbeitzufriedenheit deutlich angehoben hat.

Kapitel 8

Ihr persönliches Gesundheitsmanagement

Die Grundlagen für Ihr persönliches Gesundheitsmanagement sind nun gelegt. Zusammen mit den Hinweisen in den ersten sechs Kapiteln gibt Ihnen die APL-Analyse die Grundlage dafür an die Hand, Ihre ganz individuelle Strategie zu entwickeln. Im Folgenden möchte ich noch mal auf die vier wesentlichen Aspekte hinweisen, auf die sich Ihre Gesundheitsplanung stützen sollte. Bitte beachten Sie: Sollten Sie an einer ernsten Erkrankung oder an einer bedrohlichen unkontrollierten Stressreaktion leiden, hat selbstverständlich die Auseinandersetzung mit dieser speziellen Situation beziehungsweise deren Behandlung erste Priorität.

Die Konzeption Ihrer Gesundheitsplanung

1. Zielsetzung

Häufig scheitert das Gesundheitsmanagement bereits an einer falschen Zielsetzung: Die meisten Führungskräfte orientieren sich an allen möglichen Krankheiten, die sie durch Beherzigung der vielfältigsten Ratschläge vermeiden wollen. Das ist ein ebenso verbreiteter wie fataler Fehler. Wie im ersten Teil des Buches ausgeführt, ist nicht nur die Zahl der gut gemeinten – oder bewusst durch Interessensgruppen lancierten – Ratschläge unüberschaubar, viele von ihnen widersprechen sich auch, und die positive Wirkung, die ihre Befolgung angeblich hat, ist zudem wissenschaftlich nicht belegt.

Ein Gesundheitsmanagement, das die Vermeidung von Krankheiten als Leitfaden hat, wird deshalb schnell jede Orientierung verlieren

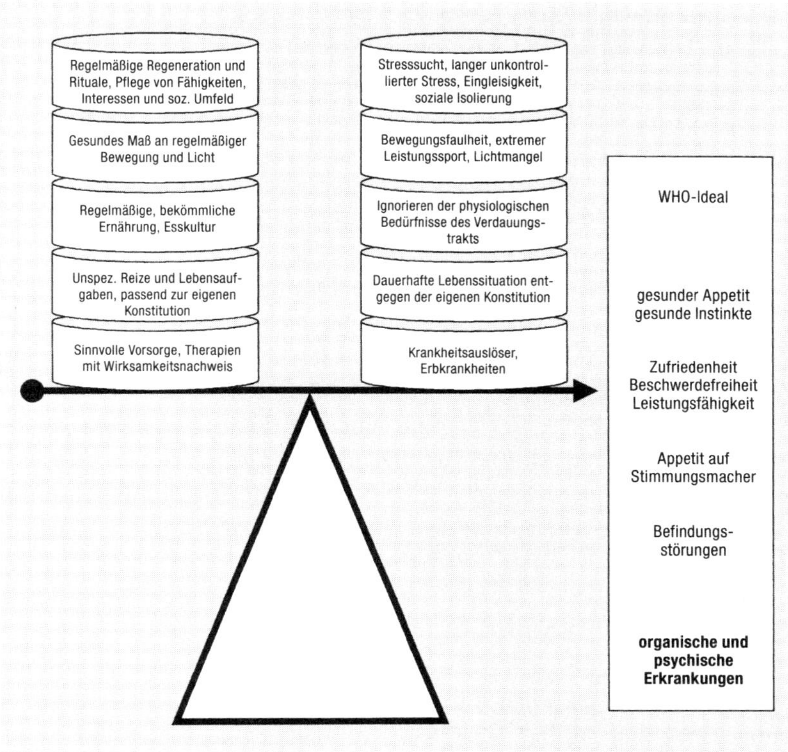

Abbildung 8: Gesundheitswaage. Der Zeiger sollte nicht dauerhaft unter den Bereich Leistungsfähigkeit fallen. Kommt es zu einer Belastung auf der rechten Seite, kann durch Maßnahmen auf der linken Seite gegengesteuert und damit die Gesundheit stabilisiert werden.

und im Wust nicht überprüfter Maßnahmen hängen bleiben – ganz abgesehen davon, dass schon ein Bruchteil dieser Ratschläge den Terminplan einer Führungskraft sprengt und ihre Nichtbefolgung am Ende nur ein schlechtes Gewissen bereitet. Hinzu kommt, dass dieser Managementansatz, der sich an möglichen Krankheiten orientiert, völlig unnötige Ängste vor einer überall lauernden Gesundheitsgefährdung schürt.

Die Alternative liegt in einem Konzept, das sich »Wohlbefinden und Leistungsfähigkeit« zum Ziel setzt. Diese wesentlich weiter gefasste Definition von Gesundheit beschränkt sich nicht auf die Vermeidung eines unerwünschten Zustandes, sondern beschreibt ein realistisches und attraktives Ziel. Es ist nicht anders als bei Ihrer unternehmerischen Zielsetzung: Auch hier versuchen Sie nicht, jeder denkbaren Krise mit prophylaktischen Maßnahmen vorzubeugen, sondern Sie verfolgen eine positive Strategie, um Gewinn und Leistungsfähigkeit Ihres Unternehmens dauerhaft zu sichern.

Ein zweiter Aspekt kommt hinzu: Das Ziel »Wohlbefinden und Leistungsfähigkeit« lässt sich mit einer überschaubaren Zahl von Maßnahmen erreichen und eignet sich damit für ein Managementkonzept. Im Grunde genügen einige wenige, Regeln, die sich auf die individuelle Situation zuschneiden lassen, um einen nachhaltigen Effekt zu erzielen. Wie im Kapitel über die Naturheilkunde gezeigt, wirken bestimmte Maßnahmen als unspezifische Reize positiv auf die Gesundheit, ohne dass eine bestimmte Krankheit diagnostiziert sein muss.

2. Rahmenbedingungen

Maßnahmen anzustreben, für die Sie im beruflichen Alltag ohnehin keine Zeit haben, sollten Sie ebenso vermeiden wie die Befolgung von Ratschlägen, die Ihrem aktuellen Bedarfsprofil widersprechen. Mit anderen Worten: Bei der Entwicklung Ihres persönlichen Gesundheitsmanagements sollten Sie von zwei wesentlichen Rahmenbedingungen, nämlich Ihrer aktuellen beruflichen und privaten Situation einerseits und Ihrer persönlichen Konstitution andererseits, ausgehen. Die im siebten Kapitel vorgestellte APL-Analyse kann Ihnen dabei helfen, beides bei der Auswahl Ihrer Maßnahmen zu beachten.

3. Maßnahmen und Umsetzung

Bei der Planung Ihrer Maßnahmen sollten Sie sich von Machbarkeit, Regelmäßigkeit und einer gewissen Freude an der Sache leiten lassen. Erinnern wir uns: Es sind die kleinen, aber regelmäßig in den Alltag integrierten Maßnahmen, die den entscheidenden gesundheitlichen Effekt haben. Keine Maßnahme am Wochenende und in den Ferien kann ersetzen, was Sie an kleinen gesundheitsfördernden Ritualen an jedem Arbeitstag durchführen!

Um die für Sie richtige Kombination von Maßnahmen zusammenzustellen, sollten Sie sich zum einen auf die allgemeinen Regeln konzentrieren, die Sie den Checklisten der ersten Kapitel entnehmen können. Zum anderen können Sie diese Regeln durch die Empfehlungen der APL-Analyse an Ihre individuelle Situation anpassen.

4. Kontrolle

Kein Plan ohne Kontrolle. Warum nicht beispielsweise Ihr Sekretariat einbeziehen?

Einen kleinen, aber wichtigen Teilaspekt der Kontrollfunktion Ihres Gesundheitsmanagements sollten Sie möglichst Ihrem Arzt über-

Tipp: Was Ihr Sekretariat für Ihr Gesundheitsmanagement tun kann

- Eine Flasche Wasser auf den Schreibtisch stellen, mit eingeschenktem Glas. Bitte das Büro erst verlassen, wenn diese Wasserflasche leer ist! Am Anfang erfordert das einige Umgewöhnung, aber das notwendige Wassertrinken wird auf diese Weise zunehmend zur Gewohnheit. Sinnvoll ist die Wasseraufnahme zwischen den Mahlzeiten, nicht während der Mahlzeiten.
- Außerdem dafür sorgen, dass im Büro immer eine Kanne mit frischem Kräutertee (zum Beispiel Fenchel, Anis, Eisenkraut, Johanniskraut) steht. Den Tee am besten in der Apotheke kaufen, weil dieser am ehesten ohne Pestizide angebaut wurde.
- Am Vormittag und am Nachmittag je eine Fünf-Minuten-Pause einplanen, bei der das Sekretariat jede Störung von Ihnen fern hält. Sie sind danach leistungsfähiger.
- Regelmäßiges Mittagessen einplanen und überwachen lassen. Vorher oder nachher zehn Minuten Pause!

tragen. Er sollte Sie daran erinnern, wenn sinnvolle medizinische Vorsorgemaßnahmen[151], beispielsweise Impfungen oder Präventivuntersuchungen, fällig sind.

Die Integration in den Alltag

In den folgenden Alltagsplan Ihres Gesundheitsmanagements können Sie nun Ihre Maßnahmen eintragen und in Ihren Tagesablauf einbeziehen. Achten Sie dabei auf realistische Ziele. Jede kleine Verbesserung hat über die Jahre große positive Auswirkungen.

Tabelle 6: Ihr persönlicher Alltagsplan

	Allgemeine Empfehlungen (siehe auch Checklisten Kap. 2 – 5)	**Individuelle Empfehlungen** Ergänzen Sie hier die allgemeinen Empfehlungen mit Maßnahmen aus Ihrem APL-Bedarfsdefizit.
Frühstück	• Betonen Sie traditionell hergestellte Nahrungsmittel, hier können Sie sich getrost auf Ihren Appetit verlassen. • Keine Margarine, Süßstoff, Light-Produkte, keine Nahrungsergänzung oder Vitamintabletten.	....
Weg zur Arbeit	• Bei kurzen Distanzen zu Fuß zur Arbeit gehen. • Bei Autofahrten und L-Bedarf eher Entspannungsmusik hören.	....
Vormittag	• Zusätzlich 0,5 Liter Wasser oder Kräutertee. • Eine 5-minütige Entspannungspause. • Kleine unspezifische Reize wie, z.B. kalter Gesichtsguss, oder einfach das Fenster auf und »sich recken und strecken«.	....
Mittag	• Betonen Sie die Regelmäßigkeit Ihrer Ernährung und achten Sie auf ein Mindestmaß an Esskultur (nicht im Stehen, ausreichend Zeit für Genuss, nicht schlingen). • Eine so banale wie äußerst effektive Maßnahme ist es, regelmäßig vorm Mittagessen eine Runde im Freien (ohne Handy) »um den Block« zu drehen. 1. Zusätzlich 10 Min. Bewegung täglich. 2. Höhere Lichtexposition im Freien. 3. Entspannter zu Tisch (»das Darmhirn« kann so besser arbeiten).	....
Nachmittag	• Wer Müdigkeit verspürt, wird durch einen 15-min. »Powernap« leistungsfähiger. • Zusätzlich 0,5 Liter Wasser oder Kräutertee. • Eine 5-minütige Entspannungspause. • Unspezifische Reize wie z. B. 20 x die Schultern kreisen (geht auch beim Lesen) oder 10 x Hüftkreisen (geht auch beim Telefonieren).	....

Weg nach Hause	• Jede Bewegung im Freien ist besonders positiv. • Im Auto bei L-Bedarf Entspannungsmusik.	....
Abends	• Unter Stress und spät abends (Geschäftsessen) meiden Sie besser Rohkost und Vollwert. Wer mag, gerne 1 – 2 Glas Alkohol.	....
Freizeit	• Verlagern Sie Aktivitäten auch mal ins Freie. • Je nach Bedarf Sport, Geselligkeit oder Entspannung betonen. • Sportarten auch mal wechseln.	....
Geschäftsreisen	• Bei langen Autofahrten ausreichend Flüssigkeit mitnehmen, eher Entspannungsmusik. • Bei häufigem Zeitzonenwechsel genügend Ruhephasen einplanen.	....
Was ich delegieren kann	• Auf dem Schreibtisch immer eine Flasche Wasser und ein Glas. • Feste Pausenzeiten und regelmäßiges Mittagessen einplanen und überwachen lassen. • Keine alte Kaffeebrühe, sondern frischen Kaffee oder Espresso. • 1 Kanne Kräutertee im Büro. • Keine Fertigplätzchen, sondern z. B. Obst oder auch einfache Butterbrote als Pausensnack.	....
Sonstiges	• Jeden Tag zusätzlich 15 Min. Bewegung (Treppen, Weg zum Büro, Mittagspause etc.). • Überprüfung des Impfschutzes auf Tetanus, Diphterie, Polio, Hepatitis B. Regelmäßige Vorsorgeuntersuchungen. • Pflege von außerberuflichen Interessen, z. B. mind. 1 × pro Monat ein Theater- oder Konzertbesuch • Jede Minute, die Sie in Familie und Freunde investieren, ist Ihre beste Stressprophylaxe.	....
Am wichtigsten	• Meiden Sie Gesundheitsstress und genießen Sie, was gut tut.	

Teil III

Vision

Kapitel 9

Telemedizin: Der halbvirtuelle Hausarzt

Flughafen Hongkong, in wenigen Jahren. Herr X, Senior Consultant bei einer internationalen Beratungsgesellschaft, spürt kurz nach der Landung einen heftigen Rückenschmerz. Da der Schmerz ungewöhnlich ist und anhält, vereinbart er über das Handy einen Internettermin mit seinem Arzt in München.

Kurz vor der vereinbarten Internetsprechstunde setzt sich der Arzt an seinen Computer und ruft zunächst die komplette Akte von Herrn X auf den Bildschirm. Einige Minuten später meldet sich Herr X via Internet und beschreibt ihm sein Leiden. Der Arzt bittet ihn, bestimmte Bewegungen mit dem Bein auszuführen, die über eine eingebaute Handykamera übertragen werden, und stellt fest, dass keine Lähmungen vorliegen, lediglich eine kleine Gefühlsstörung im Fußbereich. Das Rezept für ein schmerzstillendes und muskelentspannendes Medikament kann sich Herr X direkt nach elektronischer Unterschrift des Arztes herunterladen. Gezielte Informationen zum Krankheitsbild von Herrn X stellt der Arzt auf eine persönliche Gesundheitsseite, die Herr X über das Internet aufrufen kann.

Bei einem Kontrolltermin am Tag darauf zeigt sich jedoch, dass die Gefühlsstörungen zunehmen. Daraufhin vereinbart der Arzt von München aus eine Kernspintomographie bei einem Radiologen in Hongkong, dessen Qualifikation im Internet einsehbar ist. Der Unternehmensberater sucht den Radiologen auf, der bereits alle wichtigen Informationen über seinen neuen Patienten überspielt bekommen hat. Es wird ein Bandscheibenvorfall festgestellt, der aber nicht sofort operiert werden muss.

Zurück in Deutschland halten die Beschwerden trotz Physiotherapie an. Auf Anraten seines Arztes schickt Herr X seine Kernspinbilder, die der chinesische Radiologe in die internetbasierte Patientendatei eingespeichert hat, via E-Mail an zwei qualifizierte Bandscheibenchirurgen, um deren Meinungen einzuholen. Beide raten unter Vorbehalt der eigenen Untersuchung zur Operation. Der behandelnde Arzt hat mittlerweile ausgewählte und gut verständliche wissenschaftliche Informationen über den neuesten Stand der Bandscheibenchirurgie in die elektronische Patientendatei von Herrn X gestellt, sodass sich dieser eingehend informieren kann. Aufgrund eines Rankings, bei dem Patienten die Servicequalität von Ärzten beurteilt haben, entscheidet sich Herr X für einen der beiden Chirurgen und vereinbart einen Termin.

So oder so ähnlich dürfte in Zukunft ein modernes Casemanagement aussehen. Bisher sind wir davon aber noch ein gutes Stück entfernt.

Der Gesundheitsbereich gilt als einer der wichtigsten Märkte dieses Jahrhunderts. Und wenn man sich vergegenwärtigt, dass etwa 40 Prozent der Amerikaner 1999 das Internet nutzten, um Informationen über Gesundheit zu suchen,[152] wird deutlich, dass das Internet in diesem Markt eine zentrale Rolle einnehmen wird. Bislang fehlt es allerdings noch an zukunftsweisenden Angeboten – trotz aller Möglichkeiten, die das Netz für eine verbesserte gesundheitliche Versorgung bieten könnte. Zwar gibt es im Internet bereits zahlreiche Portale zum Thema Medizin und Gesundheit, doch kaum eines hält, was es verspricht. Meist handelt es sich um eine Mischung aus Drogerie und zweitklassigem Gesundheitsmagazin. »Die medizinischen Inhalte sind oftmals rudimentär, ja primitiv«, konstatiert Dr. Frank Ulrich Montgomery, Leiter des Ausschusses Telemedizin der Bundesärztekammer.[153] »Das Niveau ist entsetzlich. Insbesondere die Chatforen quellen über von Peinlichkeiten – sicher auch stimuliert durch die Anonymität der Teilnehmer.« Der Ruf nach einer Institution, die eine Art Prüfsiegel für medizinische Informationen im Internet ausstellt, wird immer lauter.

Ein Schlaglicht auf die aktuelle Situation wirft folgendes Ereignis: Ein Internetanbieter kam mit der Bitte auf mich zu, ich möge mir doch einige Gedanken zum Inhalt seiner Seiten machen. Nachdem ich meine Vorstellungen geschildert hatte, bekam ich nach einiger Zeit die Nachricht, dass man nun einige Zeitschriftenredakteure engagiert habe. Unter ihnen war nicht ein einziger Mediziner – und es dürfte klar sein, dass die Redaktion ohne eigene medizinische Kompetenz schnell in Abhängigkeiten geraten wird. Vermutlich werden auch diese Seiten in Zukunft Vitamintabletten und Diäten empfehlen.

Informationsquelle Internet

Die Dominanz der oberflächlichen Angebote darf nicht darüber hinwegtäuschen, dass sich im Internet durchaus auch ernst zu nehmende und nützliche Informationen finden lassen. Hierzu zählen Richtlinien für Therapien, an deren Erstellung sich auch seriöse deutsche Fachgesellschaften beteiligen. Ein Arzt darf sich in Zukunft nicht wundern, wenn sein Patient ihm den vermeintlich besten Behandlungsplan aus dem Internet präsentiert und dessen Berücksichtigung einfordert. Aber auch hier ist der Nutzen im Sinne einer Evidenz-basierten Medizin oft nicht gewährleistet.[154] So finden sich bei Spitzenreitern eines durchaus seriösen Rankings neben manch sinnvollen Empfehlungen auch die bekannten Irrtümer über Blutfette und Ernährung.[155] Ein medizinisches Informationsportal, wo man sich sicher sein kann, umfassende, evidenzbasierte Verbraucherinformationen anwenderfreundlich zu erhalten, ist mir bisher nicht bekannt. Ein gutes Beispiel für anwenderfreundliche nützliche Verbraucherinformationen über Reisemedizin ist in meinen Augen die Website des Informationsdienstes der Abteilung für Infektions- und Tropenmedizin der Ludwig-Maximilians-Universität-München. (www.fit-for-travel.de)

Aber auch wenn in wissenschaftlich korrekter Weise Empfehlungen angeboten werden, sind diese Ratschläge aus dem Internet ohne zusätzlichen ärztlichen Rat nicht unproblematisch. Wie im Kapitel Schulmedizin ausgeführt, kann eine statistisch als erfolgreich erwiesene Therapie im Einzelfall falsch sein. Eine vorhandene »externe Evidenz« lässt sich im Allgemeinen nicht direkt auf die individuelle Patientensituation übertragen. Bei der Entscheidung, welche Therapie wirklich erfolgversprechend ist, muss deshalb der Arzt seine »interne

Evidenz« einbringen, die er sich durch unzählige Nachtdienste, Noteinsätze und viele Patientenkontakte erworben hat.

Dieses Zusammenspiel aus externer und interner Evidenz ist zur sinnvollen Behandlung unbedingt notwendig. Das bedeutet: Leit- und Richtlinen – wie sie im Netz angeboten werden – nach dem Motto, »Bei Erkrankung X empfiehlt sich das Therapieschema Y«, greifen für sich allein genommen zu kurz.

Allerdings wird sich der Druck auf die Ärzte, sich regelmäßig um die neueste Datenlage wissenschaftlicher Studien zu kümmern, nicht zuletzt durch den informierten Patienten erhöhen. Aber auch hier ist mir bisher kein Portal bekannt, das den Arzt dabei schnell und anwenderfreundlich unterstützt.

Strategien für glaubwürdige Informationen

Was aber muss geschehen, damit sich ein Internetbenutzer wirklich eine profunde Meinung über ein medizinisches Thema bilden kann? Ein glaubwürdiges Prüfsiegel würde Unabhängigkeit der ausstellenden Institution voraussetzen, und bei Nahrungsmitteln hat sich gezeigt, wie schwierig diese Unabhängigkeit in der Praxis zu gewährleisten ist. Der Schlüssel liegt daher wohl nicht in einem Prüfsiegel, sondern in der Verpflichtung jedes Anbieters, seine Quellen offen zu legen. Wer medizinische Informationen und Richtlinien im Internet publiziert, sollte lückenlos darlegen müssen, worauf er diese begründet. Die jeweilige Quelle sollte jeder Information unmittelbar hinterlegt und in einer allgemein verständlichen Sprache direkt aufrufbar sein. Gäbe es diese Verpflichtung, wäre leicht erkennbar, welche Informationen wirklich glaubwürdig sind.

Der Internetnutzer braucht keine Institution, die in gut oder böse einteilt, sondern ganz einfach die Möglichkeit, die Evidenz der Quellen von medizinischen Informationen anwenderfreundlich einzusehen. Er kann dann frei und selbstständig entscheiden, ob ihm das Maß an Evidenz ausreicht, um auf diese Information zu reagieren, also zum Beispiel seine Ernährung umzustellen, vermehrt Sonnencreme zu benutzen oder sein bisheriges Verhalten eben nicht zu ändern.

»Entwicklungsland« Deutschland

Obwohl Deutschland über eines der besten und teuersten Gesundheitssysteme verfügt, sind Telekommunikation und Informatik in diesem Bereich nach wie vor unterentwickelt.[156] Ein Grund hierfür sind vielfältige strukturelle und föderale Abhängigkeiten, die sich oft gegenseitig blockieren. Noch immer funktioniert das Gesundheitssystem in vielen Bereichen nach dem wenig motivierenden Prinzip, dass kreative und kostensparende Lösungen mit Budgetkürzungen »belohnt« werden. Die bisherigen Anstrengungen offizieller und seriöser Anbieter konzentrieren sich fast ausschließlich auf die Frage der Datensicherheit – also die Frage, wie sicher Daten transferiert werden können. Die Sicherheit stellt heute jedoch kein wirkliches Gegenargument für einen Austausch medizinischer Daten im Internet dar. Firmen wie das deutsche Softwareunternehmen Brokat AG sind in der Lage, sensibelste Daten sicher zu transportieren – dies sogar nicht nur im Internet, sondern auch in andere Kanälen, wie dem Handy und dem Fernsehen. Vorreiterrolle in diesen sicheren Transaktionen nehmen auf jeden Fall die Banken ein, jedoch kann die dort verwendete Technologie ohne weiteres im Gesundheitswesen genutzt werden. So realisierte die Brokat AG mit den Apotheken des süddeutschen Raumes Rezepte, die sicher über das Internet verschickt werden können.[157] Die Anstrengungen sollten sich daher nun auch darauf konzentrieren, nützliche Serviceangebote für den Verbraucher zu entwickeln.

Ein weiterer Grund könnte aber auch darin liegen, dass der gut informierte Patient in deutschen Kliniken mit ihren starren hierarchischen Strukturen vielleicht gar nicht so erwünscht ist. Im Vergleich zu den USA beispielsweise ist die Informations- und Kritikkultur hierzulande nur sehr schwach ausgeprägt. Im Krankenhaus der Universtity of Chicago habe ich erlebt, wie auch junge Assistenten bei Besprechungen offen die Therapie des Chefs konstruktiv kritisieren durften, ohne dass sie mit Nachteilen rechnen mussten – ganz im Gegenteil. Ein deutscher Kollege würde dies in den meisten Häusern mit Blick auf die eigene Karriere lieber bleiben lassen.

Der Patient einer deutschen Universitätsklinik erzählte mir, wie ein junger Assistenzarzt ihm heimlich zuflüsterte, er solle besser das Krankenhaus wechseln, weil der Professor ihn falsch behandeln würde. Nach der nächsten Visite, bei der der Chef einmal durch einen anderen Abteilungsleiter vertreten wurde, konnte der Patient eine handfeste Auseinandersetzung vor der Tür vernehmen. Der Vertreter rügte die Oberärzte wegen der kritiklosen Beibehaltung der Fehlbehandlung. Derartige Vorfälle sind nicht selten. Die starren Hierarchien, die in deutschen Krankenhäusern üblich sind, fördern solche inakzeptablen Zustände. In so einer Atmosphäre entstehen keine serviceorientierten Entwicklungen, die zu einer besseren Information des Patienten führen.

Vieles spricht dafür, dass das Internet dazu beitragen wird, die alten Strukturen aufzubrechen. Es führt zu mehr Information, mehr Transparenz und zu besseren Vergleichsmöglichkeiten medizinischer Angebote, kurz: zu mehr Wettbewerb. Letztlich stärkt dieses Medium damit die Eigenständigkeit des Patienten und eröffnet neue Möglichkeiten einer ärztlichen Dienstleistung: Er wird für sein medizinisches Problem einen Arzt finden können, der nach aktuellem Standard therapiert und zudem ein gewisses Maß an Service bietet. Von diesem Arzt wird er zudem eine umfassende und verständliche Dokumentation erwarten können, anhand derer er Befund, Diagnose und Therapie nachvollziehen kann. Nicht zuletzt wird er davon ausgehen können, dass ein solcher Arzt es akzeptiert, wenn er von anderer Stelle Beurteilungen einholt.

Kommerzielle Anbieter haben diesen Bedarf an medizinischen Dienstleistungen – nicht zuletzt bei viel reisenden Führungskräften – inzwischen erkannt. Der ersten Welle zweifelhafter Internetdienste, so steht zu erwarten, werden nun seriösere Angebote folgen, die ihrer Klientel wirklichen Nutzen bieten.

Ärztinnen und Ärzte, als Spezialisten für die richtige Beurteilung und verantwortliche Anwendung von medizinischem Wissen, sind dabei aber nicht zu ersetzen. Ihre Rolle ist es, als glaubwürdige Institution die Angebote eines Gesundheitsdienstleisters kritisch zu hinterfragen, Standards mitzudefinieren sowie die Grenzen des Sinnvollen aufzuzeigen und gegebenenfalls öffentlich Fehlentwicklungen anzuprangern.

Exkurs: Auf dem Weg zur Zweiklassenmedizin? Auch von staatlicher Seite macht man sich Gedanken über eine Internetplattform für medizinische Dienstleistungen. Schon 1998 meinte der ehemalige Generaldirektor der WHO, Dr. Nakajima, »dass die Initiative zur Anwendung jetzt von denen kommen muss, die verantwortlich für die Gesundheit ihrer Nation sind, und nicht mehr von den Anbietern der Technologie«.

Eine medizinische Internetplattform unter staatlichem Monopol würde jedoch in meinen Augen leicht zum Spielplatz für Weltanschauungen und parteipolitische Ziele – und dem Patienten damit am wenigsten nützen. Man kann sich ein solches Szenario in Deutschland gut vorstellen: Unter dem Vorwand, die Zweiklassenmedizin verhindern zu wollen, wird genau diese gefördert, weil schnelle und kundenorientierte Lösungen ebenso wie medizinische Weiterentwicklungen blockiert werden. In einem solchen Klima bleiben serviceorientierte Angebote und die Umsetzung medizinischen Fortschritts teuer und damit wirklich nur finanzstarken Patienten vorbehalten.

Ein zivilisierter Staat hat dafür zu sorgen, dass alle Menschen in seiner Obhut den gleichen Zugang zu einer notwendigen medizinischen Versorgung auf dem neuesten Stand erhalten – jeder muss Blutbild oder Röntgenbild mit gleicher Qualität bekommen. Aufgabe der Politik, auch der Standespolitik, ist es also Evidenz-basierte Therapien (vgl. auch S. 122) für jeden zugänglich zu machen, nicht aber Serviceangebote zu blockieren. Ob nämlich ein Dienstleister für einen Patienten mit einem geringen Zeitbudget die Termine koordiniert oder der Patient selbst seinen Arzt anrufen muss, ist keine Frage einer Zweitklassenmedizin, sondern die Antwort auf unterschiedliche Arbeitsrealitäten. Darüber hinaus wird sich durch den Wettbewerb medizinischer Dienstleister ein Evidenz-basierter Ansatz schneller durchsetzen, ganz einfach deshalb, weil so für den Patienten – sprich Kunden – der beste Nutzen gewährleistet wird.

Deshalb ist es höchste Zeit, den Servicebereich in der Medizin mehr dem Wettbewerb zu öffnen. Erst dann können zielgruppenspezifische Angebote entstehen, die zum Beispiel der Wirklichkeit von Führungskräften besser gerecht werden.

Die elektronische Patientenakte

Der wohl wichtigste Aspekt, um die Vorteile von Internet und Telemedizin nutzen zu können, ist die »elektronische Patientenakte« (EPA) – also jene Dokumentation, die der Spezialist in Hongkong einsehen kann, wenn er den plötzlich erkrankten Manager aus München untersuchen soll. Frank Ulrich Montgomery, Vizepräsident der Bundesärztekammer, misst der Entwicklung der elektronischen Patientenakte eine entscheidende Bedeutung bei, um die Vorteile der modernen Datenverarbeitung auch in der Medizin nutzen zu können. Besonders der konsequente Aufbau patientenbezogener Dokumentationen, die jedem behandelnden Arzt schnell zur Verfügung stehen, vermeidet Informationsverluste und trägt dazu bei, Doppel- oder Fehlbehandlungen zu vermindern.

Für Surrey Swayne, medizinischer EDV-Experte der Health Service Group, wird die EPA eine Selbstverständlichkeit werden. Ein Patient – so Swayne – müsse freien Zugang zu seinen medizinischen Daten haben. Wenn er es wünsche, sollte er in die Lage versetzt werden, seine Gesundheitsdaten selbst zu managen und zu führen oder jemanden damit zu beauftragen. Diese mehr aktive Rolle des Patienten führe zu mehr Eigenverantwortung und werde am Ende auch dem allgemeinen Anstieg der Gesundheitskosten wirksam entgegenwirken. Der Verbraucher wird so in Zukunft die Rolle des Entscheidungsträgers im Gesundheitssystem einnehmen. Medizinische Angebote, die diese Entwicklung ignorieren, werden sich zunehmend vom Patienten, sprich Kunden, entfernen.

Das Internet in Verbindung mit der elektronischen Patientenakte bietet Führungskräften bald eine gute Ergänzung zum traditionellen Hausarzt. Je häufiger man berufsbedingt umzieht oder reist, desto schwieriger wird es, immer den gleichen Hausarzt aufzusuchen, der die Person und die Lebensumstände seines Patienten sehr gut kennt und aufgrund dieses Hintergrundwissens viele medizinische Fragestellungen richtig einschätzen kann.

Ein auf Führungskräfte spezialisiertes Internetangebot hat den Vorzug, dass es jederzeit an jedem Ort der Welt genutzt werden kann. Richtig organisiert ermöglicht es durchaus eine weltweite »hausärztliche« Versorgung. Auch das Internetmodell sieht einen betreuenden Hausarzt vor, der seine Patienten persönlich kennt. Dieser Arzt ist jedoch für seine Patienten über Internet- und Videosprechstunden weltweit erreichbar, kann sie jederzeit mit den notwendigen Medikamenten versorgen und – wenn erforderlich – einen Augenarzt in Singapur oder einen Urologen in Moskau empfehlen und diesem gegebenenfalls auch die erforderlichen medizinischen Daten zukommen lassen.

Eine solche halbvirtuelle und dezentrale Versorgung setzt meines Erachtens allerdings einen regelmäßigen realen Arztkontakt, etwa in Form eines jährlichen Check-up, voraus. Ohne eine solche gründliche medizinische Untersuchung fehlt dem betreuenden Arzt, wie ich glaube, die erforderliche Informationsbasis, um dann bei einer Fernberatung wirklich verantwortlich agieren zu können.

Auf den Wettbewerb seriöser und kreativer Angebote darf man gespannt sein.

Fragen an Frank Ulrich Montgomery

Dr. Frank Ulrich Montgomery ist Präsident der Ärztekammer Hamburg, Vorstandsmitglied und Leiter des Ausschusses Telemedizin der Bundesärztekammer.

Die Möglichkeiten des Internets beflügeln derzeit auch in der Medizin die Fantasie. Wo sehen Sie einen wirklichen Nutzen des Internets für die medizinische Versorgung?

Montgomery: In der Tat galoppiert die Fantasie mit manchen Propheten des Internets weit vor den Realitäten und Chancen. Ich bin insgesamt ein wohlwollender Skeptiker der Internetentwicklung in der Medizin. Ich halte das Netz für ein Hilfsmittel in manchen technischen Anwendungen und für ein geniales Informationsmedium – aber weiter nichts. Mit Sicherheit ist es kein Ersatz für die persönliche Patient-Arzt-Beziehung. Die Möglichkeiten des Internets liegen vor allem in der Beschaffung, Verbreitung und Profanisierung medizinischer Wissensinhalte – für Patienten und Ärzte. Es schafft Diskussionsforen auf mindestens drei Ebenen: von Arzt zu Arzt, wie ein Konsil; von Arzt zu Patient, wie bei der Konsultation; von Patient zu Patient, wie bei Selbsthilfegruppen.

Wie kann die Telemedizin die Arzt-Patient-Beziehung sinnvoll unterstützen?

Montgomery: Durch die Vermittlung von Informationen: bei der Suche nach der richtigen Therapie oder Diagnose, bei der Aufklärung über einen Eingriff, eine Krankheit oder eine Prognose, beim Vermitteln von Kontakten mit Spezialisten oder anderen Kranken. Dabei ist es eigentlich egal, ob der Arzt oder der Patient sich im Internet bewegt – beiden steht das Medium offen!

Falls falsche Versprechungen im Internet oder gar Therapieempfehlungen zu negativen Folgen führen, wer wird dann zur Verantwortung gezogen?

Montgomery: Immer der Arzt, der die falsche Empfehlung gegeben hat. Das klingt einfach, ist aber tatsächlich ein ziemliches Problem. Denn wie kann der Patient sicher sein, dass es sich bei dem vorgeblichen Arzt wirklich um einen Heilkundigen handelt? Und wo sitzt der? In der Karibik ist das Haftungsrecht nicht so weitgehend wie bei uns. Anonymität und Globalität – so wünschenswert sie an anderer Stelle sein mögen, haben in der Patient-Arzt-Beziehung nichts zu suchen!

Wie kann der Patient vor unseriösen Angeboten geschützt werden?

Montgomery: Kaum – das Risiko muss er, so sind nun einmal die Struktur und das Wesen des Netzes, selbst tragen.

Erwarten Sie, dass sich das klassische Arzt-Patienten-Verhältnis durch die Informationsmöglichkeiten des Internets wandelt, weil der Patient die Empfehlungen seines Arztes kritisch nachprüfen kann?

Montgomery: Jein – der Patient, der seinen Arzt mit dem Ausdruck der neuesten Therapieempfehlung aus dem Netz belästigt, ist ein immer wieder gerne herangezogenes Bild. Es symbolisiert aber doch nur die Angst des Arztes, seine Methodik könnte hinterfragt werden. Mir ist das noch nie passiert – und wenn es dazu käme, würde es mich freuen und mir doch auch nützen, wenn der Patient etwas Wichtiges aufgetan hätte.

Haben die Ärzte immer noch Angst vor dem mündigen Patienten?

Montgomery: Viele ja, die modernen nein, die klugen nur ein bisschen.

Kapitel 10

Ressource Führungskraft

»Eigentlich haben wir jetzt ja einen Fitnessraum im Unternehmen«, erzählte mir kürzlich ein hochrangiger Automanager. Ein regelmäßiges Training lasse sich aber mit dem Terminkalender kaum vereinbaren. Und außerdem sei es doch recht lästig, entweder verschwitzt an den nachfolgenden Besprechungen teilnehmen zu müssen, oder ständig eine Sporttasche mit Zweitwäsche mit sich herumzutragen.

Der Fall ist bezeichnend für viele Unternehmen. Man weiß zwar, dass man auf gesunde und leistungsfähige Mitarbeiter angewiesen ist, die gesundheitsfördernden Maßnahmen, die man aus diesem Grund ergreift, sind aber wenig durchdacht, oft halbherzig und in den unternehmerischen Alltag nicht eingebunden. Das innerbetriebliche Umfeld macht es einer Führungskraft schwer, das eigene Gesundheitsmanagement voranzutreiben. Es braucht fast Mut, wie im Fall des zitierten Automanagers, der zwar den neuen Fitnessraum meidet, sich aber einen täglichen »Powernap« im Büro gönnt. Seine Sekretärin ist es längst gewöhnt, Besucher und Anrufe zurückzuhalten, wenn ihr Chef sich um die Mittagszeit auf den Boden legt, die Aktentasche zum Kopfkissen umfunktioniert und sein kurzes Schläfchen hält.

Seien wir mal ehrlich: Wie denken wir über den Kollegen, der zu Fuß ins Büro kommt, regelmäßig seine Mittagspause macht, ab und zu ein Mittagsnickerchen hält und anstelle von zehn Tassen Kaffee gerne einen Kräutertee trinkt? Obwohl dieser Kollege mit seiner wichtigsten Leistungsressource, der eigenen Gesundheit, ausgesprochen intelligent umgeht, wird sein Verhalten im Unternehmen doch eher belächelt. So kommt es, dass vor allem Führungskräfte unterhalb der Topebene sich sehr oft eher heimlich um ihre Gesundheit kümmern.

Sie fürchten um ihr Image und wollen lieber den Eindruck des »tough guy« vermitteln. In Sachen Gesundheit werden sie dadurch zu Einzelkämpfern, obwohl ihre Leistungsfähigkeit nicht zuletzt im Interesse des gesamten Unternehmens liegt.

Viel wichtiger als ein aufwändiges Fitnesscenter ist deshalb eine für die physiologischen Bedürfnisse der Mitarbeiter aufgeschlossene Unternehmenskultur. Und die fängt beim Topmanagement an. Erst wenn die Führungskräfte auf der obersten Ebene für alle sichtbar die Verantwortung für ihre eigenen gesundheitlichen Bedürfnisse übernehmen, werden die anderen Mitarbeiter das Thema ernst nehmen. Dabei sind es scheinbar Kleinigkeiten, die als Signal wirken und zu einer gesundheitsfreundlichen Unternehmenskultur beitragen. »Während einer Besprechung auch einmal aufstehen, sich recken und das Fenster öffnen – das wird durchaus akzeptiert«, konstatiert beispielsweise Heiko Beeck, Geschäftsführer der DuPont Deutschland GmbH.[158] Würde der Chef ein solches Verhalten nicht vorleben, blieben auch die Mitarbeiter bei Besprechungen stundenlang sitzen. Nur wenn die Führungskräfte gesundheitliche Regeln akzeptieren und wertschätzen, werden diese Regeln auch zu einem Bestandteil der Unternehmenskultur, von der dann sowohl die einzelnen Mitarbeiter als auch das Unternehmen insgesamt profitieren.

Wettbewerbsfaktor Gesundheit

Mehr denn je sind Unternehmen heute auf ihre Führungskräfte angewiesen. Prof. Günter Müller-Stewens, Direktor des betriebswirtschaftlichen Instituts (IfB) der Universität St. Gallen, beobachtet eine »Dichotomisierung der Mitarbeiterschaft«: Ein relativ kleiner Teil der Mitarbeiterschaft ist der zentrale Know-how-Träger des Unternehmens. »Auf diese Leute ist das Unternehmen absolut angewiesen«, sagt der Wissenschaftler. »Sie sind schwer zu rekrutieren – und man muss sich etwas einfallen lassen, um sie zu halten.«[159]

Gleichzeitig nehmen die Belastungen der Führungskräfte in vielerlei Hinsicht zu. Müller-Stewens nennt hier Faktoren wie die Unsicherheit des Arbeitsplatzes aufgrund strukturellen Wandels, härtere

Konkurrenz unter den Kollegen, Globalisierung des Einsatzfeldes oder Teilnahme an zusätzlichen Projekten und immer mehr Projekten gleichzeitig.

Beide Entwicklungen – das zunehmende Angewiesensein auf die Topmanager sowie deren immer größere Belastungen – machen den Handlungsbedarf in Sachen Gesundheit zu einer drängenden Aufgabe. Dabei geht es nicht nur darum, die Gesundheit der besten Mitarbeiter dauerhaft zu sichern, sondern auch darum, sie überhaupt für das Unternehmen zu gewinnen und dann zu halten. Müller-Stewens: »Führungskräfte sind sich heute der gesundheitlichen Risiken, die sie aufgrund der bestehenden Belastungen eingehen, vermehrt bewusst und wollen bereits im Vorfeld diesen Risiken vorbeugen.« Der Wissenschafter empfiehlt deshalb, sich auf professionelle Weise mit dem Thema »nachhaltige Gesundheit der Leistungsträger« zu befassen.

Selbst wenn das Argument »Gesundheit« bei der Einstellung noch nicht die auschlaggebende Rolle spielt, gewinnt es doch ab einem gewissen Alter, wenn die typischen Befindlichkeitsstörungen auftreten, enorm an Bedeutung. Gerade bei Klienten um die 40 mit Familie stelle ich immer mehr den Wunsch fest, vor Auftauchen von gesundheitlichen Problemen ihre Lebensbedingungen so zu ändern, dass die eigene Gesundheit erhalten bleibt. Der Wunsch nach Lebensqualität, die man zusammen mit der Familie erleben kann – und nicht erst, wenn die Kinder praktisch ohne Vater aufgewachsen und längst aus dem Haus sind –, steht hier häufig im Vordergrund.

Wie groß die Gefahr ist, die besten Leute zu verlieren, belegt eine McKinsey-Studie.[160] Demnach wechseln gerade die Achtundzwanzig- bis Fünfunddreißigjährigen »High Potentials« besonders häufig das Unternehmen – ausgerechnet die Gruppe, von der die Zukunft des Unternehmens am meisten abhängt. Selbst Firmen, die mit großem Erfolg talentierte Nachwuchskräfte rekrutieren, tun sich schwer, diese dauerhaft an sich zu binden. Nach einigen Jahren im Beruf, so zeigt die Studie, wird der Ruf nach den »Added Values«, die die Lebensqualität verbessern, lauter. Offensichtlich gelingt es den Unternehmen nur schwer, hierauf adäquat zu reagieren.

Das Thema Gesundheit wird in Unternehmen künftig eine zunehmend wichtige Rolle spielen. Allein schon das Gefühl, dass ein Unternehmen seine Mitarbeiter nicht »verheizt«, sondern auf ihre gesundheitlichen Belange Rücksicht nimmt, bedeutet ein wichtiges Stück Lebensqualität, das die Führungskräfte an das Unternehmen bindet.

Gesundheitsmaßnahmen im Unternehmen

Gesundheitspolitik in einem Unternehmen sollte die berufliche Realität von Führungskräften nicht ignorieren. Wer zwölf Stunden am Tag für sein Unternehmen arbeitet, benötigt einen ganz anderen Freiraum zur Umsetzung seines Gesundheitsmanagements als ein Arbeitnehmer mit 35-Stunden-Woche, der durchaus die Zeit hat, viele Gesundheitsmaßnahmen in seiner Freizeit umzusetzen. Ausreichend Schlaf und Bewegung, regelmäßige Ernährung, Zeit zur inneren Reflexion und Entspannung – das alles lässt sich nun einmal nicht auf dem Nachhauseweg oder nach 22 Uhr erledigen.

Führungskräfte sollten deshalb die Möglichkeit haben, gesundheitliche Maßnahmen auch in ihrem betrieblichen Alltag zu verwirklichen. Aufgabe des Unternehmens ist es, hierfür die Voraussetzungen zu schaffen. Einige Anregungen geben die folgenden Abschnitte.

Ernährung

Ein stilvolles, ruhiges Betriebsrestaurant lädt zum Essen ein. Die Auswahl der Gerichte kann klein sein, es wird aber auf eine traditionelle Herstellungsweise Wert gelegt.

Vermeiden sollte man Zuckerplätzchen, besser sind Butterbrote und Obst in den Pausen.

Im Büro sollte immer genügend Wasser zur Verfügung stehen, beispielsweise in einem Wasseraufbereiter. Auch sollte die Möglichkeit bestehen, jederzeit eine Kanne frischen Kräutertee aufzubrühen. Kaffee sollte nicht stundenlang vor sich hinköcheln, sondern frisch aus einer guten Espressomaschine kommen.

Tipp: So einfache Gerichte wie lang gekochte Bouillons, wie sie früher bei ländlichen Großfamilien besonders im Winter regelmäßig auf dem Speiseplan standen, sind heute im täglichen Leben fast unbekannt. Geringe Mengen und Zeitmangel verhindern ihre Zubereitung. Durch stundenlanges Köcheln werden dabei Fleisch, Knochen und Gemüsereste zu einer Energiequelle ersten Ranges verarbeitet. Brühen aus der Tüte fehlt dieser energetische Effekt, der sich zwar messtechnisch nicht erfassen lässt, aber in der Volksheilkunde seit jeher zum Kräfteaufbau genutzt wird.

Gerade in einer Betriebsküche sollte es möglich sein, Gemüse- oder Fleischbrühen in traditioneller Weise herzustellen. Die Mengen und Töpfe sind groß genug, und der Sud kann problemlos einige Stunden köcheln. Ein paar frische Kräuter dazu – und Sie bekommen eine bekömmliche Kraftquelle für Besprechungspausen und Energieeinbrüche am Nachmittag. Statt mit Kaffee und Schokolade den Organismus anzupeitschen und sich mit Stimmungsmachern über die Anspannung hinwegzutrösten, kann der Körper auf diese Weise wirklich Energie auftanken.

Bewegung

Das medizinisch empfohlene Bewegungsmaß lässt sich auch ohne besondere Einrichtungen erreichen. Natürlich kann ein Gymnastikraum, in dem man zwischendurch mal an einer Sprossenwand die Gelenke entlasten kann, oder gar ein voll eingerichtetes Fitnesscenter, geleitet von einem geschulten Trainer, das gesundheitliche Engagement des Unternehmens besonders in den Augen der Mitarbeiter groß erscheinen lassen. Wie im Falle des Automanagers beschrieben, verhindern jedoch Nutzerbarrieren gerade bei Führungskräften häufig die Akzeptanz dieser Einrichtungen. Deshalb sollten solche Investitionen gut durchdacht sein, beispielsweise mit Blick auf Duschmöglichkeiten und Wäschewechsel.

Stressmanagement

Beim Thema Stress helfen häufig schon Schulungen in grundlegenden Managementtechniken wie Zeitmanagement und Delegieren. »Viele junge Nachwuchskräfte haben Probleme mit Zeitmanagement«, konstatiert DuPont-Geschäftsführer Heiko Beeck. »Dabei gibt es ganz einfache Methoden, die da helfen können.« Ein disziplinierter Umgang mit modernen Kommunikationsmitteln kann eine belastende Informationsflut außerdem gezielter leiten und damit die zeitliche Belastung vermindern.

Auch Rituale und kleine regelmäßige Regenerationspausen sind ein wirksames Mittel, um einer dauerhaften Stressregulation zu begegnen und damit die Leistungsfähigkeit zu erhalten.

Schulmedizin

Für Führungskräfte sollte ein einfacher Zugang zu sinnvollen Vorsorgeuntersuchungen gewährleistet sein. Viele betriebsmedizinischen Dienste bieten hier Programme an. Eine Alternative können auch externe ärztliche Dienstleister sein, die sich auf Führungskräfte spezialisiert haben. Sie gewährleisten absolute Anonymität und einen zielgruppenspezifischen Service.

Naturheilverfahren

Es klingt zwar vielleicht überraschend, aber eine der wichtigsten Maßnahmen im Sinne der Naturheilkunde besteht darin, den richtigen Mitarbeiter am richtigen Ort zu platzieren und ihm dort die Möglichkeit zu geben, seine Fähigkeiten zu entfalten. Gelingt dies, kann man überdurchschnittliche Leistungen erwarten, ohne dass eine hohe Arbeitsbelastung eine gesundheitliche Gefährdung bedeutet. Richtige Tools für optimale Stellenbesetzungen sind deshalb zunächst für die Prävention wichtiger als sekundäre Gesundheitsprogramme wie Rückenschulen oder Ernährungsberatungen. Kein Arzt kann die Folgen einer schlechten Personalauswahl reparieren!

Auch andere naturheilkundliche Maßnahmen sind leicht in den betrieblichen Alltag zu integrieren. Eine gute Frischluftzufuhr durch Fenster, die sich leicht öffnen lassen, eine bequeme Möglichkeit, sich im Freien kurz die Füße zu vertreten, genügend natürliches Licht – all das sind einfach realisierbare Möglichkeiten für die Mitarbeiter, durch »unspezifische Reize« ihren »inneren Arzt« zu stimulieren.

Regelmäßige Regeneration zählt zu den wichtigsten Voraussetzungen, um eine dauerhafte Leistungsfähigkeit zu erhalten. Für manche Menschen ist es deshalb ein wichtiger Bestandteil ihres Gesundheitsmanagements, sich täglich für einige Minuten hinzulegen. Erst wenige Unternehmen haben hieraus schon die Konsequenz gezogen und »Naprooms« eingerichtet. Diese Räume sollten so gestaltet sein, dass für Führungskräfte, die unter hohem Arbeitsdruck stehen, keine Nutzerbarrieren entstehen.

Schulungen

Um eine gesundheitsbewusste Unternehmenskultur zu schaffen, sind Schulungen sicher eine sinnvolle Maßnahme. Nach meiner Erfahrung sollte ein solcher Prozess mit einer Kick-off-Veranstaltung auf Vorstandsebene beginnen. Werden hier die Zusammenhänge einleuchtend und praxisnah geschildert, findet die Thematik im Allgemeinen eine hervorragende Akzeptanz. Oft wird im Anschluss an solche Veranstaltungen noch stundenlang diskutiert.

Im zweiten Schritt folgen dann Schulungen mit Teilnehmern aus verschiedenen Ebenen. Um die Bedeutung des Themas zu unterstreichen, sollten immer auch die Führungskräfte mit teilnehmen. Nur wenn die Sekretärin weiß, dass der Chef den kleinen regelmäßigen Gesundheitsmaßnahmen große Bedeutung beimisst, wird sie später deren Einhaltung überwachen. Nur dann wird sie die Erholungspausen akzeptieren, ihren Chef bei Bedarf daran erinnern und während der Pausen alle Anrufe und Besucher fern halten.

Wichtig ist, dass diese Seminare nicht mit der Angst vor Krankheiten argumentieren. Vielmehr sollten die Inhalte Spaß machen und den Teilnehmern aufzeigen, mit welchen Maßnahmen sie Zufriedenheit und Wohlbefinden erreichen können. Nicht die Frage, wie man eine Krankheit vermeiden kann, sollte Thema sein, sondern die Frage nach möglichen Wegen, um die eigene Lebensqualität zu erhöhen – etwa durch organisatorische Maßnahmen im beruflichen und familiären Bereich oder schlicht durch die Fähigkeit, Freiräume genussvoll zu gestalten.

Fazit

Erstes Ziel der betrieblichen Gesundheitspolitik sollte es sein, den Führungskräften den notwendigen Gestaltungsfreiraum für ihr persönliches Gesundheitsmanagement zu gewähren. Die Führungskraft sollte eine Kultur und einen Rahmen vorfinden, die es leicht machen, die eigenen individuellen Gesundheitsmaßnahmen in den Alltag zu integrieren – sei es ein Nickerchen zur Entspannung oder etwas Zeit für Bewegung, sei es eine regelmäßige und bekömmliche Ernährung.

Je besser dieses Ziel erreicht wird, desto stärker wird das Unternehmen die »Ressource Führungskraft« an sich binden und für den Unternehmenserfolg nutzen können. Wenn – wie in Studien belegt – Werte wie Lebensqualität und Zufriedenheit bei Führungskräften ein zunehmend wichtiges Argument werden, dann ist eine professionelle Gesundheitspolitik im Unternehmen hierauf die richtige Antwort.

Fragen an Heiko Beeck

Heiko Beeck ist Geschäftsführer der DuPont de Nemours (Deutschland GmbH) in Bad Homburg.

Herr Beeck, DuPont ist ein Unternehmen, das für sein Engagement im gesundheitlichen Bereich bekannt ist. Haben Sie auch selbst schon von dieser Betreuung profitiert?

Beeck: Leider wird man ja erst durch Schaden klug. Erst seit ich Rückenprobleme habe, gehe ich immer wieder in einen Gymnastikraum, mache ein paar Übungen und hänge mich an die Sprossenwand. Natürlich sollte man viel mehr präventiv handeln. Wir haben in unserem Hause jetzt eine Rückenschule etabliert, weil wir wissen, dass Rückenprobleme häufig auftreten. Die Einrichtung wird sehr gut angenommen. Und weil wir wissen, dass im Winter körperlich untrainierte Skifahrer sich leichter verletzen, bieten wir konsequenterweise auch Ski-Gymnastik an.

Welche Gestaltungsspielräume hat eine Führungskraft für ihr Gesundheitsmanagement im Unternehmen? Kann sie beispielsweise regelmäßige Essenszeiten einhalten oder einen kurzen Mittagsschlaf halten?

Beeck: Mein Eindruck ist, dass die meisten Führungskräfte meist mit ihren Teams regelmäßig mittags essen gehen, um einfach von der Arbeit ein wenig abzuschalten und gleichzeitig die persönlichen Kontakte zu pflegen.

Einen kurzen Mittagsschlaf halten. Ja, das könnte ich, wenn ich von der Notwendigkeit für mich überzeugt wäre. Soll der Mittagsschlaf aber als ein Stück Unternehmenskultur etabliert werden, dann müssten alle Mitarbeiter dazu grundsätzlich die Möglichkeit haben. Das wird wahrscheinlich eher im Bürobereich als im Produktionsbetrieb geschehen können.

Dennoch können Führungskräfte ja für sich selbst entscheiden, eine regelmäßige Ruhepause einzulegen?

Beeck: Da habe ich nichts dagegen. Wenn sie es in ihrem Tagesplan unterbringen können, finde ich das sehr gut. Dem Leistungsniveau wird das bestimmt nicht schaden.

In Japan ist es üblich, dass man sich eine Liege ins Büro stellt oder während des Tages ganze Betriebsgruppen Gymnastik machen.

Beeck: Das ist sicherlich in unseren Betriebskulturen in Deutschland oder auch in den USA noch nicht der Fall, jedenfalls nicht auf breiter Basis.

Aber ich glaube, das wird sich bei weiter zunehmender Bildschirmtätigkeit und damit verbundener Augenermüdung und verkrampfter Körperhaltung ändern. Ich kenne Firmen in Deutschland und den USA, die Räume für das sogenannte »Power Napping« bereitstellen und in denen auch Fitnessräume tagsüber genutzt werden können.

Aufstehen, sich recken, Fenster öffnen – das machen wir bei uns in längeren Besprechungen. Das ist eine Frage der Absprache. Wenn also der eine oder andere Teilnehmer ab und zu einmal aufsteht, wird das dann nicht als Affront gegen den Vortragenden verstanden.

Im Übrigen kann ich nur empfehlen, was ich täglich praktiziere: Alle Treppen zu Fuß gehen, die Treppen zügig hoch laufen. Das Auto, wenn immer möglich, so zu parken, dass weitere Fußwege zurückgelegt werden müssen.

Es kommt also doch sehr auf Eigeninitiative und die Fähigkeit, sich selbst zu organisieren, an. Die hierfür erforderlichen Frei- und Gestaltungsräume stehen aber zur Verfügung?

Beeck: Ja natürlich. Entscheidend sind doch die Arbeitsresultate. Nicht relevant ist, ob die Arbeitszeiten eingehalten werden. Das gilt für alle Mitarbeiter und Mitarbeiterinnen.

Sind die Anforderungen an Führungskräfte größer geworden?

Beeck: Die Anforderungen haben sich in den letzten Jahren geändert. In der Vergangenheit musste der typische Unternehmer eine Vision haben, eine gute Idee oder ein besonderes Produkt und eine Strategie, die er konsequent umgesetzt hat. Das alles ist heute immer noch wichtig. Was sich geändert hat, ist das Tempo der Veränderung am Markt. Dem muss man sich schnell anpassen. Erfolgreich kann das nur in Teamarbeit geschehen, unterstützt durch die Fähigkeit, sich mit vielen Menschen weit zu vernetzen. Die menschlich-soziale Komponente, die natürlich auch schon immer eine Rolle gespielt hat, ist noch wichtiger geworden. Eine weitere Anforderung in unserer sich derart schnell ändernden Welt ist die innere Bereitschaft und Fähigkeit zum »Lifetime-learning«.

Die neuen Anforderungen setzen Führungskräfte verstärkt unter Druck. Schlägt diese Belastung auch auf die unteren Ebenen durch?

Beeck: Der Druck ist groß. Er kommt aus den Zielvorgaben, die von oben nach unten konsequent weitergegeben werden. Das Shareholder-Value-Denken hat dies in den letzten Jahren noch verstärkt. Hierbei verspüren Menschen in den mittleren und oberen Führungsebenen wahrscheinlich größeren Druck, systeminhärent erzeugt, weil ihre leistungsabhängigen Einkommensbestandteile bei Verfehlen der Zielvorgaben negativ beeinflusst werden. Das soll jedoch nicht heißen, dass nicht auch Menschen, die nicht in Führungspositionen arbeiten, ebenso an erhöhtem Druck leiden. Bei vielen Mitarbeitern bestehen wahrscheinlich oft Versagensängste und Angst um den Arbeitsplatz.

Welche Möglichkeit sehen Sie, diesem Druck zu begegnen?

Beeck: Es gibt kein Patentrezept, aber wichtig ist mir, dass im privaten Bereich nicht auch noch Stress entsteht. Auf jeden Fall sollte man sich systematisch mit Meditations- und Entspannungsmethoden beschäftigen, auch im Laufe des Arbeitstages.

Dann gibt es noch einen Punkt, auf den im Unternehmen meiner Ansicht viel zu wenig geachtet wird: das sogenannte Zeitmanagement. Da sollte man gute Seminare besuchen. Wie delegiert man als Führungskraft nicht nur die negativen Dinge, sondern auch andere Aufgaben, die man selbst gerne erledigt? Wie geht man damit um, wenn es dann nicht so gut läuft?

Die Welt ist komplexer geworden – und da kommt es darauf an, die richtigen Prioritäten zu setzen, mit der Papierflut effizient umzugehen. In einem großen Unternehmen leiden viele Menschen auch unter der Flut oft überflüssiger E-Mails. Wenn sie aus dem Urlaub kommen, haben sie länger als einen Tag zu tun, um sich durch hunderte E-Mails durchzuarbeiten. Manche nehmen ihren Laptop mit in den Urlaub und bearbeiten ihre E-Mails sofort. Das kann ja eigentlich auch nicht Sinn der Sache sein.

Wie gehen Sie damit um?

Beeck: Meine erfahrene Sekretärin liest im Urlaub meine E-Mails, leitet Weiterbearbeitung ein, wann immer sie die Möglichkeit dazu sieht. Alles andere legt sie in gekennzeichneten Dateien so ab, dass ich sie nach Priorität lesen und bearbeiten kann. Grundsätzlich ist im Unternehmen eine gewisse Disziplin beim Schreiben von E-Mails anzustreben: Eine treffende Überschrift und sofort erkennbare Kennzeichnung der E-Mails, ob Aktion erwartet wird oder nur Information vermittelt werden soll. Bei der Flut von Informationen muss man gut selektieren können und auch den Mut entwickeln, eine E-Mail ungelesen zu löschen.

Wie kann man im Unternehmen Gesundheitsmaßnahmen durchsetzen?

Beeck: Dass erwiesenermaßen auch wirtschaftliche Gründe dafür sprechen, das heißt, auf Prävention statt auf Reaktion bei Erkrankungen zu setzen, wird in Zukunft ein weiterer Antrieb für unternehmensgeförderte Gesundheitsprogramme sein. Bei DuPont sind wir beispielsweise so sehr von der gesundheitlichen Gefahr des Rauchens überzeugt, dass alle unsere Gebäude als raucherfreie Zone gelten. Hierfür war viel Überzeugungsarbeit nötig. Rauchern bieten wir Hilfe bei Entzugsmaßnahmen an.

Grundsätzlich richten wir seit einigen Jahren unsere medizinische Versorgung in erster Linie auf »Wellness-Programme« aus, die präventiven Charakter haben. Die Herausforderung, die ich dabei erfahre, ist die, dass wir die Akzeptanz dieser Programme, die ja auf Einsicht und Selbstdisziplin bauen, unter unseren Mitarbeiterinnen und Mitarbeitern durch entsprechendes internes Marketing noch stark erhöhen müssen. In jedem Fall: Prävention statt Reaktion – das ist der richtige Weg.

Kapitel 11

Schlussfolgerungen: mit Gelassenheit agieren!

Alarm abblasen und die Dinge gelassener betrachten – so lässt sich die Quintessenz meiner ärztlichen Erfahrungen und meiner Recherchen zu diesem Buch auf den Punkt bringen. Wir sind nicht das zivilisationskranke, ständig durch Krebs und Herzinfarkt bedrohte Volk, für dass uns offenbar viele halten. Auch sind Führungskräfte keineswegs gefährdeter als andere Berufsgruppen. Vieles, was für die Gesundheit angeblich gefährlich ist, entpuppt sich bei genauerem Hinsehen als gar nicht so schädlich. Dagegen erweisen sich viele Empfehlungen, die unsere Gesundheit sichern sollen, als nutzlos und vereinzelt sogar als schädlich.

Fakten

Nach aktuellem Wissenstand darf man folgende Zusammenhänge als gesichert ansehen:

- Nicht die Zivilisation, sondern die erhöhte Lebenserwartung führt zum Anstieg von Herzinfarkt und Krebs.
- Die Gesellschaft wird nicht wegen Stress und Umweltbelastung immer kränker, sondern weil die moderne Medizin kranke Menschen über lange Zeit erfolgreich behandeln kann.
- Rauchen ist gesundheitsschädlich.
- Vollwert und Rohkost sind für viele Menschen eine gesundheitliche Belastung.
- Diäten, Light-Produkte und Süßstoffe führen zu Gewichtszunahme.

- Es gibt kein einziges, speziell zur Steigerung der Gesundheit produziertes Nahrungsmittel, bei dem bisher eine insgesamt positive Wirkung nachgewiesen wurde, ganz im Gegenteil.
- Vitamine und Nahrungsmittelergänzung (functional food) sind beim Gesunden unnötig bis gesundheitsgefährdend.
- Regelmäßige kleine Mengen Alkohol steigern die Lebenserwartung.
- Salz, Butter, Eier und viele andere traditionelle Nahrungsmittel sind nicht gesundheitsgefährdend, ganz im Gegenteil.
- Der Appetit wird durch unsere physiologischen Bedürfnisse gesteuert und ist deshalb auf Dauer nicht durch den Willen zu beeinflussen. Verbote funktionieren nicht.
- Gesunder Appetit funktioniert bei traditionell verarbeiteten Nahrungsmitteln.
- Stress ist Voraussetzung zur persönlichen Weiterentwicklung und nur im Extremfall gesundheitsgefährdend.
- Regelmäßige Bewegung fördert ganz entscheidend die Gesundheit. Um auf das täglich sinnvolle Bewegungsmaß zu kommen, kann man kleine Wegstrecken wie Treppen im Büro addieren.
- Der gesundheitliche Nutzen von zusätzlichem Fitnesssport ist unklar.

Die Analyse im ersten Teil des Buches lässt zudem einige wesentliche Schlussfolgerungen zu:

- Die Bedeutung der Nahrungsmittel für die Gesundheit wird überschätzt.
- Kochfähigkeiten sind wichtiger als Ernährungswissen.
- Das eigene Körpergefühl ist der beste Maßstab für Gesundheit. Was nicht bekommt, schadet. Was gut tut, ist gesund.
- Faktoren wie Licht, Bewegung im Freien und andere unspezifische Reize werden in ihrer positiven Bedeutung unterschätzt.
- Zufriedenheit, Wohlbefinden und dauerhafte Leistungsfähigkeit werden insbesondere durch eine Lebenssituation erreicht, die zu den eigenen konstitutionellen Bedürfnissen passt.

Vergessen Sie die Risikofaktoren!

Wenn die Medizin in der Ursachenforschung nicht weiter weiß, greift sie allzu gerne auf Risikofaktoren zurück. Bei Krankheiten, deren Auslöser noch unbekannt ist und für die deshalb kaum heilende Therapien existieren, wird gerne mit Risikofaktoren gearbeitet: Man sucht nach statistischen Korrelationen zwischen bestimmten Verhaltensweisen und der Krankheit – und geht davon aus, dass man nur die so festgestellten Risikofaktoren meiden muss, um die Erkrankungswahrscheinlichkeit zu senken.

Doch Korrelationen sind keine Beweise für kausale Zusammenhänge, Risikofaktoren sind deshalb mit äußerster Vorsicht zu bewerten. Die aus ihrer Aufzählung abgeleiteten Empfehlungen sollten keinesfalls zum Maßstab für eigenes gesundheitliches Verhalten gemacht werden. Hier sollte man sich auch nicht von großen Kampagnen beirren lassen. Es ist leider gang und gäbe, dass Empfehlungen verbreitet werden, ohne vorher den tatsächlichen Nutzen durch große prospektive Studien zu belegen. Wird dies dann endlich nachgeholt, erweisen sich solche Empfehlungen meist als falsch. Der propagierte Nutzen von Vitaminpräparaten oder die angebliche Schädlichkeit von Cholesterin sind krasse Beispiele für solche Irrtümer.

Die Lage bleibt für den Verbraucher oft sehr verwirrend. Wenn die Industrie durch die medizinische Wissenschaft motiviert große Investitionen getätigt hat, wie zum Beispiel bei der Margarineproduktion, und die Wissenschaftler später ihre Irrtümer eingestehen müssten, entstehen für den Verbraucher ungünstige Interessenlagen. Die Versuchung ist groß, auch innerhalb der Wissenschaft, durch Betonung von Teilaspekten, durch Ignorieren von problematischen Erkenntnissen, die wirkliche Datenlage zu verzerren und zumindest so lange auf eingefahrenen Gleisen weiterzufahren, bis sich die Investitionen amortisiert haben.

Um solche Situationen zu vermeiden, sind mehr Sorgfalt und Unabhängigkeit bei der Interpretation medizinischer Forschungsergebnisse dringend notwendig. Tatsächlich wird in der Medizin der Ruf nach einer wissenschaftlich stichhaltigen Begründung vieler Therapien immer lauter. Ein Vorkämpfer ist hier die Evidenz-basierte

Medizin, die sich auf die Fahnen geschrieben hat, Therapien auf den tatsächlichen Nutzen für den Verbraucher zu überprüfen.

Derzeit liegt allerdings noch manches im Argen. Gerade in der Prävention wird durch übertriebene Diagnostik und falsche Empfehlungen oft der erste ärztliche Grundsatz verletzt: »nihil nocere«, dem Patienten nicht schaden. Andererseits kommen neue, wirksame Therapien nur sehr langsam über bürokratische Hürden und damit zu spät zum Patienten. Hier die richtige Anwendung der Forschungserkenntisse, das sinnvolle Maß des Möglichen und auch die Grenzen des Beherrschbaren zu definieren und den Menschen damit den wirklichen Segen der modernen Medizin zugänglich zu machen, gehört zu den großen Aufgaben der nächsten 20 Jahre. Hierbei wird sich gute Medizin künftig auch durch ein verantwortliches und bewusstes Weglassen von theoretisch Machbarem, aber praktisch nicht Sinnvollem auszeichnen.

Grenzen der Wissenschaft

Bei weitem nicht jede allgemeine medizinische Empfehlung zeigt ihre statistisch erwartete Wirkung, wenn sie in einer konkreten Behandlungssituation angewendet wird. Die wissenschaftliche Datenlage, auf die sich eine Empfehlung gründet, muss deshalb in vielen Fällen durch die Erfahrung eines Arztes ergänzt werden. Nur so lässt sich die für den Patienten beste Lösung finden, die im Einzelfall sogar einer allgemeinen medizinischen Meinung widersprechen kann.

Wo die Schulmedizin an ihre Grenzen stößt, können klassische und empirisch überprüfte Therapien bewährter Naturheilverfahren gute Dienste leisten. Gerade in der Prävention und bei nicht so schwerwiegenden Krankheiten sollten sie wieder verstärkt in die moderne Medizin Einzug halten. Ihre Vorteile liegen nicht nur in geringen Nebenwirkungen, sondern vor allem auch in zahlreichen positiven gesundheitlichen Effekten, die weit über das ursprünglich angepeilte Ziel hinausgehen.

Gesundheit als Religionsersatz?

Schauen wir uns einmal einen Idealtypen der medizinischen Prävention an, wie er immer noch »wissenschaftlich« gefordert wird:
Angestellter mit festen Arbeitszeiten, ohne beruflichen Ehrgeiz, verheiratet, streng monogam. Er isst kein Fleisch, nur Fisch und viel rohes Gemüse, das er mit Distelöl und Lebertran anmacht; trinkt Obstsäfte, keinen Alkohol, nimmt keine Butter, nur Light-Milch und Margarine, keine Eier und ansonsten nur Vollkornbrot und Frischkornbrei zu sich, wegen der Ballaststoffe. Siebenmal wöchentlich geht er auf den Trimm-Dich-Pfad oder zur Gymnastikgruppe mit Pulskontrolle, macht keine Abenteuer- oder Extremsportart. Er benutzt öffentliche Verkehrsmittel und ist generell genussfeindlich. Er meidet Sonnenlicht und bedeckt alle freien Körperflächen.
Sind die Ähnlichkeiten zum religiösen Katechismus vergangener Zeiten hier rein zufällig? Nach Wegfall von Verboten und moralischen Zwangsjacken, nach Wegfall existenzieller Bedrohung durch Hunger und fehlenden Wohnraum, ist nun offenbar die Gesundheitsgefährdung als neuer Quell von Reglementierungen und moralischen Zeigefingern entdeckt worden. Nehmen wir an, unser idealtypischer Gesundheitsapostel nimmt außerdem noch regelmäßig an Großveranstaltungen der Hohenpriester des Fitnesskults teil: Dann darf er sich als Mitglied der Gemeinde fühlen und auf Nichtgläubige, die weiterhin nach Lust und Laune essen und trinken und auch ansonsten tun, was ihnen Spaß macht, herabblicken. Ablass erwirkt er durch den Kauf von teurem Wunderpulver und Vitamintabletten, deren Wirksamkeit von »höherer Stelle« ja abgesegnet wurde.

Gesundheit betrifft den Menschen als Ganzen

Im Gegensatz zu dem meist eher monokausalen Auslöseprozess einer Erkrankung, etwa durch Erreger oder Gendefekte, handelt es sich bei der Gesundheit immer um etwas, das den ganzen Menschen betrifft.

Die ganzheitliche Sichtweise in der Gesundheit beinhaltet einen durch und durch praktischen Ansatz: Gesundheit wird gegenseitig beeinflusst von Bewegung, Ernährung, dem individuellen Konstitutionstyp sowie der aktuellen Lebenssituation. Eine gesunde Appetitregulierung hat beispielsweise direkt mit einem effektiven Stressmanagement zu tun, das wiederum von einer regelmäßigen Bewegung und Lichtexposition positiv beeinflusst wird. Der Pflege emotionaler und sozialer Kompetenzen sowie der Entwicklung einer Lebenskultur kommt dabei wahrscheinlich eine übergeordnete Bedeutung zu.

Das Wissen um diese Zusammenhänge ist uralt und schon immer Bestandteil ganzheitlicher Gesundheitskonzepte gewesen. Gesundheit zeigt sich in Wohlbefinden und mentaler Zufriedenheit – und genau hier liegt der eigentliche Bedarf im Beschwerdeprofil von Führungskräften. Das Ziel eines Gesundheitsmanagements sollte es deshalb sein, eben dieses Wohlbefinden und diese Zufriedenheit zu fördern und damit eine dauerhafte Leistungfähigkeit zu sichern. Diese Zielsetzung ist weit effektiver als der Versuch, sinnlose, immer mit der Angst vor Krankheit verbundene, Risikofaktoren zu vermeiden.

Empowerment – Voraussetzungen zur Eigensteuerung

Ein gutes Verständnis der eigenen Konstitution, also des eigenen Gesundheitstyps, ermöglicht es, die richtigen »Stellschrauben« für das persönliche Gesundheitsmanagement zu definieren. Bei diesen Stellschrauben handelt es sich nicht um Medikamente, sondern um kleine und regelmäßige unspezifische Reize, die man selbst ohne komplizierte Hilfsmittel und ohne Angst vor unkalkulierbaren Nebenwirkungen fast überall durchführen kann. Werden sie fest in den beruflichen Alltag integriert, bewirken diese kleinen Maßnahmen über die Jahre einen großen positiven Effekt. Der beste Ratgeber, welche Reizstärke dabei unserer Gesundheit nützt, ist unser »innerer Trainer«, also das eigene Körperempfinden.

Gesundheit ist somit vor allem eine Sache der Selbststeuerung im Alltag. Je früher Sie damit beginnen, desto nachhaltiger die Wirkung. Dabei erleben Sie den Erfolg dieser kleinen Maßnahmen schon bald als wohltuend, Zufriedenheit und dauerhafte Leistungsfähigkeit werden sich einstellen.

Die zweite wichtige Voraussetzung, um seine Gesundheit selbst managen zu können, ist der Zugang zu verlässlichen Informationen. Wie soll man sonst zwischen nützlichen und unnützen oder gar schädlichen Empfehlungen unterscheiden können? Noch fehlen die hierfür notwendigen Informationsquellen, doch zeichnen sich Lösungen über das Internet ab. Wer an magische Steine oder an Hexen auf Besenstielen glauben möchte, sollte dies tun dürfen. Wer Vitamintabletten als Talisman nutzen möchte, sollte zumindest wissen, dass sie eher schaden als nützen. Wer aber seine Gesundheit nach rationalen Kriterien steuern möchte, hat ein Recht auf überprüfbare Information.

Schlussbemerkung

Weiterführende Informationen und Adressen zu den in diesem Buch vorgestellten Themen finden Sie auf den Internetseiten der Health Service Group unter:

www.health.de

Gerne können Sie sich auch direkt an mich wenden. Meine Adresse:

The Health Service Group
Dr. med. Gunter Frank
Schloßberg 2
69117 Heidelberg

Telefon: (0 62 21) 40 81 00
Fax: (0 62 21) 40 81 01
E-Mail: info@health.de

Teil IV

Anhang

Anmerkungen

1 Strunz, U., »So bleiben Sie jung«, *Stern*, Nr. 23, 31.5.2000, S. 102–114.
2 Spitzbart, M., *Fit Forever – der Weg zu Kreativität und Höchstleistung*, Nürnberg 1999, S. 141.
3 Quelle: WHO Mortality Database, Statistisches Bundesamt.
4 Krämer, W., *Wir kurieren uns zu Tode. Rationierung und die Zukunft der modernen Medizin*, Berlin 1997, S. 38.
5 Vgl. Imhof, A., *Die gewonnenen Jahre. Von der Zunahme unserer Lebensjahre seit 300 Jahren*, München 1981.
6 Dies ist ein Systemfehler, der nicht unbedingt den niedergelassenenen Ärzten angelastet werden sollte. Sie können oftmals nur noch mithilfe derartiger »Kunstgriffe« innerhalb der gesetzlichen Krankenkassen überleben. (Das abrechenbare Honorar für einen Wiederholungsbesuch bei Bagatellerkrankungen beträgt derzeit circa 3 DM!).
7 Vgl. Drucker, P. F., *Neue Management-Praxis*. Bd. 2, Düsseldorf, Wien 1974.
8 Hammar, N., Alfredsson, L., Smedberg, M., Ahlbom, A., »Differences in the Incidence of Myocardial Infarction among Occupational Groups«, *Scandinavian Journal of Work Environ Health* 18, 1992, S. 178–185.
9 Institut für Arbeits- und Sozialhygiene, Karlsruhe, Pressemitteilung vom 1.1.1999.
10 Brandenburg, U., Marschall, B., »Gesundheitscoaching für Führungskräfte«, in: *Fehlzeiten-Report. Zahlen, Daten, Fakten aus allen Branchen der Wirtschaft 1999*, Berlin, Heidelberg 2000, S. 254–267.
11 Michaelssen, K. et al., »Effect of Prefracture versus Postfracture Dietary Assesment on Hip Fracture Risk Estimates«, *International Journal of Epidemiology* 25, 1996, S. 403–410.
12 Alberts, D. S. et al., »Lack of Effect of a High-Fiber Cereal Supplement on the Recurrence of Colorectal Adenomas«, *New England Journal of Medicine* 342, 2000, S. 1156–62.
13 Siehe Kapitel I. 5, S. 129.

14 Hu, F. B. et al.: »Dietary fat intake and the risk of coronary heart disease in women«, *New England Journal of Medicine* 337, 1997, S. 1491.
15 Kaufmann, H., Mankel, G.: »Zusammensetzung des Kuhmilchfettes in Abhängigkeit von der Fütterung«, *Fat* 1963, S. 295–302.
16 Heckers, H., Melcher, F. W., »Trans-Isomeric Fatty Acids Present in West German Margarines, Shortenings, Frying and Cooking Fats«, *American Journal of Clinical Nutrition* 31, 1978, S. 1041–1049.
17 Brief vom 10. November 2000; liegt dem Autor vor.
18 Veganer sind Vegetarier, die tierisches Eiweiß auch in Form von Ei und Milchprodukten ablehnen.
19 Pollmer, U., Fock, A., Gonder, U., Haug, K., *Prost Mahlzeit! Krank durch gesunde Ernährung*, Köln 1994, S. 33.
20 *Stiftung Warentest* 2, 2000, S. 12–14.
21 The Alpha-Tocopherol, Beta Carotene Cancer Prevention Study Group: »The Effect of Vitamin E and Beta Carotene on the Incidence of Lung Cancer and other Cancers in Male Smokers«, *New England Journal of Medicine* 330, 1994, S. 1029–1035.
22 Omenn, G. S. et al., »Effects of a Combination of Beta Carotene and Vitamin A on Lung Cancer and Cardiovascular Disease«, *New England Journal of Medicine* 334, 1996, S. 1150–1155.
23 Gespräch am 14. Juli 2000.
24 Spitzbart, M., *Fit Forever*, S. 108–110.
25 Strunz, U., *Forever young – das Erfolgsprogramm*, München 1999, S. 110.
26 Moertel, C. G. et al., »High-Dose Vitamin C versus Placebo in the Treatment of Patients with Advanced Cancer who have no prior Chemotherapy«, *New England Journal of Medicine* 312, 1985, S. 137–141.
27 Cochran, W. A., »Overnutrition in Prenatal and Neonatal life: a problem?«, *The Canadian Medicine Association Journal* 93, 1965, S. 893–899.
28 Glatzel, H., *Sinn und Unsinn der Vitamine*, Stuttgart 1987.
29 Petridou, E. et al., »The Role of Dairy Products and Non Alcoholic Beverages in Bone Fractures among Schoolage Children«, *Scandinavian Journal of Social Medicine* 25, Suppl., 1997, S. 119–125.
30 Spitzbart, M., *Fit Forever*, S. 116.
31 Reiter, S., »Anwendung von Vitamin E bei rheumatischen Erkrankungen?«, *Bundesgesundheitsblatt* 41, 1998, S. 438.
32 Vanderpas, J. B. et al., »Selenium Deficiency Mitigates Hypothyroxinemia in Iodine-Deficient Subjects«, *American Journal of Clinical Nutrition* 57, Suppl., 1993, S. 271–275.

33 Whanger, P. D., »Selenium in the Treatment of Heavy Metal Poisoning and Chemical Carcinogenesis«, *Journal of Trace Elements and Electrolytes in Health and Disease* 6, 1992, S. 209–221.
34 Strunz, U., *Forever young*, S. 114.
35 Spitzbart, M., *Fit Forever*, S. 112.
36 Thun, M. et al., »Alcohol Consumption and Mortality among Middle-Aged and Elderly U. S. Adults«, *The New England Journal of Medicine* 337, S. 1705–1712.
37 Laut Roter Liste 1999 (Arzneimittelverzeichnis des Bundesverbandes der Pharmazeutischen Industrie e.V.) unter anderem: Magenbeschwerden, Mikroblutungen (häufig), Magenulzerationen (selten), Bronchospasmus, Analgetikaasthma.
38 Intersalt Cooperative Research Group, »An International Study of Electrolyte Excretion and Blood Pressure. Results for 24 Hour Urinary Sodium and Potassium Excretion.«, *British Medical Journal* 297, 1988, S. 319–328.
39 Luft, F. C., »Cum grano salis«, *Deutsche Medizinische Wochenschrift* 124, 1999, S. 1383 -1391.
40 Midgley, J. P. et al., »Effect of Reduced Dietary Sodium on Blood Pressure«, *Journal of the American Medical Association* 275, 1996, S. 1590–1597; Graudal, N. A. et al., »Effects of Sodium Restriction on Blood Pressure, Renin, Aldosterone, Catecholamins, Cholesterols and Triglyceride«, *Journal of the American Medical Association* 279, 1998, S. 1383–1391.
41 Ayus, J. et al., »Chronic Hyponatremic Encephalopathy in Postmenopausal Women«, *Journal of the American Medical Association* 281, 1999, S. 2299–2304.
42 Siehe Kapitel Naturheilverfahren, S. 156.
43 Pirlet, K., »Zur Problematik der Vollwerternährung«, *Erfahrungsheilkunde* 5, 1992, S. 345–356.
44 LC1 Werbebroschüre für Heilberufe und Heilhilfsberufe: »Probiotische Milchprodukte – eine Darstellung wissenschaftlicher Zusammenhänge«, hg. von Nestlé Milchprodukte GmbH, Frankfurt am Main.
45 »Rapsöl-Diesel bringt keine entscheidenden Vorteile für die Umwelt«, Pressemitteilung Umweltbundesamt 1, 2000.
46 Larsen, L. S. et al., »Olive oil diet antithrombotic? Diet and riched with olive, rapseed or sunflower oil effect postprandial factor VII differently«, *American Journal of Clinical Nutrition* 70, 1999, S. 976–982.
47 Key, T. J. et al., »Mortality in Vegetarians and Nonvegetarians: Detailed Findings from a Collaborative Analysis of 5 Prospective Studies.«, *American Journal of Clinical Nutrition* 70, 1999, S. 516–524.

48 Kolata, G., »Obesity Declared a Disease.«, *Science* 227, 1985, S. 1019–1020.
49 Gordon, T., Doyle, S.T., »Weight and Mortality in Men: the Albany Study.«, *International Journal of Epidemiology* 17, 1988, S. 77–81.
50 Body Mass Index = Körpergewicht geteilt durch Körpergröße^2. Ein Wert von 20–25 gilt als normal.
51 Dalton, S., »Eating managed: a tool for the practioner«, in: Frankle, R. T., Yang, M.-U., *Obesity and Weight Control*, Rockville 1988, S. 165–188.
52 »Essstörungen mit Suchtcharakter«, *Frankfurter Allgemeine Zeitung*, 18.8.2000, S. 10.
53 Miller, K.W. et al., »A 20-month Olestra Judging Study in Dogs« 29, 1991, S.427.
54 Gespräch am 8. Juni 2000.
55 Bomio, M., Schaedeli, M., *Lebensmittel Zeitung*, Nr. 15, 10.4.1992, S. 30.
56 Gespräch am 7. November 2000.
57 Gespräch am 14. Juli 2000.
58 Gespräch am 27. April 2000.
59 Fentem, P.H.: »ABC of Sports Medicine: Benefits of exercise in health and disease«, *BMJ* 1994, 308, S. 1291–1295.
60 Siehe Kapitel Ernährung, S. 44.
61 Paffenbarger, R.S., »Physical Activity as a Defense Against Coronary Heart Disease«, in: Connor, W.E., Bristow, J.D. , *Coronary Heart Disease: Prevention, Complications and Treatment*, New York 1985, S. 144.
62 Paffenbarger, R. S. et. al., »An Active and Fit Way of Life Influencing Health and Longevity«, in: Quinney H.A., Gauvin L., Wall A.E.T. (Hg.), Champaign, Illinois: Human Kinetics 1994, S. 61–69.
63 Sesso H.D., Paffenbarger R.S., Lee I.M., »Physical activity and coronary heart disease in men: The Havard Alumni Health Study.«, *Circulation* 102 (9), 2000, S. 975–980.
64 Rhein-Neckar-Zeitung, 9.9.2000.
65 Schnohr, P., Parner, J., Lange, P., »Mortality in Joggers: Population Based Study of 4658 men«, *British Medical Journal* 321, 2000, S. 602–603.
66 Gespräch am 14. Juli 2000.
67 Gespräch am 29. August 2000.
68 Strunz, U., »So bleiben Sie jung«, *Stern*, 31.5.2000, S. 108.
69 Paffenbarger, R. S. et al., »Some Interrelations of Physical Activity, Physiological Fitness, Health, and Longevity« in: »Physical Activity, Fitness, and Health«, Bouchard C., Shepard R.J., Stephens T. (Hrsg.), Human Kinetics, Champaigne, Illinois 1994, Kapitel 7, S. 119–133.
70 Lee I.M. et al., »Physical Activity and Coronary Heart Disease Risk in Men:

does Duration of Exercise Episodes Predict Risk?«, *Circulation*, 102 (9), 2000, S. 981–986.

71 Geus, E. J. C. de, van Dorornen, L. J. P., de Visser, D. C. und Orlebeke, J. F., »Existing and Training Induced Differences in Aerobic Fitness: their Relationship to Physiological Response Patterns during Different Types of Stress.«, *Psychophysiology* 27, 1990, S. 457–475.

72 Cannon W. B., »The Interrelations of Emotions as suggested by recent Physiological Researchers.«, *American Journal of Physiology* 25, 1914, S. 256–282; ders., »The Wisdom of the Body«, New York 1932.

73 Selye, H., *The Stress of Life*, New York, 1976.

74 Hüther, G. »The Central Adaptation Syndrom: Psychosocial Stress as a Trigger for the Adaptive Modification of Brain Structure and Brain Function.«, *Progress in Neurobiology*, Vol. 48, 1996, S. 569–612.

75 Scherer, K., *Die Stressreaktion: Physiologie und Verhalten*, Göttingen 1985.

76 Hüther, G., *Biologie der Angst. Wie aus Stress Gefühle werden*, Göttingen 1997, S. 24.

77 Schaefer, H., Blohmke, M., *Herzkrank durch psychosozialen Stress*, Heidelberg 1977.

78 Friedman, M., Rosenman, R. H. et al., »The Relationship of Behavior Pattern A to the State of the Coronary Vasculature. A Study of fifty-one Autopsy Subjects.«, *American Journal of Medicine* 44 (4), 1968, S. 525–537.

79 Stone, P. H. et al, »Relationship Among Mental Stress – Induced Ischemia and Ischemia During Daily Life and During Exercise: The Psychophysiologic Investigations of Myocardial Ischemia (PIMI) Study«, *American Coll Cardiol* 33, 1999, S. 1476–1484.

80 S. Kapitel Schulmedizin, S. 127.

81 Skrabanek, Petr, McCormick, James, *Follies And Fallacies In Medicine*, Glasgow 1989, S. 44.

82 Ursin, H., Olff, M., »The Stress Response« in: *Stress. From Synapse to Syndrome.* London 1992, S. 3–32.

83 S. Kapitel Naturheilkunde, S. 156.

84 Takahashi M., Fukuta H., Arito H.: »Brief Naps during Post-lunch Rest: Effects on Alertness, Performance and Automatic Balance«, *European Journal of Applied Physiology* (1998) 78, S. 93–98.

85 Hüther 1997, S. 48.

86 Hüther 1997, S. 72.

87 Hüther 1997, S. 39.

88 Persönliche Mitteilung vom 6. Juli 2000.

89 S. Kapitel Naturheilkunde, S. 161.

90 Hüther 1997, S. 74.
91 Hüther 1997, S. 52.
92 Gespräch mit Professor Ulrich Abel, Institut für medizinische Biometrie und Informatik der Universität Heidelberg, am 14. Juni 2000.
93 Gespräch am 11. Juli 2000.
94 *Süddeutsche Zeitung*, 27.6.1996.
95 Hu, F.B. et al., »A prospective study of eggs consumption and risk of cardio vascular discase in men and women«, *Journal of American Medical Association* 281, 1999, S. 1387–1394.
96 Hu, F.B. et al., »Dietary protein and risk of Ischemia heart disease in women«, *American Journal of Clinical Nutrition* 70, 1999, S. 221–227.
97 Eulenspiegel, Wissenschaftlicher Informationsdienst des Europäischen Instituts für Lebensmittel- und Ernährungswissenschaften e.V., Heft 4, 1995, S. 11.
98 Wilconsin, F.L., »Take Two Cups of Coffee and Call me Tomorrow«, *Chemical and Engeneering News,* 12.4.1999, S. 47–50.
99 Chen, C. , Loo, G. »Cigarette Smoke Extract Inhibits Oxidative Modification of Low Density Lipoprotein.«, *Atheriosclerosis* 112 (2), 1995, S. 177–185.
100 Martyn, C.N. et al., »Mothers' Pelvic Size, Fetal Growth, and Death from Stroke and Coronary Heart Disease in Men in the UK«, *Lancet* 348, 1996, S. 1264–1268.
101 Brenner, H. et al., »Body Weigth Preexisting Disease and all Cause Mortality in a Cohort of Male Employees in the German Construction Industry«, *Journal of Clinical Epidemiology* 50, 1997, S. 1099–1106.
102 Abel, U., *Chemotherapie fortgeschrittener Karzinome. Eine kritische Bestandsaufnahme.* Stuttgart 1995. Abel macht vor allen Dingen psychologische Gründe für diesen Missstand verantwortlich.
103 Gespräch am 11. Juli 2000.
104 Robert Koch Institut: Epidemiologisches Bulletin 23/99, »Engerix-B, Impfschutz für ein Leben ohne Hepatitis B«, SmithKline Beecham Pharma GmbH, München 1997.
105 Deutscher Krebsatlas, Deutsches Krebsforschungszentrum, Heidelberg 2000
106 Walter, S. D. et al., »Association Of Cutaneous Malignant Melanoma With Intermittend Exposure To Ultraviolet Radiation.«, *International Journal of Epidemiology* 28, 1999, S. 418–427.
107 Beral, V. et al., »Malignant Melanoma and Exposure to Fluorescent Lightning at work«, *Lancet* 2 (8293), 1982, S. 290–293.

108 D'Agostini F., De Flora S., »Potent Carcinogenicity of Uncovered Halogen Lamps in Hairless Mice«, *Cancer Research*, Oct. 1, 54, 1994, S. 5081–5085.
109 Graham, G. G. et al., »Has Mortality From Melanoma Stopped Rising in Australia? Analysis Of Trends Between 1931–1994«, *British Medical Journal* 312, 1996, S. 1121–1125.
110 WHO Cancer Mortality Data Base.
111 Wille, L., Gefeller, O., Kölmel, K. F., *Suncreams in melanoma protection pros and cons.* in: Altmeyer, P., Hoffmann, K., Stücker, M., *Skin Cancer and UV-Radiation*, Berlin, Heidelberg 1997, S. 343–356; Westerdahl, J.: »The Use of Sunscreen a Riskfactor for Malignant Melanoma«, *Melanoma Research* 5, 1995, S. 59–65.
112 Autier P. et al., »Melanoma and Sunscreen Use: Need for more Studies Representative of Actual Behaviors.«, *Melanoma Research* Suppl 2, 1997, S. 115–120.
113 Mc Cormick, J.: »The Multifactorial Aetiology of Coronary Heart Disease: A Dangerous Delusion.«, *Perspectives in Biology and Medicine* 32, 1988, S. 103–108.
114 Stehbens, W. E., »The Concept of Cause in Disease«, *Journal of Chronical Disease* 38, 1985, S. 947–950.
115 Jacobs, D. et al., »Report of the Conference on Low Blood Cholesterol: Mortality Associations.«, *Circulation* 86 (3), 1992: 1046–1060.
116 Atrens, D. M., »The Questionable Wisdom of Low Fat Diet and Cholesterol Reduction.«, *Social Science Medicine* 39, 1994, S. 433–447.
117 MacMahon, S. W., Leeder, S. R., »Blood Pressure Levels and Mortality from Cerebrovascular Disease in Australia and the United States.«, *American Journal of Epidemiology* 120, 1984, S. 865–875.
118 Veterans Administration Co-operative Study Group, »Effects of Treatment on Morbidity in Hypertension II. Results in Patients with Diastrolic Pressure Averaging 90 through 114 mm«, *Journal of the American Association* 213, 1970, S. 1143–1152.
119 Medical Research Council Working Party, »MCR Trial of Treatment of Mild Hypertension: Principal Results«, *British Medical Journal* 291, 1985, S. 97–104.
120 Medical Research Council Working Party, »Adverse Reactions to Bendrofluazide and Propranolol«, *Lancet* II, 1981, S. 593–543.
121 Salonen, J. T., Pulska, P., Mustaniemi, H., »Changes in Morbidity and Mortality during Comprehensive five-year Community Programme to Control Cardiovascular Disesases during 1972–1977 in North Karelia.«, *British Medical Journal* II, 1979, S. 1178–83.

122 WHO Mortality Database, Statistisches Bundesamt; Deutscher Krebsatlas, Deutsches Krebsforschungsinstitut, Heidelberg 2000.

123 Gotzsche, P. C., Olsen, O.: »Is Screening for Breast Cancer with Mammography Justifiable?«, *Lancet* 355, 2000, S. 129–133.

124 Ravnskov, U., »Cholesterol Lowering Trials in Coronary Heart Disease: Frequency of Citation and Outcome«, *British Medical Journal* 305, 1992, S. 15–19.

125 Abel, U., Windeler, J. »Erkenntnistheoretische Aspekte klinischer Studien. 1. Irrtümer in der Bewertung medizinischer Therapien. Ursachen und Konsequenzen«, *Internistische Praxis* 35, 1995, S. 613–629.

126 Pitkin, R. M., et al., »Accuracy of Data in Abstracts of Publishes Research Articles«, *Journal of the American Association* 281, 1999, S. 1110–1111.

127 Stelfox H. A. T. et al., »Conflicts of Interest in the Debate over Calcium-Channel Antagonists«, *The New England Journal of Medicine* 338, 1998, S. 101–106.

128 Skrabanek, P., McCormik, J., *Follies and Fallancies in Medicine*, Glasgow 1989, S. 51.

129 Panayiotou, B. N., Fotherby, M. D., Potter, J. F. et al., »Eligibility of Acute Stroke Patients for Pharmacological Therapy.«, *Age Ageing* 23, 1994, S. 384–387.

130 George, S. L., »Reducing Patient Eligibility Criteria in Cancer Cilinical Trials«, *Journal of Clinical Oncology* 14, 1996, S. 1364–1370.

131 Simon, R., »Patient Subjects and Variation in Therapeutic Efficiancy«, *British Journal Clinical Pharmacology 14, 1982, S. 473–482.*

132 Gespräch am 11. Juli 2000.

133 z. B. *Canadian Task Force* aus dem Jahr 1996.

134 Liste der Medikamente, deren Wirksamkeit wirklich belegt ist.

135 Theophrast Bombast von Hohenheim, genannt Paracelsus, war im 16. Jahrhundert der heute bekannteste Arzt des Mittelalters.

136 Bühring, M., *Naturheilkunde*, München 1997, S. 50–51.

137 Gespräch am 14. Juli 2000.

138 Taylor, M. A., Reilly, D. et al, »Randomised Controlled Trial of Homoeopathy versus Placebo in Perennial Allergic Rhinitis with Overview of four Trial Series«, *British Medical Journal* 321, 2000, S. 471–476.

139 Im 18. Jahrhundert sind viele Patienten, die schwer erkrankten, z. B. an einer Lungenentzündung, völlig unsinnig zur Ader gelassen worden, und verstarben daraufhin nicht selten an Blutmangel. Ein prominentes Opfer könnte Mozart gewesen sein. Bei Blutdicke, Bluthochdruck, Herzinsuf-

fizienz, beim so genannten Fülletypus, kann der Aderlass hingegen wahre Wunder wirken.

140 Persönliche Mitteilung vom 31. Juli 2000.

141 Pirlet, K., »Klinische und naturheilkundliche Diätetik. Wissenschaftliche Grundlagen und therapeutische Richtlinien«, *Die Heilkunst* 5, Sonderdruck Mai 1988.

142 Becher, E., »Studien über die Pathogenese der echten Urikämie, insbesondere über die Bedeutung der retinierten Phenole und anderer Darmfäulnisprodukte«, *Zentralblatt für Innere Medizin* 46, 1925, S. 369.

143 Rauch, E., *Die Darmreinigung nach Dr. med. F. X. Mayr*, Heidelberg 1998.

144 Benannt nach der »Diaita«, einem weitreichenden Präventionskonzept des griechischen Arztes Hippokrates um 400 v. Chr.

145 Pirlet K., »Zur Problematik der Vollwerternährung«, *Erfahrungsheilkunde* 5, 1992, S. 345 – 356.

146 Baumgart, G., *Arabische Naturheilkunde*, München 1998.

147 Gespräch am 14. Juli 2000.

148 Siehe dazu auch Schuler, H., *Psychologische Personalauswahl. Einführung in die Berufsdiagnostik*, Göttingen 1998; Amelang, M. u. Zielinski, W., *Psychologische Diagnostik und Intervention*, Berlin, Heidelberg, New York 1997. Tests: (»Best Buy«!) Jobfidence mit Positions-Skyline – über PSYCHOLOGIE TRANSFAIR, München; Bochumer Inventar zur berufsbezogenen Persönlichkeitsbeschreibung (BIP) über Testzentrale Göttingen.

149 Meirhaeghe, A. et al.: »ß2-Adrenoceptor Gene Polymorphism, Body Weight, and Physical Activity«, *Lancet* 353, 1999, S. 896.

150 Siehe auch die Hermeneutik des Verstehens des Philosophen Hans-Georg Gadamer.

151 Siehe Kapitel Schulmedizin, Checkliste, S. 139.

152 First Consulting Group. *The internet and healthcare*, 1999.

153 Interview vom 23. Juli 2000.

154 Vgl. Interview mit Prof. Windeler, Kapitel Schulmedizin.

155 »Die besten Gesundheitsportale im Netz«, *Capital* 18, 24. August 2000, S. 84.

156 Rede auf dem 116. Kongress der deutschen Gesellschaft für Chirurgie, München 8. 4. 1999 von Dr. Frank Ulrich Montgomery, Vizepräsident der Bundesärztekammer.

157 Gespräch am 14. Dezember 2000 mit Thomas Benninghaus, Brokat Infosystems AG, technischer Projektleiter für den Vorstandsvorsitzenden. Nähere Informationen zu diesem Thema auch unter www.vsa.de

158 Gespräch am 1. August 2000.

159 Gespräch am 12. September 2000.

160 Chambers, E. G., Foulon, M., »The War for Talents«, *The McKinsey Quarterly 3*, 1998.

Literatur

Bühring, Malte, *Naturheilkunde. Grundlage, Anwendungen, Ziele*, München 1997

Corazza, Verena und Daimler, Renate und Ernst, Andrea u. a., *Kursbuch Gesundheit*, Köln 1997

Hüther, Gerald, *Biologie der Angst. Wie aus Stress Gefühle werden*, Göttingen 1999

Krämer, Walter, *Wir kurieren uns zu Tode. Rationierung und die Zukunft der modernen Medizin*, Berlin 1997

Langbein, Kurt und Martin, Hans P. u. a., *Bittere Pillen*, Köln 1999

Paczensky, Gert v. und Dünnebier, Anna, *Kulturgeschichte des Essens und Trinkens*, München 1999

Pollmer, Udo und Fock, Andrea u. a., *Prost Mahlzeit! Krank durch gesunde Ernährung*, Köln 1996

Pollmer, Udo und Warmuth, Susanne, *Lexikon der populären Ernährungsirrtümer*, Frankfurt 2000

Skrabanek, Petr und McCormick, James, *Torheiten und Trugschlüsse in der Medizin*, Mainz 1995

Stehling, Wolfgang, *Ja zum Stress. Höchstleistungen bringen und im inneren Gleichgewicht bleiben*, Frankfurt/New York 2000

Register

Danksagung

Viele Menschen waren notwendig, damit dieses Buch geschrieben werden konnte. Zunächst die Patienten und Klienten, die mir vertrauten, und die Kollegen, die mich an ihrem Wissen teilhaben ließen.

Herr Christian Deutsch regte dieses Buch an und begleitete es während der Erstellung.

Mit Herrn Udo Pollmer führte ich viele interessante Gespräche, darüberhinaus konnte ich seine vorzügliche Bibliothek ausgiebig nutzen. Meine Interviewpartner, Herr Prof. Malte Bühring, Herr Prof. Jürgen Windeler, Herr PD Dr. Gerhard Huber und Herr Dr. Sebastian Wolf, unterstützten mich durch ihre wertvolle Mithilfe und die Durchsicht der jeweiligen Kapitel. Mit Herrn Dr. Frank Ulrich Montgomery führte ich das Interview der Thematik gemäß per E-Mail. Unser Mentor Herr Heiko Beeck unterstützt unser Vorhaben schon seit längerer Zeit.

Mit Herrn Prof. Ulrich Abel führte ich ein richtungsweisendes Gespräch über Wissenschaft in der Medizin. Herr Prof. Günter Müller-Stewens gab viele entscheidende Anregungen zum Thema Dienstleistung in der Medizin.

Frau Ulrike Gonder sah sich das Manuskript in kompetenter Weise durch, Frau Britta Dutke überarbeitete es redaktionell.

Der Campus Verlag sorgte in angenehmer Zusammenarbeit für die gelungene Umsetzung dieses Buches.

Bedanken möchte ich mich darüberhinaus bei meiner Mitarbeiterin Frau Daniela Niedermayer, bei meinem Mitstreiter von der ersten Stunde an, Herrn Heinz Gänßlen, bei meinen Eltern für die nimmermüde Unterstützung und bei Valerie für die Geduld.

Allen, auch den Nichtgenannten, ein herzliches Dankeschön.